坂柿一統記（抄）

花祭の里・村医者が子に語る仁の道

風媒社

「坂柿一統記」の舞台

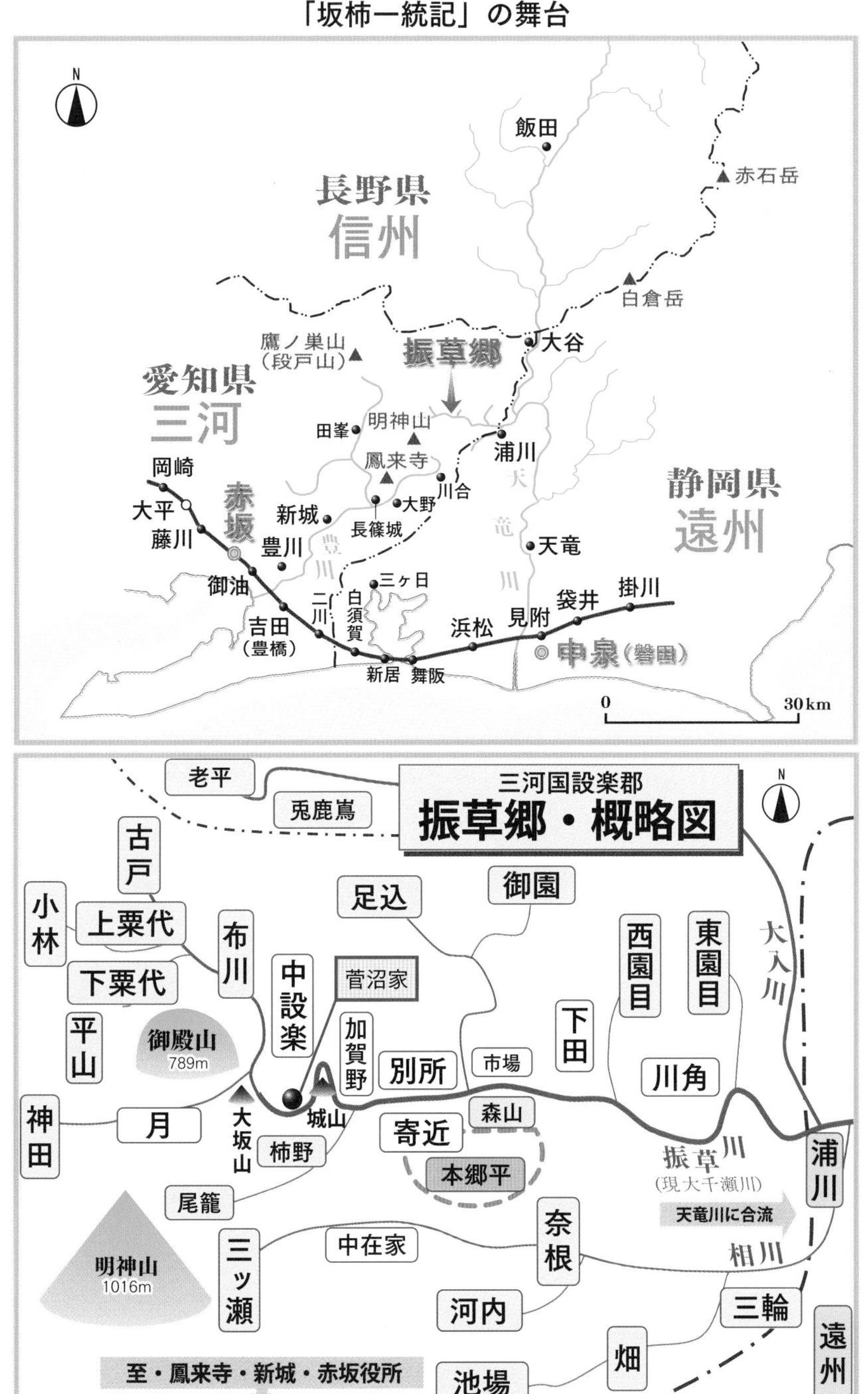

N
飯田
赤石岳
長野県
信州
白倉岳
大谷
鷹ノ巣山
（段戸山）
振草郷
愛知県
三河
明神山
田峯
浦川
鳳来寺
岡崎
川合
静岡県
遠州
大平
赤坂
新城
大野
長篠城
藤川
天竜
豊川
豊川
天竜川
御油
三ヶ日
二川
白須賀
掛川
袋井
吉田
（豊橋）
浜松
見附
中泉（磐田）
新居
舞阪
0
30km
三河国設楽郡
振草郷・概略図
老平
兎鹿嶌
古戸
小林
上粟代
足込
御園
布川
西園目
東園目
大入川
下粟代
中設楽
菅沼家
平山
御殿山
789m
加賀野
下田
別所
市場
川角
神田
月
大坂山
城山
森山
寄近
柿野
本郷平
振草川
（現大千瀬川）
浦川
尾籠
天竜川に合流
奈根
中在家
三ッ瀬
相川
明神山
1016m
河内
三輪
遠州
畑
至・鳳来寺・新城・赤坂役所
池場

「坂柿一統記」（右から「天」、「地」、「人」）
三河国設楽郡振草郷中設楽村（現愛知県北設楽郡東栄町）の旧家・医者だった菅沼昌平が書いた、一族の家伝記及び自らの日記録。長篠合戦（1575 年）後から天保の時代（1838 年）までが書かれている。天・地・人の 3 巻で編成。大きさ　縦 24.3cm ×横 15.8cm

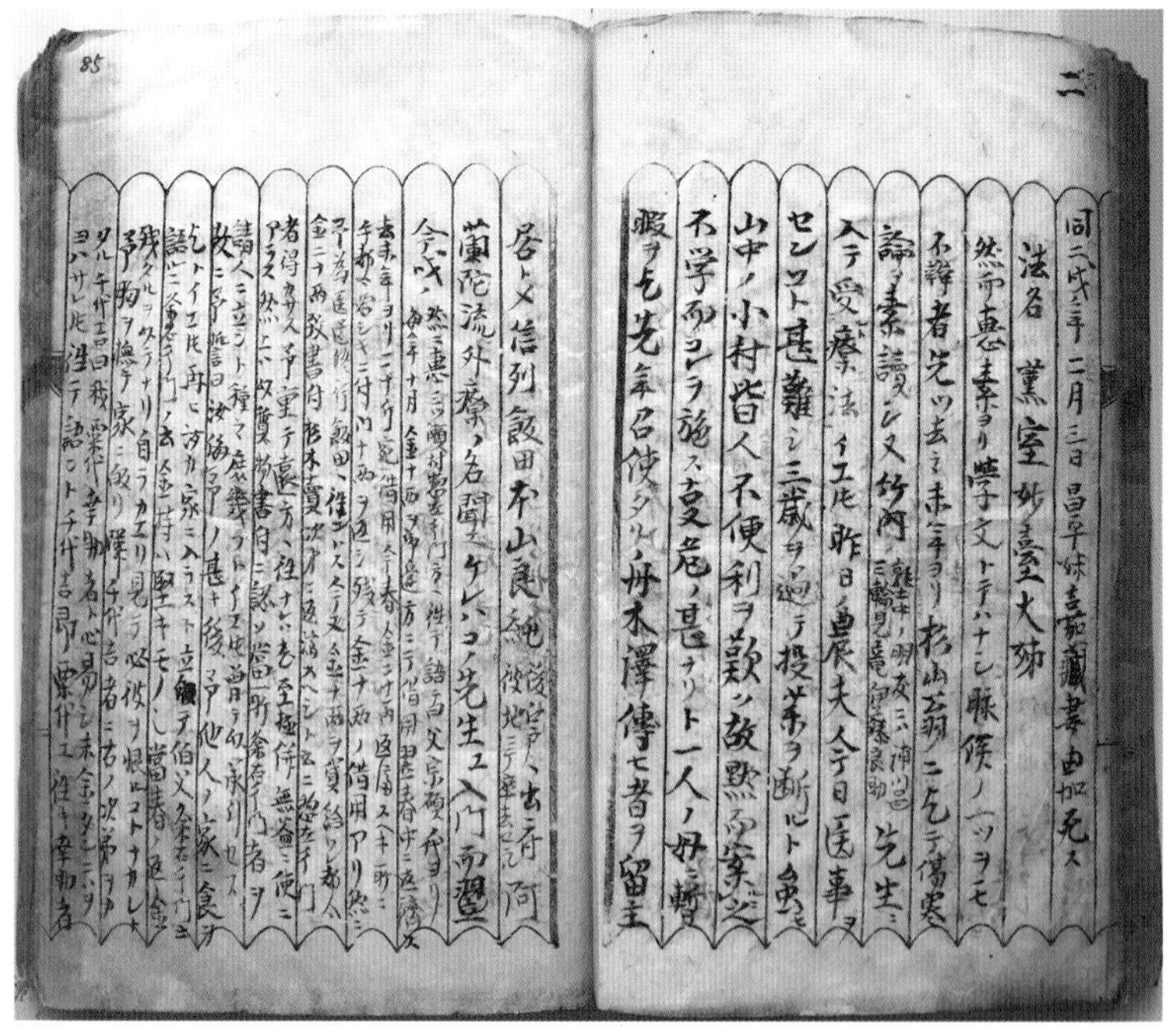

「坂柿一統記」の「天」、享和 2 年（1802）の日記の部分

はじめに

プディングの味は食べてみなければ分からない——。高校時代の「現代国語」の教科書で、印象に残る言葉だった。丸山真男の『「である」ことと「する」こと』という論考の中にあった。

封建時代は、「武士であるから」、「父、兄であるから」、「女であるから」などと、「身分」や「地位」、「家柄」が物事を決め、「分（身分、身の程）」をわきまえることが求められる、「である」論理が支配する社会だった。一方、近代社会では、目的を考え、工夫努力「する」行為に価値が置かれる。自由と平等、民主の社会であるが、それは常にその獲得保持に向けた、不断の「する」行為、努力が求められる、それによってこそ初めて存在意義を持つ。

そんなことをいわんとする内容だったように思う。

今ここにある『坂柿一統記』は、その封建時代、江戸時代の「である」社会で、約二百年前に、医者兼儒学者（儒医）として山奥の花祭りの村里で生きた者の一代記であり、その体験と思いを子に語った書である。「する」社会の今を生きる私たちは、「である」社会に生きた人の本当の思想や行動の姿を知らない。時代小説や時代劇を味わっても、そこに真実があるわけではない。二百年の時の経過で、制度の価値観や我々の生活スタイル、文章表記までも大きく変わってしまった。その書を現代人にも読めるようにどう書き換えても、江戸時代に生きた者の生き様や思想は、そうそう簡単に分かるものではない。

この書は、読むに甘いものではないが、味わいはある。この家伝及び一代記を読めば、江戸時代に「仁の道」を求めた村医者がどう育ち、何を見てどう考え、どう暮らしたのかが、見えてくる。この書では、「論語」

や「孟子」など先哲の言葉を交えて、人間を、人生を、いかに考え、対処すべきかを考えさせてくれる。これは著者の体験記ではあるが、父が子に語る人生の教科書、リーダー育成の指南書にもなっている。

本書によって、江戸後期の歴史と山里の暮らしぶり、医者兼儒学者（知識人）の生き様と思想、中国古典の知恵力の奥深さを知ることができる。それは、現代に生きる我々に、改めて、「人間」や「人生」、「仕事」等の基本を考え直すきっかけを与えてくれるだろう。

論語や儒教などといえば、旧時代の古くさい道徳や思想と思う向きもあるかもしれないが、食わず嫌いでは、本当の味わいも真実も分からない。人が人として生きるうえで、大事な原理原則や指針は何か。自由があふれる時代にあって、各自、内なる思考原理と羅針盤はあるのか。二百年前のこの書は、今の我々に問いかけているようだ。

坂柿一統記（抄）

目次

第四　地元での医業生活……109

第五　新城での医業生活……146

解説

1　坂柿一統記

「坂柿一統記」（以下「一統記」という。）は、江戸時代、三河国設楽郡振草郷という、山奥の中設楽村にあった旧家「菅沼家」の家伝・年代記である。

著者は菅沼昌平で、文化・文政・天保の時代に、村医者であり儒学者であり、また名主後見として活躍した人物でもある。医者としては、三河で初めて天然痘予防の種痘を実施したことで知られている[1]。

この「一統記」では、先祖が誰か、どのような系譜をたどったのか、村社会で何があり、自分が何をどう考え、何をしたのか等々が書き綴られている。単に出来事の記述だけでなく、自分の思いや苦い失敗談、一般には恥ずかしいと思われる話までもが、正直に記録された「告白録」になっている。同時に、それは子孫に過ちなきことを祈る「人生指南」ともなっている。そこには儒学者らしく、孔子や孟子等の言葉が多数引用され、上に立つ者としての心がけや、人としてあるべき姿等が説かれている。

この「一統記」は、今これを読む者に、二百年前に書かれた著者昌平の生涯や体験、思いを語るだけではない。二千五百年以上も前の聖人（孔子や孟子等）の深い人生哲学に裏打ちされた論を交えて聞かせてくれる。ここには、「論語」、「孟子」等から、三十を超える名言が散りばめられている（巻末参照）。

2 時代背景

著者昌平が生きた時代は、第十一代将軍徳川家斉五十年間の治世と重なる。大奥の贅を極めた生活で、町人の文化が栄えたが、政治は弛緩し、賄賂が横行し綱紀は乱れ、幕府の財政は傾いていった。天保四年〔一八三三〕からは飢饉（天保の飢饉）が始まる。日本近海では外国船が出没して緊迫感が増す。著者の晩年は、内憂外患に向かう時代だった。この「一統記」には、そうした幕府に反旗をひるがえした、天保八年〔一八三七〕の儒学（陽明学）者・大塩平八郎の乱についての記述もある。

徳川幕府は、文治政治の基本を儒学においていた。儒学は、「己を修め人を治むるの道」（修己治人）を根本思想としていた（朱子「大学章句」）。人の生活の基本として、仁・義・礼・智・信の五常と孝悌忠信（父母に孝行を尽くし、年長者によく仕えること）が重んじられ、武士の心構えとされ、庶民の生活も、これに準じていた。

五常の「仁」とは思いやりの心、「義」とは正義を求める心、「礼」とは謙虚に人に接する心、「智」とは道理を弁えて判断する心、「信」とは人に誠実に接する心とでも言おうか。究極には偏りのない「中庸」を求める考えが儒学であった。理想的には、孟子のいう「心正しく、修身、斉家、治国、平天下」が望まれた。

経済的には、この時代になると山奥の村でも貨幣経済が浸透していった。振草郷では年貢は金納であったから、百姓も農業生産の商品化に力を入れ、商売を兼ねたり馬稼ぎ（運送業）をしたりするなど、現金収入を増やす者が増えていった。これにより財をなす者とそうでない者との貧富の格差が拡大し、百姓の意識や欲望は高まっていった。不作続きで生活が極度に貧窮すれば、どこでも百姓一揆に発展する素地はあった。百姓の意向を無視して、権威や権力だけでは抑え切れない時代になっていた。

一方、当時の人々の一番の泣き所は、病気であった。江戸時代は鎖国であり、医学知識や衛生観念は未熟で、天然痘、風邪（今でいうインフルエンザ）、傷寒（腸チフスの一種）、結核等が恐れられていた。特に天然痘では、抵抗力の弱い乳幼児の死亡率が高かった。予防や治療の法も分からず、ひたすら迷信などによる非科学的な療法に頼ったり、お祓いや神仏祈願をしたり、果ては天命に頼るしかない時代だった。いつも「死」と背中合わせの生活だっただけに、健康や長寿、病気回復に対し、人々の関心と祈りの気持ちは強かった。

昌平は、そうした中で、人々の命の救済と健康を考えるようになり、早い時期に漢方医となり、三河では一番早く「種痘（人痘法）」を行っている。「医は仁の術なり」の言葉は、昌平も語っている。鎖国中ではあったが、オランダからの知識や技術は細々と入ってきた。昌平の晩年には次第に蘭方医（阿蘭陀伝来医学による医者）が増えていく。時代の変わり目であった。

3 「一統記」の舞台

「一統記」の舞台である三河国設楽郡振草郷は、ほぼ今でいう愛知県北設楽郡東栄町の地域に当たる。天竜川の一支流である大千瀬川（振草川）上流の山間に位置する。住民は、わずかばかりの耕地を持ち、山仕事を兼ね、楮（和紙の原料となる）、柿、たばこ、茶等を生産・販売して暮らしを立てていた。

天保八年〔一八三七〕当時、振草郷には、十七の幕政村があった（巻末別表1参照）。

ここには、一村が他村に飛び地（出郷）を持ち合う中世的な「入り混じり村」の形態が残されていた[2]。郷内の中設楽と別所、奈根には、戦国時代の古城跡があったが、武士はおらず、百姓ばかりが先祖と伝統を重んじ、八百万の神々を敬って暮らしていた。霜月になると、郷内の奥地では、鎌倉時代から続くと言われる「花祭」[3]が行われている。太鼓と笛の音、「テーホヘ、テホヘ」のかけ声に合わせて、一昼夜、人と鬼が舞いあかされる。

郷内には、飯田と新城・吉田（豊橋）を結ぶ街道が通り、秋葉山信仰、伊勢参りの道もあって、「三遠南信」（三州・遠州・南信州）間の交易が盛んになっていた。

この地は幕府直轄地（天領）であり、山林の所属や境界、売買等で揉め事があると、東海道赤坂宿にある中泉奉行所赤坂出張陣屋（赤坂役所）、または遠州の中泉奉行所（現静岡県磐田市）まで出掛けることも多くあった。振草郷は深山幽谷の地といわれもしていたが、広域にわたる経済活動や情報移入、文化交流があり、決して未開の奥地ではなかった。

「一統記」にも表れているが、近世には、人々は伊勢参詣、秋葉山信仰、西国巡礼等で国を越えて出掛け、郷内には修験者や信州の馬方、商人等が行き来し、金鉱を探し求めて来る夢追い人もいた。こうした交流で、新しい知識や情報、文化的刺激を受ける機会が多くなっていた。私塾による「読み・書き・そろばん」の子弟教育も、早くから行われていた。

この振草郷では、天保の時代、商人が取引議定書を作成し、反発した百姓数百人が集まり怒号を上げ、一旦収まったものの江戸の裁判にまで発展した「議定論騒動」があり、収束までに五年を要した[4]。こうした議定書に対する対立・紛争も、それなりの商品流通経済の浸透と、文書の読み書きができる一定程度の文化レベルの基盤がなければ生じようがないものだった（拙著『江戸の裁判――花祭の里の天保騒動記「議定論日記」』〔二〇一八年風媒社刊〕参照。以下「江戸の裁判」という）。

幕府役人は、幾山も越えて、この郷内に出向くのを嫌った。年貢徴収のための下見（検見）も、大野（現新城市大野）辺りで名主から話を聞いて遠見で済ませていた。そのため、新田開発、増産があっても当初の年貢台帳が通用しており（巻末別表1参照）、平野部の藩領に比べれば、緩やかな支配関係にあったと想像できる。

昌平の家は、西に半円形の御殿山を仰ぐ位置にあり、家の近くの坂を下れば、毎朝洗面ができる清流・振草川が流れている。「仁者は山を楽しみ、知者は水を楽しむ」（「論語」雍也第六の二三）、論語の世界を味わうにはふさわしい山紫水明の環境だった。

家の近くには対岸に渡るため石伝いの丸太橋が架けられ、付近には、よくセキレイが飛び跳ねている。この橋は古くからセキレイ橋と呼ばれていた。昌平の家屋敷は、地理的には中設楽村にあったが、「入り混じり村」の出郷の関係で、所属は「中設楽村月方」、つまり「月村」であった。

天保八年〔一八三七〕当時の中設楽村の戸数は二一戸、人口一〇四人であり、月村は戸数一一〇戸、人口六三七人であった（他の村々の戸数と人口は、巻末別表1のとおり）。

なお、菅沼家の屋敷は、当初川に下る坂道近くにあったが、その後、天保三年に、少し離れた所に、新しく大きな屋敷が建て替えられた。しかし、現在、その場所は更地になっていて、往時の面影はない。

4 「一統記」の構成

この「一統記」の始まりは、右にみたような時代風景を遡り、天正三年〔一五七五〕の長篠合戦が終わった頃の話になる。おそらく、南進する武田軍に対し織田・徳川連合軍が戦い、武田軍が敗退した、その頃である。「一統記」前半は、その頃以降の先祖代々の「家伝記」となっている。

「一統記」は、流浪の武士新五左衛門が冬の夕暮れ時、中設楽村の一軒屋に一夜の宿を求め、そこにいた親切な娘と一夜を共にするところから始まる。その情景描写は、家伝記とはいえ、江戸時代に書かれたとは思えないほど、文学的に表現されている。

この武士がどこから来て、どこに向かおうとしていたのか、定かではない。ただ、地理的にみれば、西から来て東に向かおうとして、川に阻まれて宿を乞うたと推測はできる。西には、武田家について長篠合戦で敗れた田峯菅沼家の本拠地があった。

家伝記では、それから二百年後、昌平自らが菅沼家のルーツを探し求めて墓を探索し、古記録や伝承を整理して、先祖の系譜や人となり、出来事や行動等をまとめている。しかし、ルーツ探しでは、先祖の出自は分からないままで終わっている。

この開祖新五左衛門は、子新三郎が生まれ、悩みながらも武士の身分を捨て、百姓として生きる決心をして村に定着する。新五左衛門は慶長九年に七十五歳で亡くなり、その時新三郎は二十五歳だったという。逆算すれば、流浪の新五左衛門が中設楽村で宿を乞うたのは、年齢五〇歳の頃、つまり、長篠合戦が終わって二年後の天正五年〔一五七七〕と考えられる。

新五左衛門、新三郎の子孫は、その後、四郎太夫、与平、与兵衛（定椿）、七郎兵衛（春国）と代を重ね、農業に専念し財をなしていく。

この家伝記の中では、七代目「與平（定賢）」が特異な人物として登場する。小さい頃のやんちゃぶり、成人になってからの侍相手の大胆不敵な行動は、やはり侍の血が流れているからかと思わせるような話である。これをなだめる周りの対応も面白い。その情景が目に浮かぶような描写である。

その子七郎平（宥定）は、農業の傍ら、山への植樹、山林売買等に勤めて家産を増やしていく。その子宗碩は、幼い頃から秀才ぶりを発揮し、やがて医者になる。

その宗碩の子が十代目当主の菅沼昌平である。この者が、家伝の「一統記」に加えて、自分の代の出来事や経験談、思索等を日記風に綴っている。「一統記」の大部分は、この内容である。日記風とはいえ、必ずしもその日ごとに記載したものではなく、後日まとめて書かれた部分も多い。

5　菅沼家の家系

菅沼家の家系については、昌平を九代目とする説もあるが、[5]「一統記」及び関連史料を調査した結果によれば、次のとおりの系譜で、昌平は十代目である。昌平の子の代では、兄弟間で順次代替わりしている。詳しい事情は分からないが、早世により後継者難があったと思われる。

（菅沼家の家系）
初代 新五左衛門（定之）→ 二代 新三郎 → 三代 四郎太夫 → 四代 與平
→ 五代 與兵衛（定椿［検地・御竿請］）→ 六代 七良兵衛・七郎平（春国）
→ 七代 **與平**（定賢）→ 八代 **七良平・七郎兵衛**（宥定）→ 九代 宗碩 → 十代 **昌平**（**恵迪吉・七郎兵衛**）
→ 十一代 仁輔（昌平の次男）→ 十二代 謙治（昌平の三男）→ 十三代 七郎平（昌平の六男・幼名岡次郎）
→ 十四代 黙郎（昌平の子謙治の子）→ 十五代 恕人（軍人）→ 十六代 定昌（軍人）(6)

菅沼の家系では、宗碩及びその弟周節、昌平、その子仁輔、謙治、黙郎は、いずれも医者であった。十三代の七郎平も医業に従事したと思われるが、記録がなく判然としない。(7)

6 菅沼昌平の生涯

(1) 菅沼昌平は、安永八年（一七七九）六月二十日（陰暦）に、菅沼家の長男として生まれ、幼名を七太郎といった。後年に正平と改めたが、その後、縁起をかつぎ昌平と改名した。

江戸時代には、一般に、成長に従い、また生活場面で名前を変えることは多くあったようである。後に新城で生活した時期には「高垣昌平」と称していた。

また、地元での売買取引等の当事者、あるいは名主として活動する地元民対応の場面では、尊敬する祖父七郎平の名前を名乗っていたりした。前述の議定論騒動を扱った「議定論日記」には、月村の名主（後見）として「七郎平（しちろべえ）」又は「七郎兵衛（しちろべえ）」の名で登場している。

(2) 昌平は、少年期には医業への関心はなく、農人（のうにん）として生きていくつもりであった。ところが、寛政十一年〔一七九九〕、二十一歳の時、医者であった父宗碩（そうせき）が亡くなってから、親戚からの強い勧めにより、医者を目指すこととなった。

江戸時代、医者になるためには、試験や資格は必要でなかった。医者になろうとしたら誰でもなれたが、ただ、医書は漢文で書かれたものが多く、漢文の素養があることが必要であった。

昌平は、まず奈根の医者杉山半迪（はんてき）に頼んで「傷寒論」（古代中国の医学書）を素読（そどく）し、川角の医者竹内玄洞に療法を学んだが、もっと広く医術を学ぶ必要を痛感した。享和元年〔一八〇一〕シギ（思義）と結婚したが、その翌年（享和二年〔一八〇二〕）には、信州飯田の蘭方医本山良純の門下に入った。杉田玄白らによる蘭方「ターヘル・アナトミア」の和訳本「解体新書」は、既に安永三年〔一七七四〕に刊行されており、飯田では、早くから洋学への関心が高い者が育っていた。

昌平は、飯田で二年間ほど医療修行をしたが、その間に江戸にも出て、両所で勉学に励んだ。この塾中に、諱（いみな）惠（めぐむ）　字（あざな）迪吉（てききち）を名乗るようになった。

(3) 文化元年〔一八〇四〕、昌平は地元中設楽村に戻って医業を始めた。長男新作が生まれ、その後間もなく、医者の不養生というわけでもないが、傷寒（病）の洗礼を受け、その症状と苦しみを、この「一統記」に著している。

昌平は、文化二年〔一八〇五〕頃からは、地域の若きリーダーとして、米の増産を図るべく、村民の要望を受け、新田の開発、振草川の上流から水を引く山田用水路の開設、上ノ平の貯水池築造等にも取り組んだ。

また、祖父七郎平がしたように伐採した山には必ず植樹をし、山林や樹木を売買するなどして、早くから山林業の経営にも取り組んだ。用水路や貯水池の築造に取り組めたのは、祖父七郎平の植樹による樹木が成長し、これが売れて菅沼家の家計が潤沢であったことが大きいと思われる。

文化四年〔一八〇七〕、昌平は、京都の漢方医の名門吉益南涯に短期入門した。南涯の権威をバックに「尚古堂」の名を得て、惠・迪吉として、儒医の地歩を固めた。儒医とは、儒学を学び指導しながら医を業とする者のことである。この当時から、昌平は儒医らしく、頭は総髪にしていた。

昌平の迪吉の名には「吉を導き恵む」との意味があったが、昌平は、京都からの帰り道、激しい悪寒と金欠病に悩まされている。

そのうえ、帰郷後、昌平には妻との離婚話が生じる。昌平は「看病のおろそか」を問題にするが、実は、人から、父親が遺言で別の女性を候補に挙げていたと知って、父の意向に沿えなかった後悔が尾を引いていたようでもある。しかし、この話は、周りから説得されて収まり、その後、二人の間には、長女、次男、三男が生まれている。

文化十三年〔一八一六〕春頃、昌平は、それまでの「一統記」を一応まとめあげたようである。「一統記」冒頭の「序」を橘黄堂主人に依頼し、自らも「自序」を書いている。他人に読んでもらうための出版（書籍化）を準備していたと思われる。しかし、どういう事情か、これは途中で中止され、公刊されないまま推移した。

（4）この文化十三年〔一八一六〕には、昌平は、遠州浜名（現浜松市三ヶ日町摩訶耶）阿部玄岑から天然痘予防の種痘法の伝授を受け、その翌年には、長男新作〔十四歳〕に種痘を実施した。その経緯や方法の詳細は明らかでない。

文化十五年〔一八一八〕二月（文政に改元されたのは四月）には、長女美津、次男仁輔にも実施し、様子をみたうえで、他の村民にも種痘を実施した（これまでの文献では、昌平が初めて種痘を実施したのは長女美津に対して行った文政元年だとされているが、正確ではない）。

天然痘は、別名疱瘡、痘瘡とも呼ばれる伝染病で、ウイルスにより人から人へ接触・飛沫感染する。伝染力が非常に強く、罹患すると、高熱、膿疱（のうほう）〔膿がたまった水ぶくれ〕が生じ、乳幼児の死亡率は四割以上もあったという。治っても顔などに醜状（あばた）を残し、人々から非常に恐れられていた。[8] ただ、一度罹患すると免疫ができることが知られており、昌平が行ったのは、中国伝来の人痘法（じんとうほう）（傷跡のかさぶたを粉にしたものを鼻孔に注入する方法等）だったと推察されている。

三河では昌平が一番早くに、この種痘を行ったとされている。[9] 当時の人々は、目に見えない病魔に対する恐怖心は強く、祈りや呪術に頼り、有効と思われる治療法を勧めても不安と警戒心が根強かった。そうした中では、自分の子を実験台にして「やってみせる」しかなく、これは実に勇気のいる行動だったと思う。「一統記」には簡単に種痘したとの事実しか書かれていないが、その当時の悲惨な症状や家族の嘆きと悲しみ、種痘法の入手と説得、人々の反応等を考えれば、大変な取組みだったと思われる。何とかしなければという医者としての仁の心と「義を見てせざるは勇なきなり」の思いが、彼を駆り立てたに違いない。

ジェンナー（イギリスの医学者）は寛政八年〔一七九六〕に天然痘予防の牛痘法（ぎゅうとうほう）を開発したが、これにより安全確実な種痘法が日本で初めて成功したのは、嘉永二年〔一八四九〕になってからだった（隣郷（りんごう）の設楽郡津具村の医師山崎譲平が牛痘法を実施したのは、昌平の種痘から三十年以上経った安政二年〔一八五五〕であった）。

（天然痘は、その後の種痘（ワクチン）の普及により発生数が減少し、昭和五五年〔一九八〇〕、WHO〔世界保健機構〕により地球上からの絶滅宣言が行われた。）

(5) ところで、山の樹木は一度大量に伐採すれば、次に植樹して売れるようになるには数十年を待たなければならない。また、江戸で大火があればともかく、常に一定の需要と供給が見込めるわけでもない。

他方、村では幾たびかの洪水により、用水路の修繕工事等に多額の費用を要した。また、昌平自身、性格に甘いところがあり、若い時には若者を引き連れて豪遊し、費（つい）えが大きかったようである。

昌平自ら言う、「我、生得（しょうとく）正直を元として、人のおだてにのるの質なり。もっとも敵となって来（きた）るものには負くることは嫌いなれども、味方にして勧むるものには流れ安し」と。

こうして菅沼家の財政状況は、次第に厳しくなっていった。

昌平は、窮状をしのぐため、親戚らの反対を押し切り、地元の家業は従者や弟子らに任せ、文政元年〔一八一八〕から新城に出張して医業を行うこととなった。地元では、田畑係一人、山林係二人、植樹係二人、井道係一人と、都合六人の従者を抱えていた。

(6) 新城は、信州飯田と吉田（豊橋）を結び、馬稼ぎと川船による運送の中継地点として栄えていた。新城藩の藩主が代々能楽や茶道等を好んだことから、文化的にも豊かな町であった。元禄四年〔一六九一〕には、松尾芭蕉が俳諧師太田白雪の案内で新城を訪れ、「京に飽て此こがらしや冬住居」と詠んでいる。鳳来寺では「こがらしに岩吹きとがる杉間かな」などの句を残している。

この新城で、昌平は多くの重立衆（藩主や名主、医者、僧侶、裕福な商人等）から歓迎を受け、それらの知識人と交流を重ねる。文化的に充実した時期だった（当時の奥三河及び遠州浦川の医者の状況は、巻末別表2参照）。飯田修行時代の朋友（親友）田中退中とは、この新城で再会し医者仲間として過ごしたが、両者がどのように親交を深めたかは明らかにしていない。退中とは、後に江戸で再会する。

この新城では、初体験の茶席にとまどったり、天王祭の乱暴事件を目撃したり、雨乞の儀式を見たりと、今までにない経験を味わった。また、当時の医者のたしなみとして漢詩を書いたり、俳諧の集いに参加し、狂歌や狂句を詠じたりもした。

俳諧は滑稽味や社会風刺等を込めた短歌であり、狂句は俳句形式で季語を入れずに詠じるものだった。江戸中期以降の庶民の間では、芭蕉句のように芸術性の高いものよりも、笑いと風刺、機知に富んだ軽い狂歌や狂句が好まれていた。

(7) 昌平は、そうした楽しい生活の一方で、最愛の長男新作（十七歳）を失うことになる。新作は、跡継ぎとして期待し、自らの下で修業させていたのである。

新作には十四歳の時、既に種痘を実施していたが、文政三年〔一八二〇〕二月、病が生じた。痘瘡再発の症状のようにも見え、症状は日に日に悪化した。医者菅谷周迪に診てもらい、種痘の伝授を受けた医者阿部玄岑も呼んだ。医薬を工夫し懸命の治療努力をした。しかし、それも空しく、新作は命を落としてしまう。種痘により免疫ができ、二度とかからないはずではなかったのか。後に医者仲間が集まって検討したが、なにがしか自分の初期の療法に過ちがあったと認めざるを得なかった。

新作が亡くなってから、人づてに聞く息子の言葉に、昌平は、息子が自分の最大の理解者であったのではないかと思う。他人からは我儘と批判されることの多い昌平であったが、これまで「一統記」は、誰のため、何のために書いてきたのか。息子新作は「一統記」を読んでくれていただろうか。昌平の心の内と本質を一番理解してくれていたのは、息子であったかもしれない。種痘の不十分さへの後悔と自分の種痘で跡取り息子を失ったショックは、二重三重に大きかったとみえる。その悲しさ、寂しさを紛らすように、密かに博奕に手を出してしまったという。

親しい人から注意を受けるが、その一方で、郷里からは再三の「帰郷」催促があった。家の財政状況も考え、帰るべきか否か悩む生活が続いた。

そんな折、文政五年〔一八二二〕一月、故郷の自宅で火事があった。昌平は、村への迷惑を考え、これを機に、約四年間の新城の生活に区切りをつけ、帰郷することとなった。

(8)　帰郷後、昌平は医業、農林業に従事する傍ら、昌平塾を開き、これには学則を定め、門人教育を行った。また、世話好きな性格から、村民らの困りごと相談やトラブル解決、子弟教育にあたるなどした。

菅沼家では、祖父七郎平の代（天明年代〔一七八〇年代〕）から明治維新の頃まで、代々私塾で近郷村を含めた子弟の教育が行われており[10]、振草郷内の識字率（読み書きのできる割合）は高かったものと思われる。

多忙な生活の中で、昌平は文政八年に妻シギを亡くし、一年後には、西尾城内の武士鈴木門右衛門娘カノを妻に迎えている。その経緯は不明である。

郷内の出来事で、医業以外で昌平を悩ませた揉め事はいくつかあったが、特異なものは三つあった。

一つは、十年を過ぎた貸金証文の効力の問題である（第四の18）。昌平は、相談を受け、赤坂役所で聞いた話として「十年過ぎれば反故同様」と話す。すると、別の者から、「自分は十年以上前に貸した金を完済済みであり、返してもらいたい」との話が持ち上がった。どうなるか。今でいえば民法上の債権の消滅時効と不当利得返還請求の問題である。明治維新による西欧の法制移入前の江戸時代には時効制度はなかったが、既にこうした問題があったことには驚かされる。右の事例では、三か村の役人が入って解決が図られた。

二つ目は、祭りの場での若者同士の喧嘩による傷害事件の後処理であった（第六の9）。昌平は内済（示談）のため奔走するが、途中で調停に乗り出した別の名主との間で、考え方（スジ論）や解決策に差異が生じ、すんなりとはいかなかった。こうした時の昌平の相談相手は、振草郷南端の池場村の資産家・治兵（治兵衛）であった。この時の治兵は、代替わりして神主出身の聟養子であったが、先代の農業と山林経営を引き継ぎ、家は峠道にあって内外の情報にも通じ、郷内調整の有力者であった。

三つ目は、不審死事件の処理だった（第六の10）。当時、村で不審死があった場合には、村医者の検分を経てから、寺（曹洞宗）が引導（仏門に入らせる儀式）を渡す手はずになっていた。昌平は殺人とみたが、他村の医者の見立てと対立し、寺では引導を拒み、「地域取締役」の浦川村日名地董作に判断を仰ぐ事態となった。日名地董作は、先祖が大坂の冬夏の陣で手柄を立て、特別に苗字帯刀を許された家柄の郷士であると主張していた人物である。兵農分離策をとる幕府の認めるところではなかったが、浦川村及び振草郷、その奥地周辺では、苗字帯刀で「地域取締役」として振る舞い、事実上治安警察的な役割を担っていた。ところが、この者からは予想外の指図が下り、昌平は寺との板挟みとなって苦悩する。

この辺りの話は、当時の郷内の名主の牽制し合う力関係と、情報と知恵者の調整力、隣郷（りんごう）の特殊な地域「権力」者との絡み合いがあって、江戸幕府と山奥の地方の支配関係、村人の暮らしぶりをみるうえで、興味深いところである。

昌平は、天保四年（一八三三）には月村の名主後見となり、同年暮れに起きた議定論騒動では、名主側として何度も赤坂役所に出向いている。この時は、昌平は、七郎平または七郎兵衛の名前で出ている。議定論騒動の顛末については、拙著「江戸の裁判」に詳しいが、昌平は、そうした役人相手の政治事には、どこか距離を置いている。「医の道は治術のみ、政事には関わらず」との考えがあった。

(9) 昌平は、その後、天保八年（一八三七）、議定論裁判の関係者とともに江戸に出立（しゅったつ）し、旅日記を残している。旅の途中では、江戸幕府を揺るがした「大塩平八郎の乱」があり、江戸で情報を得たらしく、後に、この「一統記」に決起参加者の名前と騒動の内容をまとめている。同じ儒者として感ずるところがあったのだろう。その感想として「哀れとも言うべきか」などと書き留めている。

この旅は、裁判関係での江戸出府かと思いきや、意外な目的があり、さらには、江戸での滞在後、妹が住む上野国館林（こうずけのくにたてばやし）（現群馬県館林）にまで出向いている。合計で五〇日を超える長旅であった。まだ天保の飢饉が続く真っ最中のことであるが、飢饉の状況は、ほとんど記録に留めていない。のんびりとした旅にも思える。この時期、これだけの大旅行ができた者がどれだけいたのだろうか。

(10) 昌平は、天保九年（一八三八）に代を次男仁輔（にすけ）に譲って隠居した。

仁輔は、昌平の次男で、天保三年（一八三二）、備前（岡山）の漢方・蘭方医難波立愿（なんばりゆうげん）（立達、抱節）に入門して、医者となっていた。この頃から蘭方医が増えていき、医者仲間でも、古方（こほう）派、後世（こせい）派、折衷派、後には蘭方派も加わり、それぞれの対立があったが、対立を超えて知識、技術の交流を図る時代へと向かっていった。

昌平は、「医は仁術なり」の考えを持ち、貧者から治療費は求めず、求められる治療を施した。有効な医術を独り占めしようとする者には厳しく当たり、医者仲間で共有することを理想とした。

「仁」とは何か。思いやりの気持ちであり、慈愛の精神であり、一言で言えば「愛」である（「樊遅仁を問う。子曰く、人を愛す。」「論語」顔淵第十二の二二）。「医は仁術なり。仁愛の心を本とし、人を救ふを以て、志とすべし」。昌平は、この儒学者貝原益軒の「養生訓」（天徳二年〔一七一二〕）は読んでいただろうか。読まずにいても、当時の儒医の精神には共通の思想があったのだろうか。

昌平は、ある時、知り合いから厳しい質問を受ける。古方か後世か、いずれが是か、種痘は役立つのか、天命は避けられるのかと。医は誰のためものか。医者は天命にどこまで挑戦できるか。問答が続く。いつの時代でも、命を預かる医者に投げかけられる根本的な問いは変わらない。ここでの問答のテーマは重い。

昌平は、弘化三年〔一八四六〕閏五月二八日、数えの六八歳で亡くなった。死を前に、いろいろなことが走馬灯のように思い出されたのだろう。思い返されるのは、父の最後の言葉と自分の子孫への強い思いだった。

「一統記」の末尾には、なお思索が続く。「書き残す筆に心は有馬山……」。

自らの死を意識して、彼は自分の法名の希望を認めている。死後、「一統記」末尾にあるとおり、法名には彼が好んだ言葉で、「自然朴素　居士」と刻まれた。

⑪　その後、中設楽村では、幕末から明治初年にかけて、全村神道化が進んだ。これにより、明治五年〔一八七二〕、それまでの神仏混交の伝統の花祭に対し、仏式を排した神道化が断行された。

昌平が見た花祭の五色の舞庭（会場）は白一色となり、太鼓・笛の音とともに聞いた歌ぐら（歌詞）も違う。鬼の呼称も違っている。昌平がよく住職と談笑した東泉寺も廃却となった。寺の跡地は小学校となり、そこも、その後百年経ち、過疎化による人口減で廃校となった。昌平の元屋敷前は、国道一五一号線が付け替えられ、今では車がビュンビュン走っている。

すべては、通り過ぎた景色のように眼前から去ってしまった。ただ、神道化といっても、花祭の様式、家々の祭壇、葬儀の様相が変わった程度で、宗教意識が特に高いわけでもない[11]。昔通りに祖先を敬い、伝統と文化を守ろうとする人々の意識だけは変わらずに残っている。

なお、山田用水は、明治一八年、医師をしていた孫黙郎（明治二九年、三六歳で没）により[12]加賀野まで延長して完成され、現在も利用され続けている。その完成は、苦難と闘った先祖を思い、先祖の遺法を何としてでも実現しなければという、強い「孝」の念を貫いた証のように思える。

7　昌平の人物像

昌平は、農林業に従事しつつ、医者としても活躍した人物である。また、儒学者であり、多くの書物を読み、当時、振草郷随一の知識人であった。医者として人々の健康と命の全き（完全）を期し、儒学者としては、人々に、あるいは日記の中に、「仁」と「孝」と「中庸」の大切さを説いている。

昌平は、先祖を敬い、父母に「孝」を尽くした。儒者として孝経（「親に対する孝」を徳の基本として述べている儒教の基本書）を何度も写し、これを人に与えている。教育熱心でもあった。

江戸時代は「孝」の観念が絶対的であったからか、昌平は、自らの結婚でも親の意向に沿えなかったことを悔やみ、気に病んでいる。その悩みは、この時代特有の悩みだったかとも思う。

しかし、昌平は、自ら決めるべきことには、自分の考えを優先し、果断に決断実行するところもあった。自らの結婚披露について、親が望んだ結婚相手でなかった点に不満はあったにしても、人から、招待客の範囲は「先例どおりか」と聞かれれば、即座にこれを拒み、自分の考えを通している。結婚後の飯田への修学でも、我が子に対する初めての種痘でも、自分の意思と考えを優先している。新城出張の決断も、そうだった。物事や状況の全体を見て、本質をとらえ、先々を考え、自ら決するという先進的な気概があったと思う。因習や慣行に従う村人からみれば、それこそ理解不能で、我儘（わがまま）、頑固と見えただろうが、昌平は相手が多勢だからといってひるまない。日記にも、事実と自己の考えを正直に書き表そうとする。そこには、近代的な自我の芽生えがあるようにすら思える。

　昌平は理屈好き、議論好きでもあったから、人から諫（いさ）めを受けても、孔子や孟子の言葉を引き合いに「理」で反駁する。「爾（なんじ）は爾たり、我は我たり」との孟子の言葉を引用して言う場面が印象的である。自主独立心が強く、主体的に判断し行動しているようにみえるが、内面は気弱なところもあり、負けず嫌いである。気の弱さは、「徳は弧ならず、必ず隣あり」など、孔子らの言葉を引き合いに自らを奮い立たせていたのかもしれない。ならば、全くの堅物で受容力に乏しいかというと、そうでもない。

昌平は世話好きで、村民の困り事、もめ事にも何かと世話をやき、儒者の教えを説き、解決に奔走している。「一統記」には、うまくいった話、失敗した話などの顛末等が、儒教の教えに照らしてどうなのかなど、問題点や反省等を含めて書かれている。議論があれば、相手の意見の内容も客観的に対話形式にして日記に書き留めている。冷静に考えようとする姿勢はあった。論語や孟子の言葉を引き、どうあるべきかを考えている。その一方で、吉田兼好の「徒然草」も愛読し、「もののあはれ」の情感には共感していたふしがある。「一統記」の日記は、自らの思いを正直に語り、古（いにしえ）の賢人と対話する場であったようにもみえる。

　昌平は、議論好きであったが、役人嫌いで、表向き、政治的なことには口出しをしなかった。その一方で、日記、つまり「一統記」の中には、上に立つ者のあり方を厳しく問う箇所もある。

「君王（くんのう）無道にして人民亡び、人民亡びて君王（くんのう）独り立たんや」と。また、俳諧（江戸時代に流行した連歌、俳句等の総称）の形式を借りて、「万民へ正しく教え平らかに、納め玉ふが天の命なり」などと歌い、この句に修正を加えて「徳」の大切さと政事（まつりごと）の重要さを説いている。

8　天福自得論

しかし、昌平の思想は、同じ儒者でも大塩平八郎が信奉する陽明学派のように知識と行動の一致（知行合一）を説くものではない。朱子学を学び、論語の解釈と思索の世界にとどまるものだった。泰平の体制下で「中庸」（過不足なく調和がとれた状態、「過ぎたるは猶及ばざるが如し」（「論語」先進第一一）の実現を考え、現実的な判断と行動をしている。ただ、昌平の内面の奥底には、前述のとおり、慣習や運命論に支配されない進取の精神が潜んでいた。

この書に「秘密　天福自得論」がある（第五の5）。昌平は、「貨福天にありといえども、自らこれを求めざれば来たらず」と述べている。幸福は、とりわけ経済的な貨福は「自ら求める」、「する」ことで得られるとする。

孟子の言葉にも、「人を愛して親しまれずんば、其の仁に反れ。人を治めて治まらずんば、其の智に反れ。（略）。行ない（欲する所を）得ざる者あれば、皆諸を己に反りみ求めよ。其の身正しければ而ち天下之に帰せん。詩に永言命（天命）に配い、自ら多福を求むといえる。」とある（「孟子」離婁章句上四）。「天命に従って、自らの幸福を求めよ（自求多福）」と説く。

昌平の考えは、この辺から発想したものと思われるが、もう少し進んで、天命があるにしても、経済的な貨福には「自求、自得」がなければならないと説き、積極的に「することの価値」に着目している。西洋の格言にも「天は自ら助くる者を助く」（「自助論」）とある。

しかし、当時支配的な儒教（朱子学派）の考えからは、利殖、金儲けは賤しむべきものと考えられていた。また、百姓が豊かになれば、離農者が増え、年貢の収入が減り、幕府の財政基盤を揺るがしかねない。人前では言えないことであり、そのため、自得論は「秘密」扱いにしたのだろうか。

昌平も、金儲けを善道とは見ていなかったが、古代中国の時代とは違うという意識から、それを排斥すべきとまでは考えていなかったのではないか。虚説を述べたり、不道の方法による「医道」よりは、まだ商売や農耕の方がましだと説いている。嘘偽りなく誠実に、徳に従っての行動が基本だというのであろう。医業にも商売にも徳がなければいけない。昌平のこの考え方は、当時の商人の活発な動きをみて、時代の先行きを予感していた節がある。

やがて明治維新〔一八六八年〕を迎えると、儒教解釈を見直し、富国をめざす近代資本主義経済形成のための近代思想への脱皮が図られる。「日本資本主義の父」といわれる渋沢栄一（令和六年〔二〇二四〕から新一万円札の顔に登場予定）は、論説「論語と算盤」[13]の中で言う。「(国の)富をなす根源は何かといえば、仁義道徳。正しい道理の富でなければ、その富は完全に永続することができぬ。ここにおいて論語と算盤という懸け離れたものを一致せしめることが、今日の緊要の務めと自分は考えている」と。その本の中には、道義に基づく経営・利殖が重要だとする「孔夫子の貨殖富貴観」がある。昌平の「天福自得論」と何か共通したものが感じられる。

知識は行動に結びつき、行動は変革へと誘われる。これは陽明学の知行合一の考え方にも連なり、明治維新を実質加速させる思考原理ともなっていった。

9　尊敬する師と直言する側近

(1) 尊敬する師

昌平は、医者になろうとして、飯田修学前の享和二年〔一八〇二〕、地元川角村の医師竹内玄洞に入門して療法を学んだ。玄洞は、文化五年〔一八〇八〕に亡くなったが、昌平にとって、玄洞は医療修業の師であるばかりか、何かと世話になり、大きな存在であった。玄洞の死後、「玄洞師こそ古の聖賢にもならえる」人と讃えている。

その竹内玄洞については、後世に名をなした「竹内流眼科」の話があるので、簡単に紹介しておく。

昌平は、「一統記」の「代々人名記」の中で、「川角村　眼病」の項で、竹内家の系譜について、「新太郎・玄撮・玄意・玄洞・玄同」と記載している。

他方、竹内家の子孫（右⑭竹内幹彦）が作成した系譜によると（○に数字は代目）、

初代①竹内慰―②玄撮―③是斎―④良心―⑤玄撮―⑥（友慶）―⑦（亀石）―⑧玄意―⑨玄洞―⑩玄洞二世―⑪玄洞三世（神道へ改宗）―⑫（玄洞四世）―⑬玄洞五世（豊橋へ移転）―⑭幹彦

となっている（括弧内の名は非医業者[14]）。

③是斎の子竹内甫久は諏訪に移住し、その子竹内新八（持好）は、諏訪藩の藩医に挙げられ、竹内流眼科の名声を高めた。文政・天保の頃には、馬島流、土尾流、田原流と共に、日本四大眼科の一つに数えられていたという[15]。

なお、⑧玄意の子、つまり⑨玄洞の弟である玄撮は、掛川（現静岡県掛川市）に出て眼科医となり、代々栄えた[16]。享和三年〔一八〇三〕出版の「東海道人物志」には「眼科、号熙敬、竹内玄撮」と記載されるほどであった[17]。

また、旧鳳来町井代にも、④良心の子が分家して開いた目医者が代々続いた。

川角の本家筋の竹内家も、眼科医として名を馳せ、東の船明（ふなぎら）等天竜川筋の村々、西の田峯、稲橋、南の豊川、浜松方面、北の信州新野方面等からも、遠来の客が多かったという[18]。

竹内流眼科のはじまりについては、次の諸説（要旨）があるが[19]、確かなことは分からない。

第一説は、竹内家の先祖が隠士（いんし）のような生活をし、眼療をして薬師像を信心していたところ、旅人僧から眼医書一軸をもらい受けたという（竹内家に伝わる「瑠璃殿記」）。

第二説は、先祖一、二代前の時分、竹内家に宿泊した旅人僧が薬師像一体と目医書一冊を置いて行き、これは目医者をすべきことかと思い、それ以来目薬をこしらえ、目医者となったという（天保時代の川角村名主等の赤坂役所への提出書面）。

第三説は、武士の伊東丹後守（たんごのかみ）が大坂城に仕えていて、慶長年間の落城で地元の竹内家先祖の家に逃げのびたが、後を追ってきた家来が、途中で僧から目医書一巻を譲り受けて眼医となり、丹後守の子孫に伝え、以後子孫は竹内を名乗った。旅人僧は、医聖「甲斐の徳本（とくほん）（永田徳本）」ではないか（竹内玄洞家伝）というものである。

いずれにしても、昌平の師玄洞は竹内流眼科の本家筋にあたる者で、「医は仁術なり」を家訓とし、これが一族の眼科繁栄の根本精神として引き継がれていたと思われる。昌平も、「医は仁術」の師の教えを引き継ぎ、「仁の道」を求め、大きく成長していった。

(2) 直言する腹心

昌平の人生にとって、もう一つ幸いと思えることは、そうした師の存在とともに、「諫め（いさ）」の言葉を掛けてくれる人物の存在である。「諫め」は、目下の者からの注意、忠告であるが、何人かの友人や知己（ちき）〔知り合い〕から、生活や行動、あるいは考え方について、注意や「諫め」（誤りを指摘し忠告する）を受けている。議論好きの昌平は、これには反論するが、その時の双方の言い分を問答（討論）形式で日記に再現し、自己を客観化し、冷静に自分を見つめようとしている。

「諫め」は、立場の違いを超えて言うことであり、緊張感を伴いがちであるが、現代では、それほど身構えることなく、普段から言うべきことを言える関係が築かれていることが大切になる。ものを言うことは、注意や反省、再考、熟慮を促し、その人の身を誤らないため、またより良き未来を導くためには良薬となる。司馬遷の「史記」にも「苦言は薬なり、甘言は病なり」の言葉がある。良薬となる基本には、互いの信頼関係がなければならない。

東洋学に詳しく、昭和四、五十年代の一流の経営者と親交のあった評論家伊藤肇は、かつて、乱世を生き抜くリーダーの条件として、第一に「原理原則を教えてもらう師をもつこと」、第二に「直言してくれる側近をもつこと」の重要性を説いていた[20]。

10 「一統記」の特徴

この「一統記」の記載で目につくのは、①親戚縁者の誰がいつ亡くなり法名（ほうみょう）はどうか、②どこの山林を誰との間でいくらで売買したか、③農林・医業の収支等はどれほどか等々の記録が多いことである。

死者と法名の記載は、実に三百人を超し、特異である。これらの部分は、本書では原則として省略している。父親の代以前から同様の形式で記載をしているところからみれば、治療した者の記録でもない。菅沼家関係の人事、人脈や取引内容、家産状況等を、子孫のため広く記録として残す意味があったのであろうか。これは、菅沼家に関係した故人を鬼神（神々）として敬う純粋なる儒教の念からの発露とみるのが正解なのだろうか。

一般に日記（覚書）では、日々の天候や出来事等を簡潔に記述したものが多いが、昌平の「一統記」の内容は、多彩である。

医者として病気の症状と医療の話だけでなく、衣食住の内容、新田・用水路開発、山の植樹と伐採、売買取引、結婚の斡旋、俳諧、祭り事、気象観察、喧嘩（けんか）の後始末等々、多方面の生活内容を取り上げている。また、中には、山持（やまもち）（持てる者）と持たざる者との間の調整で悩んだ社会問題までも取り上げている。

昌平は、こうした事柄について、事実を正直に記録すると決し、自らの失敗や弱点、意見や感想、思索、悩みまで率直に書いている。また、儒者の問答や療法についての議論なども、自分一人の見解の記載ではなく、問答形式で、相手の意見も分かるように記載している。

自らも、「予〔我〕が一統記は、皆実事を以てこれを記す」と書いている。「実事」、「信実」を伝えることが昌平の信念だったようである。

これらの内容を見れば、江戸時代の庶民の暮らしと思想を知るうえでの格好の百科事典のようでもある。歴史家や民俗研究家等に限らず、一般の読者にとっても、十分に知らなかった江戸時代の人と生活の諸相に、改めて興味が湧くに違いない。

これに関して、もう一つ特徴的なのは、昌平は儒学者であるだけに、「一統記」の要所要所に、論語や孟子等の名言や格言が引用されている点である。実際の体験の中から、先人、賢人の教えをどう考えるか、実践的な意味合いを込めて書いている。論語や孟子等の言葉を引用しつつ、いろいろな出来事の見聞や体験談の中で、何が大切か、人としてどう生きるべきかを説いている。江戸時代の日記で、心の悩みや思想までを率直に披瀝した「告白録」は、極めて珍しいと思う。

11 「一統記」の目的

昌平は、何のためこうした「一統記」を書いたのか。

江戸時代は、儒教思想が浸透し、武士に限らず、前述のとおり、人の道として、思いやりの「仁」、行うべき「義」、人に対する「礼」、是非を判断する「智」、人との間の「信」、この仁・義・礼・智・信の五常のほか、人間関係の規律として、五倫（君臣の義、親子の親、夫婦の別、長幼の序、朋友の信）が基本であった。祖先を敬い、長子が優先され、血統、家業、家格などが重視される時代だった。嫁入り先も家長が決めるなど、「人より家」が重視される時代であった。

この「一統記」は、そうした時代の中で、前述の内容で記録を残すことにより、子孫の意識と知識を高め、家の永続と子孫繁栄を図ることが最大の願望として書かれている。後継者に向けて、自らの失敗と反省をさらしたうえで、人として間違いのない徳の道を歩むように説く、子孫のための指南書、教科書というべきものになっている。

「我が子孫、必ず善をせよとにはあらず。願わくは悪はなさざれ。悪さへせざれば、積めるだけの報いはあるべし。数善は一悪にくずれ、一つの悪を防(ふせ)がんには数善を積まざれば去らず。ただ悪報は速やかにして、善きことの報は遙かに遅しと、知るべし。」と、くどいように語っている。

孔子や孟子等の名言が多数引用されるのも、旧家として永続し、今後村のリーダーとして、家名、家格に恥じないように、後継者を育てようとする帝王学教授の目的があったものと考えられる。

しかし、そうした昌平の強い思いにもかかわらず、昌平から三、四代を経た後、継嗣(けいし)〔あととり〕は不幸にして病を得て陸軍病院で没し、昭和一六年〔一九四一〕、本家筋の菅沼家は絶家となってしまった。[21]

この「一統記」の内容は、菅沼家の子孫に向けたものではあるが、それに限らず、時代を超えて、我々が今を生きるうえでも、大いに教えられる内容を持っている。「一統記」の中に引用された孔子や孟子、彼が語る一休禅師の言葉や「徒然草」の一節等をきっかけに、さらに、その原著にあたってその言葉の意味と思想を考えれば、学ぶべき広大な世界が開けてくる。

「坂柿一統記」は、先述の「議定論日記」と並び第一級の歴史的資料であるが、それは、江戸時代の生活状況や出来事を知ることができる価値にとどまらない。江戸時代に生きて、悩み苦しみ格闘した人間の生き様や、その思想や願望、教訓を知ることは、現代に生きる我々に対しても、訴えかける多くのものを持っている。「君子」は、知識に優れ、徳のある教養人、指導者の意味と受け取れる。今、ビジネスの世界でも、上に立つ者の処し方として、「論語」や「孟子」等がよく読まれていると聞く。

12 「一統記」の刊行

(1) この「一統記」には、天正三年〔一五七五〕からの記載がある。筆者の序文には、文化十三年〔一八一六〕に編集し終えた旨の記載があるが、出来事の最終記載は、天保九年〔一八三八〕である。

この「一統記」は、昌平によって、元々は九巻に分けて作成されたものであるが、死後に、おそらく親族にあたる者により三冊に分冊され、それぞれ「天・地・人」の名称が付せられたと思われる。

「天」には、文化十四年〔一八一七〕昌平三十九歳までの記録が、

「地」には、文政元年〔一八一八〕から文政十一年〔一八二八〕昌平五十歳までの記録が、

「人」には、文政十二年〔一八二九〕から弘化三年〔一八四六〕昌平死去（六十八歳）までの記録が、

それぞれ綴られている。

孟子の言葉に「天の時は地の利に如かず、地の利は人の和に如かず」（「孟子」公孫丑章句下冒頭）とある。一般に戦略論で言われることであるが、人がよりよく生きるためには「天の時（運）、地の利（状況）、人の和（人間関係）」の三条件が必要である。中でも大事なのは「人の和」だとされる。儒学者昌平にふさわしい「一統記」三巻の命名であった。

(2) この「一統記」は、その後、菅沼家と遠い親戚関係にあった元東栄町三ツ瀬村の原田清[22]が、昭和四年〔一九二九〕に写本を作成し、これを当時親交のあった柳田國男（日本の民俗学の創始者。後の文化勲章受章者）に贈ったことから公にされた。

昭和四年〔一九二九〕の柳田の返信には、「小生には非常に面白く拝見。是を精査して『或家の歴史』というものを書かば面白からん」と高く評価。その一方で、「今後特殊な研究を為すべき人の資料としての保存の方法を講ずべし」と書かれていたという[23]。

その後、昭和一〇年頃に、愛知県教育会発行の「尾三文化史談」の「郷土資料をあさりて」に、「坂柿家の記録で、冨山村佐藤清興氏有の熊谷伝記と共に北設文献の双璧である」と紹介されたが、[24]中身についての紹介はなかった。昭和二九年〔一九五四〕発行の近藤恒次「三河文献綜覧」[25]に、その簡単な概要が紹介されたが、その内容の詳細は、未だ知られていない。

その「一統記」のごく一部は、昭和一二年頃、原田が編集者として関与した『設楽』[26]や、昭和四六年〔一九七一〕発行の布川清司の民衆史の著作[27]にも引用された。その後、医者としての昌平の経歴が平成一九年〔二〇〇七〕に『東栄町誌「自然・民俗・通史編」』に紹介され、その概要が佐々木徳人『奥三河に種痘を広めた菅沼昌平』[28]、金田新也『東栄町の歴史』[29]等で紹介された。平成二三年〔二〇一一〕には伊藤正英『江戸中期の「山の民」―「坂柿一統記」に見る民衆像』[30]で、論点に従った整理の中で一部が引用紹介され、令和元年〔二〇一九〕には香西豊子『種痘という〈衛生〉』[31]において、種痘に関する部分が引用された。しかし、原著者菅沼昌平の生涯や人間像、「一統記」の家伝を含めた全貌は、未だ明らかにされたことがない。

(3) これだけ参考史料として多数引用されながらも、「一統記」の全文が未だ公刊されていない理由は、隠し立てのない率直な記述が現在の価値観や倫理意識にそぐわないことへの心配や、地元で生活する子孫や親戚縁者等への配慮等があったからかもしれない。

確かに、記述の内容が真実であったとしても、今や知る必要のない、知らない方がよい真実もあるだろう。しかし、だからといって、一部だけを引用し、「一統記」の全体や著者の生きた時代状況、人物像も分からないままでいいことにはならない。歴史的、文化的に価値の高いものは、これを表舞台に引き上げて、多くの人に読んでもらうことを考えた方がよい。

ただ、ここでその内容を明らかにするにしても、今と制度や価値観等が全く違う時代に生きた人々を、現代の基準で評価・判断しては、歴史の本当の姿を知り得ない。人物評価でも、あら探しではなく、その人の良い所に着目する「美点凝視」の見方も大切だろうと思う。

歴史は、単なる過去の出来事の羅列ではない。その時代に悩み苦しみ格闘した人間の生き方、思いを、今生きる我々が知って、考えることから始まる。二百年前の人が何を考え、どう悩んだか知ることは、現代に生きる我々にとって、改めて「人間とは何か」、「どう生きるべきか」を考えさせてくれる。

そこで得られたものが現在と未来に生かされれば、歴史を知る価値はある。「温故知新」である。この「一統記」が、その知的な発酵剤、内面の動力源になってくれれば、今に残された価値は大きい。

13 「一統記」刊行の工夫

「一統記」の原文は、基本的に「漢字カタカナ交じり文」で書かれている。江戸時代の公的な文章や知識人が書く文章は、基本的に漢字交じりのカタカナ文で書かれていた。明治時代に制定された法律の条文も、そうだった。

この原文では、カタカナ文で書かれた部分は読むにさほど苦労しないが、途中で漢文や難しい字画の旧漢字、異体字、当て字、草書のくずし字、江戸時代特有の言葉や言い回し等が入ったりして、解読が容易でない部分が多い。そうした文体で、一ページ当たり十行の罫紙に毛筆で書かれているが、一行に二行にわたって、細かい字で補足説明的なことがびっしりと書かれている部分もある。

これを翻刻してみても、そのままでは、現代人にとって非常に読みづらく、意味も分からないことが多い。

そこで、本書では、基本的に「漢字ひらがな交じり文」に書き換えて「読み下し」文とした。また、濁点、句読点、段落を加え、必要な送り仮名を付し、難しい漢字にはふりがなを付した。原文の持つ味わいを残しながら、読みやすさ、内容の理解のしやすさを優先することとした。言葉の意味・説明なども、末尾や欄外に記載したのでは視線があちこちに飛び読みづらいので、できるだけ本文内に簡潔に示し、読み進むに従って理解できるように工夫した。

また、「一統記」全巻をみても、人の死亡や山林の売買記事など、現代の一般読者には興味を引かない部分も多いと思われるので、ここでは、翻刻・校訂者の目でみて、史料的に意味があると思われる部分、著者の人物像を知るうえで重要と思われる部分等を厳選し、「坂柿一統記（抄）」として出版することとした。

その編集の基本として、第一に「一統記」の記述順（年代順）に従うこと、第二に、記載項目に要点として「見出し」を付けること、第三に、共通のテーマで関連したもの（たとえば、花祭関係等）は一箇所にまとめること等の工夫をした。

この結果が、読みやすく理解しやすいものとして、より多くの人に「非常に面白く拝見」（柳田國男）していただけるならば幸いである。

注

（1）田﨑哲郎『牛痘種痘法の普及―ヨーロッパからアジア・日本へ―』（岩田書院・平成二四年〔二〇一二〕）中の「日本の江戸時代の地方の医者について」、愛知県史編さん委員会「愛知県史通史編5近世2」（愛知県・平成三一年〔二〇一九〕）四〇六頁

（2）『東栄町誌「自然・民俗・通史編」』（平成一九年〔二〇〇七〕）四七四頁、藤田佳久『奥三河・東栄町における入会出郷の形成と生きている「化石の村」』（愛知大学綜合郷土研究所紀要第三六輯）（愛知大学・平成三年〔一九九一〕）。なお、「入り混じり村」は明治になって解消された。

（3）早川孝太郎『花祭　前編・後編』（国書刊行会、昭和五年〔一九三〇〕）、北設楽花祭保存会『中世の神事芸能　花祭りの伝承』（昭和五五年〔一九八〇〕）、中村茂子『奥三河の花祭り』（岩田書院、平成一五年〔二〇〇三〕）等。

昭和初期、振草郷、豊根村地域の花祭は、民俗学者柳田國男、折口信夫、渋沢敬三らの目にとまり、早川孝太郎が調査研究した成果として『花祭』が著わされ、関心が広がった。この花祭は、昭和五十一年〔一九七六〕、国の重要無形民俗文化財に指定されている。

(4)『愛知縣史』第二巻（昭和一一年〔一九三六〕、四九二頁）、『北設楽郡史』歴史編近世（昭和四五年〔一九七〇〕四四〇頁

(5) 豊橋市立商業学校編輯『東三河産業功労者伝』（昭和一八年〔一九四三〕発行）中の「23 菅沼默郎」の項（一六五頁以下）

(6) 右同一六五頁

(7) 菅沼家十二代以降については、「一統記」及び後に作成された「菅沼家系譜」の資料を参照したが、不明な部分がある。ただ、旧墓地には、「菅沼十四代默郎父／謙治造立之」と刻まれた石塔がある。

(8) 国立感染症研究所 Web ホームページの「天然痘」の項。西海賢二『山村の生活史と民具―古橋懐古館所蔵資料からみる―』（古橋会・平成二七年〔二〇一五〕）、稲武村（現豊田市稲武町）の古橋家における史料解説等。

(9) 注（1）参照

(10) 愛知県教育史編纂部「維新前寺子屋、手習師匠、郷学校、私学校の調査」の『中設楽尋常高等小学校報告』（昭和六年〔一九三一〕の復刊。愛知県図書館蔵）五六七丁には、「菅沼默郎氏より数代前から手習師匠をなす」との記載がある。

(11)『御殿村誌』（中設楽尋常高等小学校・大正七年〔一九一八〕編（平成一二年復刻）・東栄町図書室（のき山学校）蔵）五五頁

(12) 内務省衛生局編『日本医籍』（忠愛社・明治二二年〔一八八九〕）。明治二二年当時、菅沼默郎は、愛知県南設楽郡高里村（旧作手村、現新城市作手）で医師をしていた。

(13) 渋沢栄一『論語と算盤』（角川文庫・令和元年〔二〇一九〕。渋沢栄一が七〇歳以降に行った講話をまとめたもの）

（14）下川史編纂委員会編『下川邑誌』（東栄町下川区・昭和六三年〔一九八八〕愛知県図書館蔵）一三、一六八頁

（15）『愛知県医事風土記』（愛知県医師会・昭和四六年〔一九七一〕）三四二頁、『明治前日本医学史第四巻』（日本古医学史料センター・昭和五三年〔一九七八〕）二七九頁

（16）土屋重朗『静岡県の医史と医家伝』（昭和四八年〔一九七三〕）九二頁

（17）大須賀鬼卵（きらん）『東海道人物志』（享和三年〔一八〇三〕）では、品川駅から大津駅までの東海道筋宿場町近辺の漢学、医学、外科、暦学などの有名人六〇一人について、その分野と雅号を紹介している。

（18）前掲（2）『東栄町誌・通史編』一一五四頁

（19）前掲（11）『下川邑誌』一六三頁以下、岩波泰明『御眼医師竹内新八』（あーる企画・平成二年〔一九九〇〕）中の「一発祥の地は奥三河」、研医会図書館『研医会通信』六六号「眼科諸流派の秘伝書（26）」、日本学士院日本科学史刊行会『明治前日本医学史（増訂復刻版）』（昭和五三年〔一九七八〕）二七九頁

（20）伊藤肇『現代の帝王学』（プレジデント社・昭和五七年〔一九八二〕）

（21）前掲『東三河産業功労者伝』

（22）原田清は、山林を多く持つ旧家の出身で、慶応大学を卒業し一時新聞記者を勤めた後、郷里に戻り山林経営に従事、大正一一年から昭和二一年までの間に五回、本郷町長を勤めた。昭和二二年〔一九四七〕、享年五四。同人の活動歴・交流関係については、神奈川大学日本常民文化研究所編『本山雑記』（日本評論社・平成一九年〔二〇〇七〕）に詳しい。

（23）飯田市美術博物館編集・発行『柳田國男没後五〇年記念企画展　民俗の宝庫〈三遠南信〉の発見と発信』（平成二四年〔二〇一二〕発行）

（24）『尾三文化史談下巻』（愛知県郷土資料刊行会・昭和四五年〔一九七〇〕）七〇頁

（25）昭和二九年〔一九五四〕豊橋文化協会発行。ここには、「熊谷家伝記」、「議定論日記」などもあげられている。

（26）設楽民俗研究会編雑誌『設楽』（昭和一二年六月発行）四〇三頁等。「設楽」は、昭和六年〔一九三一〕から

同一五年〔一九四〇〕にかけて発行された郷土雑誌（愛知県図書館蔵）

（27）布川清司『日本における市民的不服従の伝統―近世・三河の「議定論」から―』（「思想の科学」一二四号・昭和四六年〔一九七一〕）二頁以下、同『近世民衆の倫理的エネルギー―濃尾・尾三民衆の思想と行動―』（風媒社、昭和五一年〔一九七六〕）二〇八頁以下。

（28）佐々木徳人『奥三河に種痘を広めた菅沼昌平』（愛知教育文化振興会「教育と文化」平成二二年〔二〇一〇〕・九四号）

（29）金田新也『東栄町の歴史』（東栄町文化協会創立二十周年記念「東栄の文化」（東栄町文化協会・平成二五年〔二〇一三〕）

（30）伊藤正英『江戸中期の「山の民」―「坂柿一統記」に見る民衆像―』（愛知県歴史教育者協議会「あいち歴史教育」No.15・平成二三年〔二〇一一〕）六二頁

（31）香西豊子『種痘という〈衛生〉』（東京大学出版会・令和元年〔二〇一九〕）二二八頁

坂柿一統記（抄）

『坂柿一統記』が収納されていた箱
「文化十三子丙年春
坂柿一統記　中設楽住
　　　　　　菅沼迪吉」と書かれている。

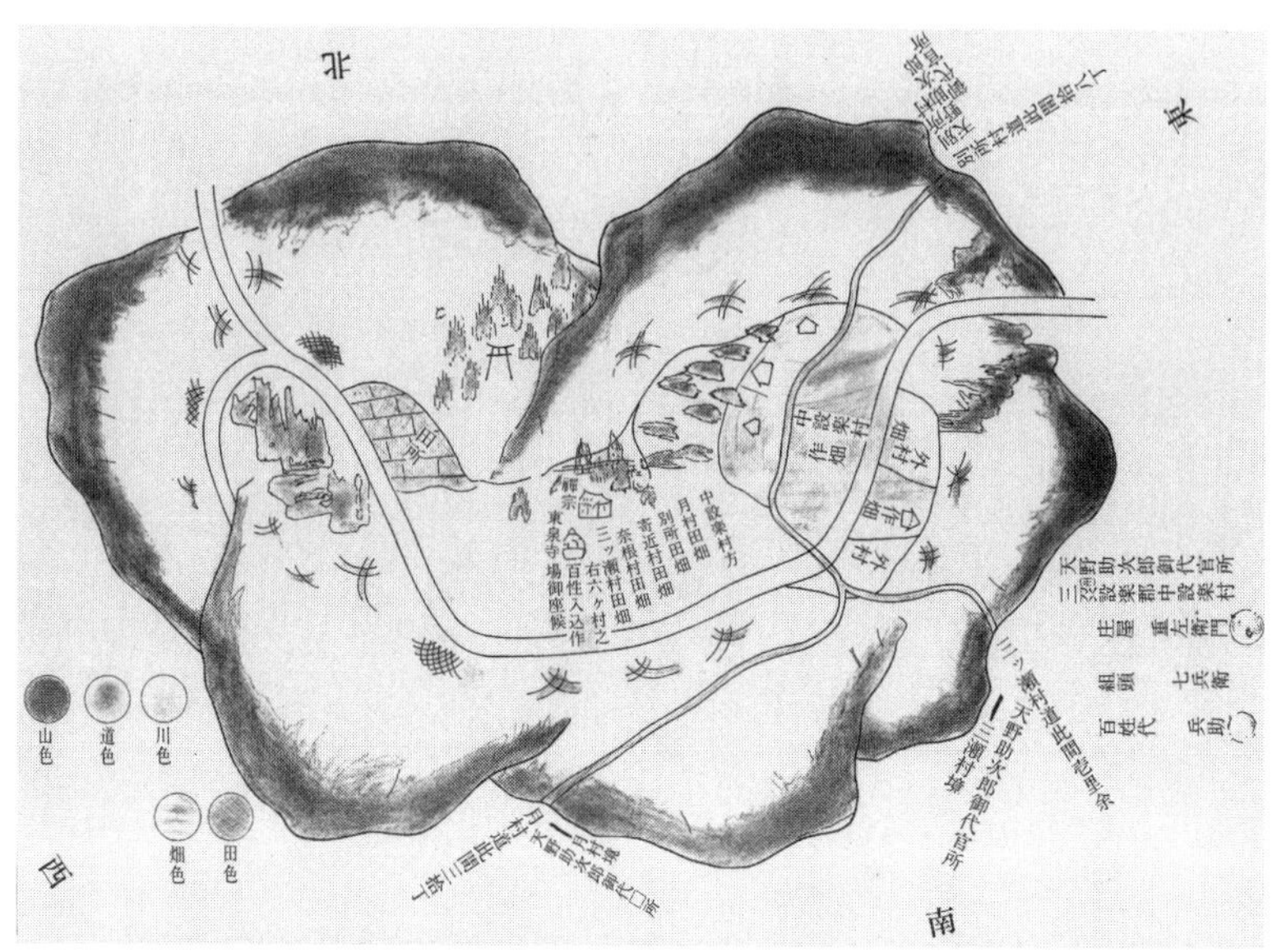

中設楽村の古地図（寛保元年（1741）頃作成）

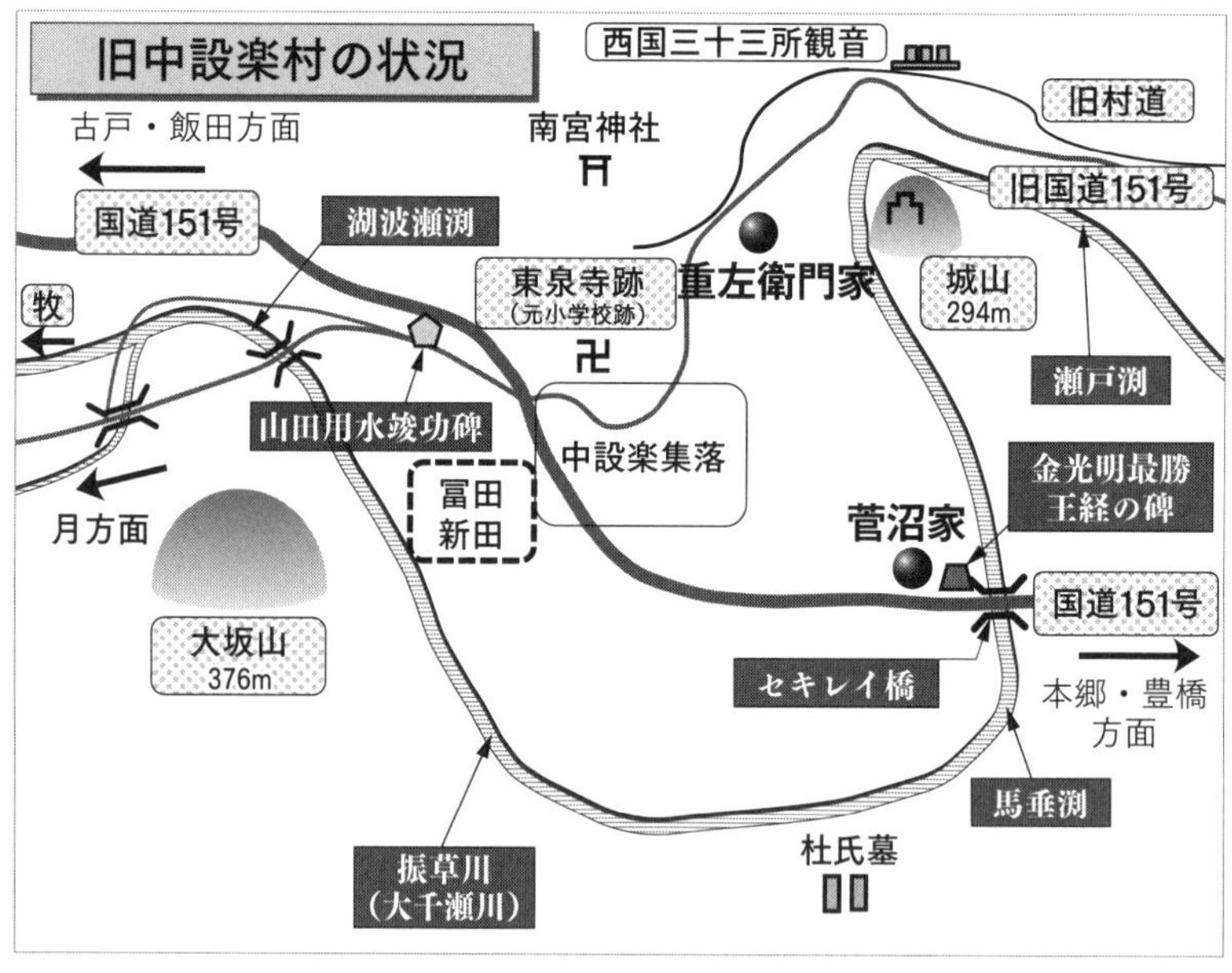

【凡例】

1　本書は、「坂柿一統記」原本に基づき翻刻し、その一部を「読み下し文」として収録した。読みやすさと分かりやすさを考慮し、次のような処置を施した。

（1）原文で罫紙一行中二行表示の小文字で記載された補説部分は、本文中又はその行末に、丸括弧（）を付して記載した。用語の説明や参考事項など編者の注釈は、〔〕括弧を付して記載した。

（2）原則として、カタカナ文はひらがな表記とし、旧漢字・異体字・当て字は、常用漢字とした。ただし、原文は仮名書きでも、現代文では漢字表記が通用のものは、漢字表記とした。

（3）合字の「ゟ」は「より」、「卄」は「時」、「𪜈」は「とも」、「〆」は「して」、「ヿ」は「こと」などと修正して表記した。

（4）意味内容を明確にするため、適宜、段落と句読点を入れ、必要と思われる場合には仮名に濁点を付し、会話文は「」で囲って表示した。本文途中で補説が入って読みにくくなった箇所では、適宜文の先後を入れ替えた。

（5）原則として旧かなづかいとしたが、一部では、変則的に現代の表記法に従って表記した箇所もある。

（6）論語等から引用した漢文（訓読文）については、原則として、その脇に、「書き下し文」を併記した。この場合の「曰く」のルビは、孔子が述べる場合のみ「のたまわく」とし、ほかは「いわく」を使用した。

（7）和暦年号には〔〕内に西暦年を付した。数字は、壱・拾・廿などは使用せず、一・十・二十などとした。ただし、注釈、参考文献等は、十、百を省いた漢数字を用いた。

（8）読みにくい漢字、読み誤りやすい漢字には、適宜ルビを付した。原文に特にルビが付された場合には、（）書きで表記した。

（9）「御」の字が頻出するので、一部、「ござ候」、「ご苦労」などと表記した箇所もある。

（10）破損、虫食い、あるいは異体字使用等で解読不能な文字は、□とした。

2　本文中の男女差別等にかかわる表現や語句は、歴史的文書であることを考え、そのままの表現とした。

3　各掲載記事には、参考までに、当時の昌平の年齢等を示し、また、原著の該当記載の丁数を《》内に示した。

序

1　坂柿一統記序〔原文は漢文〕

夫聖人立レ法垂レ教之書
皆寓二之於片言雙字之
間一故其欲三読レ之以施二之
於一事者不レ可レ不レ明二其意一
以得二其法一也春秋謹厳
得二左氏一而其法益明元
凱之解ヒ出而後其規其
準駸然莫レ有二復所一レ遺焉
所三ノ以其是非善悪ヲ明二於
後世一者皆其レ如レ此也
尚古堂迪吉者家世々業トス
レ医尤精二于其術一常以為ク
明三祖先之遺法ヲ於二今一
欲四知ノ三覚ント於二後進一者起居
不レ止於レ是乎憚シレ思刻レ意于
レ日于レ月研究勉厲シテ悟レ之思
之而後立二之規矩一ヲ設二之カ準
縄一而後復悟レ之思レ之則チ其

そもそも聖人が法を立て教えを垂（た）れる書は、皆、片言雙字（へんげんそうじ）の間に寓（ぐう）する〔譬（たと）えで示す〕。故に、これを読んで事を行おうとする者は、その意を明らかにせずして、その法を得ることができる。

「春秋謹厳（しゅんじゅうきんげん）」〔孔子が歴史書「春秋」修訂の際にとった厳正な記述法〕の手法は、左氏を得て〔古代中国の歴史書「春秋」の解説書、左氏伝」〕、その法の益が明らかとなり、元凱（げんがい）〔＝杜預（とよ）、中国の武将・学者〕の解〔注釈書〕が出た後、その規準が一層判然とする。また遣（つか）わす所があることなからんや。その是非善悪を後世において明らかにすることは、皆それかくの如きものなり。

尚古堂迪吉（しょうこどうてききち）〔著者昌平〕は、医を家業とし、その術に精を出し、常に祖先の遺法（いほう）〔残された掟（おきて）〕を今に明らかにせんとした。

後進において知を求め覚（さと）らんとする者は、日常の生活の中で、思いをめぐらし意を刻み、日々研究勉励（べんれい）し、これを悟って思うことで、後に規矩（きく）〔規準〕を立て、準縄（じゅんじょう）〔行動指針〕を設けることができる。

そうすれば、後またこれを思い悟り、聖人の教えの正しさとその純な法之正其教之純ナル自有四瞭ノ三然タル「乎二其中一矣夫人莫レ不レ思焉思而後積々而後成於レ是明二祖先之遺法於今一而欲三知二覚於後進者了然而具レリ所レ謂片言雙字其規其矩悉在二其中一矣豈有乙不レ由二其準一不レ用二其縄一而能得三レ垂二レ教ヲ後世一者甲乎於是研究勉厲之力日々ニ進レ乎レ日不レ日而成レ編名曰坂柿一統記此編也但後進知覚之徒余力之時読レ之思レ之進レ道之助耳迪吉與余素相知故為ニ弁二數言一以為序于時文政於我任噩春三月於欠香園書房

橘黄堂主人

原良譲遜卿撰

ること、自ずから、その中に瞭然（りょうぜん）たることがある。それ人の思わざることなからんや。思って後、その積もり積もりした後、これにおいて祖先の遺法（いほう）が明らかとなる。

後進の者が知と覚を欲するは、了然（りょうぜん）として具（そな）われり。言う所の片言雙字（へんげんそうじ）のその規（き）〔コンパス〕、その矩（く）〔定規〕（規矩準縄（きくじゅんじょう）＝物事や行動の基準）は、悉（ことごと）くその中にある。その準（じゅん）〔みずもり・水準器〕に由らず、その縄（じょう）〔墨縄（すみなわ）〕を用いずして、どうして、よく後世に教えを垂れ得る者がいようか。

ここにおいて研究勉励の力は、日に日に進まんか。日ならずして編成される、名付けて曰（いわ）く「坂柿一統記」、この編なり。

後進の知識欲のある者、余力ある時はこれを読み、これを思い、道を進める助けとするのみ。迪吉（てききち）〔昌平〕は、余〔吾〕が素性を知る為、その数言を弁（わきま）えて序を為す。

今は文政に我任まう噩（おごそか）な春三月、欠香園書房にて。

橘黄堂（きっこうどう）主人

原良譲遜卿撰

〔（注）規矩準縄（きくじゅんじょう）の言葉は、「孟子」離婁（りろう）章句上の冒頭にある。〕

2 坂柿一統記自序〔原文は漢文〕

そもそも吾家の開祖者は、菅沼新五左衛門。その子新三郎、その子四郎太夫、その子与平、その子与兵衛。その子七良兵衛春国は、温良恭謙で、よく人の諫めを容れ、農業時務を怠らず、金銭米穀余りあり、田畑山林を求めて、およそ前の倍にもなる。

その二代目の七郎平宥定〔昌平の祖父〕は、また農耕に勤め、かつ、よく好んで樹木を植え、これは後嗣の助けとなる効、大であった。

我が父徳宗碩は、杉山家〔奈根村医者杉山半迪〕において業を受け、その後、遠州浜松城主井上河内守様御内石井先生の門に入る。この人、また温柔和順にして逆らわず、人において善の善をなす人であった。

ここに予〔我〕は、業を継いで家を保つといえども、何の成功もなく、また薄地〔やせた土地〕を多く持つ。文化丑〔二年〕の夏月から傷寒〔腸チフスの一種〕を患い、同秋に至って病癒えて、つらつら思うに、今吾世を去れば、農人は少ない薄地で、幸いを保ちがたい。死命は免れるといえども、なお後の憂いを防がんと欲す。溝を掘り、田を作れば。耕すに便〔便利〕ならんか。祖父が植えた所の杉を伐り、その代価で以て新田を構えた。後の助けとなれば、全く予の効に非ず。先祖の余徳、また祖父七郎平の恩沢である。録して後代に遺わす。いささかも他見を許さず。後嗣これをみて、詞華〔美しく表現した文章〕をもてあそぶことなく、ただ正実に味わい、先人の厚い思いを忘るることなかれ。

文化十三丙子〔一八一六〕晩春に臨み、三陽〔三河〕設楽郡振草郷冨永庄月邑のうち中設楽に住まう菅沼迪吉、恵、ここに書き記す。

3　付言

元この書を「高垣一統記」と名づくる所以は、去る明和の頃、祖父七良平、抽丹誠清平寺〔月村の寺〕過去簿をさぐるに、「売裁道松」の下に高垣四良太夫・父とあり。

然るに、何の時代よりか、予家を「坂柿」と称す。

祖父七良平、古銘高垣なることを知るといえども、未だその号を改めず。予この書を述べんと欲するに及んで、その古銘の廃せんことを愁えて「高垣」となす。後、また反切〔姓名占い〕不吉故、また改めて「坂柿」と称す。

また、この書は、幼蒙〔幼く知識に暗い者〕に教えるためにして作れるにあらず。ただその古事の廃せんことを愁えてなす所なれば、少き間は古書によって道を学び、その家を継がんとする者に授け与うべし。

（もっとも不誼〔宜しからざる不義・不道〕のこと、あるいは惻隠、羞悪、辞譲のごときは、抜き出して少年に教えるべきか。また害をなす条を封ずるか。是非の心も壮年以上に示すべきなり。）

五常信の注に行あり、「誠名の信」という。また四季にて言えば「土用方角にて言えば中央なり」と言って、仁にも義にも、礼にも智にも、信はあるとなり。

（注）儒教は、二千五百年以上も前の中国の孔子の教えを基本とする。日本では宗教色は薄いが、支配層に受容された歴史があり、今日でも、生活や思想、ビジネス等に根強い影響力を持っている。儒教では、五常、つまり仁・義・礼・智・信を最高の徳とする。かつて重視された五倫（君臣の忠、父子の孝、夫婦の別、長幼の序、朋友の信）は、現代では政治体制や価値観が違い、「信」を除き、昔のようには重視されない。仁の重要さを唱えた孔子の後継者孟子は、人は生まれながらにして善であり（性善説）、「人に忍びざるの心」、四端の心を持っており、これが仁・義・礼・知に育つことを理想とした。四端の心とは、惻隠（人を憐れみ思い

やる）の心、羞悪（不正を恥じ憎む）の心、辞譲（謙虚で譲り合う）の心、是非（善悪を見分ける）の心をいう。本書第五の「惻隠の心は仁の端」参照〕

論語に一以貫之《一以て、これを貫く》ということを知らざれば、論語を読むとも益なきなり。

〔(注)「論語」理仁第四の一五「吾が道は一以てこれを貫く」。門人からこの一を問われ、孔子の弟子會子は「忠恕」と答えている。孔子のいう一貫の道は、「忠恕」（真心）とともに「仁」（思いやり）である。別の所で「仁とは」と問われた孔子は、「己れの欲せざる所は人に施すなかれ」とも述べている（「論語」顔淵第一二の二）〕

故に、この書を観んと欲する者、まずその「信」の理を明らかにして、しかる後に、この書中その「信」を心に離さずして熟覧すべし。

すべて書は、勧善懲悪、博覧に及ばず、経書〔儒学の経典である四書五経等〕はもちろん、唐和〔当時の中国・日本〕軍書に至るまで、是非・善悪を別けて示すなれば、その一書を依って熟覧せば、道を助くべし。予が短才を以て事実を記するといえども、信実〔まじめで偽りのないこと〕を以て観れば、その徳を得ることあるべし。

〔(注)経書のうち、四書とは「論語」、「大学」、「中庸」、「孟子」を、五経とは「易経」、「書経」、「詩経」、「礼記」、「春秋」をいう。江戸時代には、南宋の儒学者朱熹（尊称朱子）が著した注釈書「四書集注（「大学章句」、「中庸章句」、「論語集注」、「孟子集注」）」がよく読まれた。〕

東から西方向の御殿山を望む。走行中の車辺りに鶺鴒橋があり、当初その橋のたもとの左手に菅沼家があった。その後、屋敷は右手に新築されたが、今は更地となっている。

鶺鴒橋の上から、振草川の上流、馬渡淵方面を臨む。右に、川へ下る坂道がある。

第一　家伝

1　菅沼姓の始まり　《天12》

そもそも、わが姓の始まりを尋ぬるに、菅沼新五左衛門定之、故あって流浪し、三州〔三河〕設楽郡中設楽村〔「中設楽村」の由来は次項に掲載〕坂柿の斬に来りて、宿を乞う。

賤しき〔貧しき〕娘一人立ち出て、答けるは、「かかる山家の草屋なれば、夜具の一つも保たず。お宿申さんこと思いもよらず」と。

浪人曰く。「日も山の端に傾きければ、山路を越さんも甚だ難渋なり。一夜の露をさへ凌がせられば、何んぞ寒さを傷まんや。願わくは宿を貸せ。」

娘も、断るに忍びず、「不自由さへおいやなくば、泊まりなさりませ」と言う。

浪人は悦び、すぐ洗足して上がり、四方山の話などしている間に夕飯もでき、味わい不美、粗菜の煮汁も、空腹の口には珍しくぞ覚えける。

時に、給仕の隙より窺うに、山賤〔猟師・きこりなど山中に生活する身分の低い人〕の姿にも似ず、いとやさしくぞ見えけれども、さすが容易に手も下ろさず。戯れの言葉もなく、娘は素より早賤しきを恥じて恐れ、近づかざりしが、後には心やすくなり、「御しなりませ〔ご自由に〕」と言う。

馴れたまわざる山中の寒夜をしのがせんこと、いと惜しく思いけるにや、一間なる閨〔寝間〕の中に我が衣を分けて臥せしめ〔横になり〕、僅かに隔てて、その身も共に臥さんとす。

時に浪人も、山賊の娘なれども、志のほど不便〔不憫〕に思い、この寒夜に吾のために別けて薄衣にして臥せしめんこと、気の毒に思うなり。ただ寒さを凌ぐには、衣を重ねて臥さんにはしかじ〔それに越したことはあるまい〕と。

一夜の宿も多少の縁。草臥足の御伽〔側について話相手をする〕をと、和みの虚言も実となり、終に夫婦の約束の黙しがたきも〔黙ってそのままにもできず〕、この里に子孫栄かゆく種蒔きの農人とこそ成りたもう。これ、我が家に菅沼の姓の起こりと聞こえける。

（この説、証とすべき書物等もなし。ただ吾家代々言い伝わる所を記す。これ則ち実録なり。また、満窓光円、売裁道松の俗名定まらず。過去帳の売裁道松の方書に「寛永十八巳〔一六四一年〕七月二十一日卒す〔貴人の死〕四良太夫父」とあり、満窓光円は年号月日も相知れず。八代七良平、義暁和尚に詣で戒名を設けたる。斬の畑戌亥〔北西〕の角に当て、古き廟所の印あるを以て、この所に光円石牌を立て、十五日を斎日と定む。今この墓はあばひて骨瓶の破れとともに、若水父〔若水は父宗碩の称号〕の左座へ引く。然れば、この光円の廟所、新五左衛門を葬する所か、また坂柿代々の廟所なるか、不審。今世、火葬の礼なし。この所より骨瓶の出たるは、いずれにも古き謂れある墓と見ゆ。余所にも多く火葬の礼は聞かざるなり）。

〔（注）ここでの「牌」は、石碑の「碑」の意味で使われている。〕

（〔欄外記載〕今の家は、天保三辰年前の家より道をへだてて北の方へ屋敷替をなす故に、光円の牌〔碑〕、元ある所は、今の家の坤〔西南〕の方にあたるなり）

2　中設楽村の由来　《天12》

恵〔筆者昌平〕私に曰く。往古開起の頃、七村より一人ずつ出張て開畑に致す故に七村入合の由、古老の言い伝えなり。

七名に一人ずつ、年寄と言って頭役をおいて今にある。然らば、隣村より後に開くが、ただし中設楽村の名目あるは如何なり。かつ、当所川向うに城山というあり。今名主（家号アレイ）重左衛門の控山なり。この所に小城あって、郷司というべき人の住居と聞く。伊藤市之丞、同丹波守、同三之丞と兄弟三人、奈根・別所・設楽三か所に住いし、もっとも正実たり。槨〔墓〕、外堀のかたち、また、茶碗の破れ等拾いしものもあり、城あって村開くや、村開けて城建つや。

また、本郷・柿野に中設楽の百姓あるは、いずれを前とも、いずれを後とも相知れず。

以知為知、以不知為不知《知るを知ると為し、知らざるを知らずと為す(1)》ものなり。別所の城主伊藤丹波守の位牌は長養院〔下田村〕にあり、同人所持の茶釜は龍洞院〔当時別所村(2)〕にあり。

〔(注1)「論語」為政第二の一七には、「子曰、由、誨女知之乎、知之為知之、不知為不知、是知也」(《子曰く。由、女に之を知ることを誨えんか。之を知るを之を知ると為し、知らざるを知らずと為す。是れ知るなり。》)とある。〕

〔(注2)龍洞院は、かつて東栄町別所の旧東栄中学校跡地付近にあったが、文久四年〔一八六四〕に中設楽村出火の大火災で焼失し、明治一五年〔一八八二〕になって本郷に移転再建された。〕

3　菅沼新三郎・四良太夫・与平、三代　《天14》

かくて菅沼新五左衛門は、

（天正十八年〔一五九〇〕、銘帳の名前を考えるに、右衛門三郎という者あり。予の家の人と思えるなり。然らば、新五左衛門を改めて右衛門三郎というか、また舅の名を右衛門三郎というたか。いずれにも古き書なれば、その写しを、この記録の末に写し顕すなり。）
賤女と夫婦とはなりしが、素より農業は知らず、手馴れたる職なし。明暮の煙も如何して立てんや。妻は元来山賤の娘なれば、農作、薪負いをよくなせるなれども、女の手に養わるることもいとど〔いよいよ〕口惜しく、何方へも立ち退かんかとも思いしかども、先に彼が情により一夜の露の凌ぎも黙しがたく〔黙っておけず〕、また日夜朝暮に心付け仕ゆるの志を感じ、やわか〔よもや〕恩愛の道逃れがたき折から、一子をぞ儲ける。幸い男子なれば、同苗〔同族〕新三郎と名付け、なおも農業を励みける。

然るに、

慶長九申辰年〔一六〇四〕二月十五日、行年七十五歳にして卒す。号、満窓光円居士。

時に息男新三郎二十五歳なり。

元和六申年〔一六二〇〕、仲川〔中川〕勘助様〔代官〕御支配の節、畑方銀納に仰せ付けられ、両替五十四文目に御定め。

新三郎の子を四郎太夫〔三代目〕といい、四郎太夫の子を与平〔四代目〕という。

寛永十八巳〔一六四一〕五月より新三郎病気、終に同年七月二十一日卒す。法名 売裁道松沙彌。

万治四年丑〔一六六一〕四月二十日与平卒す。意岩常徳禅定門と号す。ただし（父四良太夫に先だって死せり）、一子を残す。名を与兵衛という。則ち、御竿請〔検地帳登録〕の人なり。

二代新三郎よりは専ら農業を事とし、追々身上〔財産〕厚くなり、金銭不自由なく、同年極月〔十二月〕四良太夫の代、月〔村〕九助という者よりヲモウタ山を買い求む。もっとも代物で僅かな銭にて六百文なり。

これ山林買入れの初めなり。

寛文四辰年〔一六六四〕、鈴木八右衛門様〔代官〕御支配の節、永高〔永楽銭による年貢収納〕になる。

寛文八申年〔一六六八〕、崩れ山小畑代金二分にて、別所村太左衛門より買い求む。

与平世を去るの後、四良太夫は、嫡孫与兵衛を守立て農業を励みし、終に、
寛文九 己酉年〔一六六九〕七月二十六日卒す。
　法名　心叟成安沙彌〔略〕

4　御竿請与兵衛定椿代《天16》

ここに五代目与兵衛は、早く父に離れ、祖父四良太夫の譲りを請け、妻を迎え〔略〕、農業を励むといえども、追々飢饉打ち続き、すぎあい〔生業〕なりがたく思う。

その頃本郷小野に住いする竹右衛門、

（恵曰く。竹右衛門は、今在る老人違いにて見覚えたるよし。五代目与兵衛は時代合わず、思うに七代与兵衛なるか、また、金の在りしは、その親紋大夫という者なりと。竹右衛門は、その金を博奕と酒に使い仕舞たるよし未審〔詳細は不明〕。野歌に曰く。「博奕を打つなよ、大酒のむな、小野の竹右衛門見るに付け」と言えり）

右竹右衛門、金子〔お金〕の貯えありて諸人に貸し、利を得て妻子を育う。

この者の金を偽り借りて、江戸へ立ち越さんと謀りて、ある日竹右衛門が許に往きて、しかじかのことを頼みしに、「はや〔いやはや〕、貸すまい。一銭もなし」と言う。

致し方なく立ち帰らんとするに、彼の竹右衛門、瀬戸口〔中設楽村近く〕まで追い掛け出て、「何ぞ御辺〔貴殿〕に偽わらんや。座席悪しき故、なしと言いしが、少なけれども、これを持ち帰って節季〔年末〕のやりくりをせよ」と、金五両を貸す。

忝しと、借りて我が家に帰り、つくづく考えるに、この深切に吾をいたわる。偽り借りせんこと、天の

恐れと思い直して、農業を勤しむるに情あり。〔略〕
延宝三卯年〔一六七五〕、御検地。
(天正十八年〔一五九〇〕太閤様御治世、伯老是函坊様御検地ありといえども、御水帳〔御図帳〕焼失して不知)

〔(注)「伯老是函坊」は、「伯耆(旧国名で今の鳥取県西部)の「是乗坊つまり宮部善祥坊継潤」のことである。天正十八年の月村検地については谷口央「天正期三河国太閤検地の実態」「安城史研究」第二号(二〇〇一年安城市)四七頁参照、同検地から延宝三年検地の推移については本多隆成『近世初期社会の基礎構造』(吉川弘文館一九八九年)一九五頁参照。なお、東栄町の検地実施状況については、『東栄町誌』(自然・民俗・通史編)一〇三八頁以下に詳しい。〕

半左衛門〔名主伊藤半左衛門〕より左平太〔与兵衛の次男で、一度半左衛門方に養子に出されたが、実子が生まれて実家に戻った。〕に添い、帰り来る田畑高二石九斗目、与兵衛御竿請け奉る。鈴木八右衛門〔代官〕様内萩原喜太夫殿、鳥山牛助様〔代官〕内青木勘兵衛殿。
(この畑に往古、田楽堂これある由。予が幼なき時、この畑に岩があり耕作に不便。祖父七良兵衛、これを患いて〔苦にして〕黒鍬〔土木作業人〕に掘り出させ、その時行基焼〔須恵器〕という徳利を出す。今これあり。古の田楽の祭りは、今足込にて修める由。)

同五巳年〔一六七七〕、鈴木八右衛門様〔代官〕御支配の節、田方米納に仰せ付けられ、三分一お値段を以て金納に罷りなる(その已前〔以前〕は銀納のよし、中設楽書上にあり)

貞享四卯〔一六八七〕十月、汁市観音を寺の斬に移す。かつ、新たにこれを建てる施主の銘々、菅沼与兵衛、また菅沼与兵衛〔くずし字記載〕とあり、裏に菅沼七良平と。右三人は当家三代の人なり。この連銘不審なり。伊藤重左衛門、伊藤松之助、徳兵衛、仁兵衛は、カミヤの親子両人の名なり。これも連名にてあるなり。

阿弥陀の施主は村中なり。

庚申は本願与兵衛、裏に東泉寺梅岩叟〔翁〕代とあり、上の壇は当家の墓所なり。〔略〕

大坂杜氏〔酒造りの職人〕の墓は、元禄年中に造る。右証文より先なり。不審。柿の木は当家より支配す。この石牌、盆、彼岸の祭りもなし。施主河内国喜左衛門、この所を買って造るや。また、元観音を立てし所は寺の斬の替地に請け取るや。また寺の斬は村中にて買う。この所、観音の跡は無主にてあるや。今吾家の支配なり。

寺の斬、古き石牌また玉屋あり。年号月日相知れず。幾重にもこの義相訳らず。故に当家の嗣子〔あとつぎ〕たる者、右観音阿弥陀庚申の再建あらば、施しの志願あるべし。また右杜氏の牌にも、通行の時は回向〔供養〕の心付けあるべきものなり。

元禄五申〔一六九二〕六月十六日、大坂杜氏の女房死

法名　鐘屋妙林　信女　　墓は元観音場にあり。

同六酉〔一六九三〕七月十二日、同人夫卒す

法名　直山栄心　庵司

右両牌〔碑〕、河内国平野〔現在の大阪市平野区〕西切村熊澤喜左衛門これを建つる。

〔（注）大坂杜氏の墓の二つの墓碑に刻まれた建立時期、戒名、建立者名等は、右記載のとおりとなっている。〕

元禄時代建立の大坂杜氏の墓

5　中興七良兵衛春国一代　《天23》

ここに七良兵衛春国〔与兵衛の三男、六代目〕は、父与兵衛存生の間より約を守り、人の言を拒まず、専ら勤めて農業を忽〔いい加減〕にせず、果得積々して金銀米穀あり余る。

宝永二年酉〔一七〇五〕五月、当村において葬式のことあり、慶泉寺〔足込村の寺〕方丈〔住職〕請待す。その供として湯浅四良兵衛来る。然るに、この日、冨田〔中設楽〕にて名主重左衛門の田植えなり。剰え〔おまけに〕大旱魃にて、川より水を汲み上げて植える。

時に彼の四良兵衛、これを見て、間隙〔暇〕にいることを厭うて、手伝って水を荷なう。その勢い尋常ならず。

七良兵衛、これを見、甚だ感じ、孰も斯くこそありたけれと、密かに四良兵衛に語りて言う。「御辺〔貴殿〕、自今〔今後〕吾家に来れかし。その風情一子に見習わせん。また御辺のためにも悪からず。計る〔考える〕べし。」と。

四良兵衛、答え申しけるは、「依る方もなき某〔拙者〕、この方より願い望むところなり。貴辺〔貴殿〕の言の忝さよ」と言って、やがて足込を去り、設楽の村にぞ移りける。

この人、親の名は三良右衛門（先祖を五郎兵衛というか、また四良兵衛の別名か。盛山阿弥陀の掛地の書付には五郎兵衛とあり）兄を伝左衛門という（古戸村橋場の先祖なり）。中を四良兵衛、弟を次右衛門という（今別所方平蔵の家なり）。

元禄十四年〔一七〇一〕、阿波の国今津が浦より来りて、足込村に落着、

（遠州水久保〔水窪〕今津屋、一緒に来りて同家の由、聞き及ぶ）、

始めは、木綿油、元結〔髪を束ねる紐〕の類を荷ない商いしけるが、

（この時まで鬢付油来らず。瀬戸焼きの器に鬢盥と称するもの、◯この形のごとくに作り、和名籔トロロまたは美男草ともいう、忍冬のごとく弦あって葉大なり、これを取って搗き、爛らかし、この器に入れて櫛の歯にしめし、男女ともにこれを塗る。また、彼の所の内室は朝鮮の櫛を求めたし由、庄屋殿のかみさんも朝鮮の櫛は持たずに、宝の持ち腐れさす所なかるべし等と評し、もっとも後悔は庄屋か医者か。長たる者の妻ならでは差さず。かようの時節、四良兵衛は遠国より来り、珍しき品を直しもした。また物を商うて大分金銭を儲けたる、誠に天運に可たることなり）

追々儲け出し、元手金もあり、そのうえ七良兵衛よりも金子を貸し足し、前に一つの酒屋のありけるを彼の四良兵衛に貸し、酒造なし致しけるに、ほどなく多分の金子を儲け、中設楽村のうち本郷森山にて一草屋を買い求め、酒店となし、七良兵衛娘ミヤ（女子一人を生じ、名をカネという。他へ縁付き離縁して森山にて死する由）を妻せ婿となし、この所へ引っ越しさせける。その節、報謝のためとて金百両を吾家に置く。〔略〕

この時代大水あって、前の酒屋より半切を舟として、大庭まで小道具を積み運びたりと、古老の話に聞けり。

享保二酉年〔一七一七〕《天27》

九月、湯浅四良兵衛、盛山〔森山〕へ引っ越す。この人、盛山へ引き移り酒造せしむるとも、農業を励み、専ら商事を勤む。

ある時稈〔ここでは「麦」の意か〕を蒔き付けるに、四良兵衛自ら作をきる。鍬を使うに、一方ならではできず。故に一作り隔に、蒔付けの上を踏む。その踏むる作が生い立つ宜し。されば誠にわざと踏まんとて、踏めるに果してよろし。それより今の世に至って、稈蒔付けの上は必ず踏む。これ惟この術の祖と言うべしと、古老浅井五左衛門の侍るところなり。

6　与平定賢代

（1）与平、侍に立ち向かう　《天33》

去る享保十一年〔一七二六〕三月、七良兵衛〔六代目春国〕、末子三良兵衛を引き連れ板屋家敷へ居移りてより後は、

与平〔七代目定賢、昌平の曽祖父〕を本家の主とし、中設楽村伊藤重左衛門の妹花を娶らしめ、与平、明け暮れ家業を勤めける。

然れども、父七良兵衛存生にて、隠居にあって万事差図〔指示・命令〕をなしけるを甚だ面倒に思いしかども、親のことなれば一々には従わずとも、表向きはよく従うようにぞ見せて居りたりける。

然るに同十三申四月、月村惣中山の出入〔訴訟〕が内済〔和解〕してより後は、種々の難しきことを好み、

同年十月七日、鳳来寺薬師如来の祭礼見物に往く。中ほどのさじきに居りたりけるが、上へなる寺さじきの辺りに高声のしけるを、年頃二十三、四の侍、

（この侍は、松高院の若党なれば、院家の威をかりて、かくいじめては見たれども、後の愁いと知らざりしは、浅ましかりしことどもなり）

刀をひねり回し、鍔元をくつろげて、何かと理屈がましく聞えける間、相手の者は誰やらんと窺うに、平伏して侘びける様子。横面よりこれを見れば、加賀野〔村〕長五良なる者なり。

与平、声かけ、「そこなるは加賀野長五郎にてはなきや」答えに、「然り、与平殿か。頼む、頼む」と、振〔震え〕声にて言う。

与平、「ご免、ご免」と衆人を押し分け、寺さじきへ往く。与平、したたか長五郎を叱り、「何の侘びを頼むことのあるべきぞ。如来の宝前〔神仏の前〕、殊に寺院のご家来の手にかかり、瑠璃の世界へ如来のお手引

三州鳳来寺絵図

愛知県郷土資料刊行会刊『鳳来寺山文献集成』（昭和53年）から転載
（一部説明文を加筆）

にて往かんこと、冥伽〔ご加護〕至極なり。我ら骨を拾うべし。尋常に手に掛かれ」と。

長五郎も、さればとて、振い〔震え〕ながらも起き直り、合掌してぞ待ちかけたり。

時に彼の侍、山賤と侮って見たれども、与平の腰入れにて、以てのほかに〔思いもよらずに〕胸を据えられ、さしも立派の武士も、手をこまぬいて思案の体。

与平は、なおも気をいらち〔いらいらし〕、「いかにお侍、くつろげん。腰の刀抜かずば武士の道立つまい。お斬りなされ。さあ、さあ」とけし掛けられ、切るとも切らずとも、返事も天空かくばかりなるところへ、

本郷半左衛門、遠くのさじきより大音に申しけるは、

「何々、与平。味方の人足ここにあり。かく申すは本郷半左衛門なる者なり。御辺〔貴殿〕、日頃の引受けにてはゆくまじ。そこ引かれよ。我ら立ち替わって理非を決せん」と言う。

かつ、加賀野〔村〕弥右衛門、当村源太郎、血気の若者なるが、何方に居りたりけん。早速駆けつけ喧嘩の様子。如何、如何と見物の人々。すわや喧嘩大変なり。面々、身要心専一なりと手に汗を握り、臨み見るところに、

元来短慮〔浅はか〕の与平なるに、また半左衛門後結びと出掛けたれば、何かわ以て、たまるべき雷のごとく鳴り立て、

「これさ侍、返事は如何に。御辺のような者に二本は似合わず。斬らずんば、刀この方へ預ろうか。さあ、それは」と、いどみ合うところへ、

門谷〔鳳来寺山表参道〕の町人、与平知己〔知り合い〕の者二、三人来り。

「これは、これは、与平殿。我ら卒爾〔無礼〕とも思し召さん。なれども、しばらくお預け申したし。もっとも我ら風情の了簡〔考え〕には及ばざるところなれども、数年来の知己。この方もなにあう〔名に負う＝名高い〕御山のご家来。何方にお怪我あっても、我らが科逃れざるところなり。急度〔必ず〕お顔建てさすべし。

願わくは、お預けくだされるべく」と言う。

与平、心にうなづき、このまま言い募らばあるべからず、どう尽くさんかと。また長五郎も振動止まるべからずと思い、彼の知己の町人に任せて、一先門谷の泊まり宿へ引き取りける。

（一日く。元来長五郎も宜しからざるなり。平さじきは余り群衆する故見回す所か、寺さじきは広くゆるやかに見える。断りもせずして、かのさじきへ入る。若党も、山賎のことなれば、叱りつけておいてよきなるに、刀に手をかけたを与平の目にかかりたるばかりに、かようのこととは成りたるなり）

ややあって、東門谷の庄屋並びに大野の庄屋山形屋与兵衛、所の町人差し添え、礼服を調え美酒一樽を携え罷り出で、

「何分若党の卒爾〔無礼〕千万、誤まり入りたる仕合せ〔なりゆき〕。我らにご了簡〔勘弁〕成し下されたく願い奉る」と申しければ、

与平曰く。「平人とは違い、刀の手前もあるべく」と言えば、

右両村の役人、「右の若党は、今日ただ今扶持〔武士の給与〕を召し上げ、下山致させ申すべく」と言う。

与平、則ち〔すぐに〕半左衛門と談し、樽を開いて傍の人に与え、長五郎を連れて帰りける。

〔（注）この続きは、次項7に掲載〕

暫しくて父七良兵衛〔春国〕、留主居して本家にありしに、長五郎は余りの嬉しさに七良兵衛に向かい、しかじかのことを話す。七良兵衛、聞いて甚だ悦ばず。

「かかる危きことをなす。吾心にかなわず。向後〔今後〕必ず慎むべし」と言いければ、与平、畏れて了承す。七良兵衛も怒りを止め、元の隠居へ引き返る。

（2）与平の少年時代《天36》

とくと思い回らせば、これより前、幼稚〔幼年〕の時、与平を下田村長養院松山和尚の弟子となして手習させける。

彼の寺に唐津焼きの大皿一つありけるを、常々大切になすべきと、師近和尚の言い付けなり。然るに、尊客あって彼の皿を使い、穢れを洗うとて取り落して、米一粒ほど打ち欠く。朋友の子ども、和尚のお怒りを恐る。与平、とてものことに〔どうせ同じことなら〕とて、傍なる大石に打ち当て、微塵に打ち砕く。和尚これを見て、大胆不敵の仕業なれば、唯一、「奴哉」と賞め、奥へ入れける。

その後も彼の寺に仏事あり、隣寺残らず惣檀中〔総檀家中〕打ち寄り振る舞いのありけるに、与平給仕たり。俗客の中に一人放屁をして与平に譲り与う。

与平、幼なきといえども大胆者なれば、早速逃げを差し置き、勝手へ行き、己が学寮に入って綿襷を体巻にして、一腰〔腰の刀〕を掻い込み〔脇の下に抱え込み〕、

「己、匹夫〔教養のない奴〕め、我を侮り、自分の恥辱〔はずかしめ〕を人に与えたる山賊め。一手一勝負」と、脇差にそりを打ち〔すぐ抜けるように、鞘を上向きにし〕、「すわ〔さあ〕」と言うは一と太刀と、思い切りたる気色。貴賤の衆客さわぎ立ち、まずその相手を何へ逃し、与平を抱え止め、「もっとも至極、然れども、人をあやめば我が身も危うし。必ず思い止まられよ」と言えども、短慮の生得〔生まれつき〕、いっかな〔どのようにしても〕承引〔承諾〕仕らず。

無実の恥辱を身に請けて活んより、思いのままに恨みを晴らしと、「死罪に行わるるとも苦しからず」と、支る人々持て余す所に、

「やれ、早まるな」と師近の詞を聞くより、はっと平伏す〔両手をつき、頭を畳につくほどに下げる〕。並いる僧俗一同に智勇のほどを感心す、と聞きたるが、今かようの働きは甚だ危うきことなり。

（3）七良兵衛の苦悩とその後　《天38》

〔父七良兵衛（春国）〕如何がせんと心を砕く折しも、図らずも煩いつき、病苦も日に重なりければ、与平を呼び寄せ、三良兵衛〔与平の弟〕をも列座させ、なおも証拠のためなればとて、当村次左衛門を呼び来り、遺言しけるは、「我、幼少より、よく農業を勤め、人と無益の論をせず、その験に多くの金銭を得、汝ら両人に別け与え、今死すとも過分至極せり。

然るに、惣領与平ごとは、稚き時より大胆不敵。長養院の仕業、去る鳳来寺にての働き、

（これより前、壮年の時、寺林という所の鐘鋳〔鐘の鋳造〕にて、これも他人よし、いもし〔鋳物師〕の邪魔にてもなるが、たたらに〔勢いよく〕踏み込まんと悪口〔あっこう〕する。これにより、与平、腰押しにて論ぜしよし。また薗目の田楽にて喧嘩の次第のすることありといえども、事多ければ、これを略す。）

甚だ危うく思うなり。吾死後には、如何なるお仕置きにもあずからんと、これのみ病みしの障りなり。親孝行と思いなば、勤めて勤めて、かようの働き致すなよ。次左衛門頼む」と言い終えて、頃も享保十五年戌〔一七三〇〕霜月〔陰暦一一月〕十日、頓で〔急に〕臨終を遂げられける。

かくて、与平は、三郎兵衛〔与平弟〕もろとも葬式の事取り行い、兼ねて遺言のことなればとて、日にこれを慎むといえども、生まれ得たる質なれば、家内にて時々我儘を言い出す。その時は、彼の次左衛門を頼み、意見して事納まりけるに、

ある時、夜出て行き、明れといえども帰らず。妻はとくより〔とうに〕起きて絹を織りけるに、与平還って見るに、妻戸開けざれば、表にて呼ぶといえども、いつものことなれば知らぬふりにてハタ屋にありければ、雨戸を蹴っ放し内に入って、彼の絹機を切り払う。

時に妻の花もあきれ果て、舅御の世を去りたもう時の遺言のことを言いければ、「なるほど吾も左は思えども、生得の短慮、堪忍なりがたし。しかし、慎まずんばあるべからず」と。

その後は、年も闌け、我儘も追々止まって、素直の人となりにける。

7 本郷の豪傑男　伊勢路を行く　《天36》

（私にいう。この半左衛門〔先に鳳来寺で与平に加勢した人物〕は、本郷浅井中屋の祖父なり。身の丈六尺〔約一・八m〕に余りて、諸人目を驚かせしと聞き及ぶ。また、この仲子〔年齢が真ん中にある兄弟〕弟に半六といって同所赤谷へ養子す。その弟を新七という。惣領〔跡取り〕夭死〔若死に〕して本家の主となる。

仲子半六、また器量、骨柄〔風采〕人に勝れ、眼力の達者、力百斤〔六十kg〕を挙げる。

ある時、女人大勢連れて伊勢参宮に往く。松阪を一里ほど往きて、一人前三十二銭ずつにて三宝荒神〔馬の背に（真ん中と左右に）三人乗れるようにしたもの〕一疋取って乗りけるに、途中にて馬士仲間の話に、

「昨日も一里三十二銭ずつにて馬を貸すに、三人にて三十二文なりと言う。故に無拠喧嘩をしたが、太い奴で、早速応とぬかしおらなんだが、大勢仲間が集まって見せたら、ひょろひょろと腰が抜けて、とうとう三百出しおった」と、聞こえよがしに言う。

故に半六、智速の人なれば心にうなづき、「べらぼう吐すと、急ぎ小細工〔下手な策略〕やれ」と言うに、馬士大いに怒って、「汝も昨日のやつと同じようなことをぬかす」と言って、友を呼び集め、往き先の原に体巻して待ち掛けたり。

半六、莞爾〔にっこり〕と笑って、「どうだ。なんぞよき事あらば、吾らをも仲間にせんか」、と言いながら、片手にてまず一人の両腕を取って宙に引き立てければ、「あいた、あいた」とばかりにて、「命は助けて下され」と言うを見て、残る奴原〔やつら〕、散々に皆、我一と逃げうせたり。

半六笑って言う。「これさ馬士ども。銭はいらんか。道に捨てても鳥獣の食わぬもの、甚だ困る。邪魔な

がら持参しようか」と。

ついに大神宮へ参詣して、帰りにまた松阪を過ぐる時、「親方、馬はいんかえ」。中によく見覚えたる馬士の曰く。「薩摩守〔忠度＝ただのり（無賃乗車）の隠語〕には先はお断り」と、往き過ぎたり。

また、アヒノ山〔間の山〕にて侍に往き合い、通り過ごして、同行に言うようは、「あの侍は、たしか盗人ならん。そこなる尼に問うて見るべし」と言う。

同行の者ども、則ち〔すぐに〕比久尼〔尼の姿をした遊女。比丘尼とも書く。〕に問うに、この丘（合の山にて、唄うたうて銭をもらう女をヒクニという。また小屋の向いにて三味を引く者を、お杉、お玉と言う。）、尼の曰く。「あれは、スリにてもあらんか。昨日も今日も通りたり」と。

また、風来者にて三郎竹彌―悪党者、脇差をひねり回し大言を吐くに、半六笑って、「吾が首には骨あり。汝らがなまくらにては

「伊勢参宮名所図会、巻之下」間の山　（三重県総合博物館蔵）の雑踏

切れまじ。これにて切れ」と、自分の脇差を投げ出しければ、三郎竹彌もあきれ果て、「聞き及ぶ半六ならん。大きに目違い仕った」と、誤り入りたるよし。

小松原にて弟新七、腰ものを奪われしに、絵馬の表を向うへむけて、諸人の道具のみを心つくるものあり。これをとらへて改むるに、直に返したりと。

かようのことども数多あり。近辺古今の豪傑とぞ聞こえける。）

8 老後の生活保障 《天43》

宝暦十二午年〔一七六二〕、ワデ下畑村宮之助より入る代金四両二分。

右宮之助、ある日来りて申しけるは、「我ら老いて子なく、身命を養うこと如何せん。我ら所持の畑残らず御辺〔貴殿〕へ譲らん。代金十両渡せ、借金四両二分相払いて、残金を帯して〔持って〕西国せん。」と。

七良兵衛〔八代目宥定、昌平の祖父〕、父与平と談じ申しければ、「御辺、今西国〔巡礼〕して、後帰らんも計り難し。西国を思い止まり、吾に臨終の介抱を致せなば、四両二分の借金は我より返済せん。強いて西国、この儀〔事〕破談なり。」と言う。

その時、宮之助申しけるは、「我も、実は老体の儀〔事〕、争か西国を望まんや。やむをえずのところなり。されば西国の儀止めるべく、借金を引き請け、我ら両人の生涯を養いくれよ」とて、終に右畑残らず請け取り、借金皆済まして、前に一つの小屋を作り、宮之助夫婦を養う。彼の宮之助の本家をば、当村寄近方彦助という者幼少より召使いしが、この者の家破却せし故、この処へ引いて、彼の彦助に与え、後十三年を経て、安永三午〔一七七四〕七月朔日〔一日〕、宮之助死去。

法名　方屋得念　禅定門

同人妻は、同年同月十二日死す。

法名　本念智光　禅定尼

後嗣の者、この七良兵衛の篤実〔情が深く誠実なこと〕を思い、この地の霊魂あることを忘れざれ〔忘れるな〕。すべてこれに限らず、先祖はもちろん、買入れの場所においても、その地その地の亡霊をおろそかにせざれ。伝地の税歛〔税の取立て〕に依って露命〔はかない命〕をつなぐものなれば、必ずしも忘れざれといえども、予の妄説か。後の子孫、焉んぞ〔どうして〕察せんや。

9　持山と入合《天46》

さるほどに、七良平宥定〔昌平の祖父〕は、父与平の譲りを請け嗣ぎ農業第一として、薗澤山斤茶十駄〔一駄は、一頭の馬に乗せる量〕、戸味二十駄、白楮二駄、諸作取揚げ高百俵、柿木盛りにして成り歳には多分に相留り、以て助けとし、かつ、持山に杉・檜木を植えることを専らとす。

（私に言う。年々これを植えなれども、一々に記録なければ、その大概を記するに、大坂山、赤石山、梅久保山、シダ山、崩レ山、フシウツ、手篭、柿ノ浅井沢、中ツ沢、男鹿伏、峯山、漆ヶ久保、ウス、ヲモウダ、坂田ヶ久保、曲リ久保、ホウノ脇、コワセ等なり）

この時、村方挙げて杉を植えることを拒む。

（私に言う。当所は、往古より秣〔牛馬の餌〕、薪木、他人の持山に乱れ入りて取れり。中設楽村は山役山〔税が課せられた入合の山〕数に割付け、持主より上納すれば、入合〔共同利用の地、入会地〕の儀もっともには聞こえざるなれども、山年貢〔山所有にかかる年貢〕上納のことは御役所より後の事にて、それより以前から、入合に木草をとりたると見ゆるなり。しかし、この義、心に合うまで他へ披露あるべからず。ただ非道ならざらしめんがために、この語を書き加うるものなり。）

時に七良兵衛言う様は、金銀を以て他村より買い入れ、また山年貢上納すれば、誰憚るところなき面々の持山なり。しかし、古より入合来る故、久保〔窪〕ばかり植えて嶺通りは残し、無山百姓に草木を採らすべし。ただし、重左衛門控山に城山というて、村中より鎌、鉈入れずして、焉んぞ〔どうして〕全くの所持なりや。

（私言う。この山に古事あり、前に挙ぐ。この山の城主没落の時、敵七人を切って自害す。故に重左衛門家の前に七人塚というあり。また一説には、主従七人弔い一人山中に隠れ居り、後彼の骸骨を拾い集めて墓となし、跡を弔わんがために土民〔住民〕となると言う。私の説ともに紛々〔諸説入り乱れ〕たるものなり。しかし、いずれ城主に縁ある者の開祖とは見ゆるなり。彼の重左衛門の宅に鎗、馬具、矢壺〔矢つぼ〕の類これあり。）

我ら山多く所持す。一枚は入合申さずよう取極めたくと、神田村清八口入〔「くにゅう」ともいう。仲介〕を以て貫衆（シダ）山一枚残らず立て山となし、村中より鎌・鉈乱さずに入る筈。惣〔総〕村中納得の上取極め、なおまた当所へ入合来る加賀野、別所村へも、右極の趣申し通しけり。

（右シダ、城山のほか、下崩山一枚岩之助分。これも右時代取極め候由。このほか、誰人の持山たりとも、杉・檜木のほか、雑木立は諸人勝手次第伐る。もっとも薪ばかりのことなり。雑木といえども大木伐りとなるものは、地主へ貰って伐るなり。薪といえども、背負い切りばかり。積み置きはならぬなり。苅山等も三、四年苅らず荒れに及べば、乱れ入る。ただし、ただ一枚ばかりこれある者は、植木は遠慮たるべきなり）

右始末、当の古老弥吉者に委しく問うて記す所なり。

〔（注）「往古から山と川は万人共有のものであったが、江戸時代になり屋敷付近の山は年貢を納めて私有が認

められた。この山を百姓持山といった。」(『新城市誌』三三〇頁)

10 せきれい橋《天50》

明和四亥〔一七六七〕、清平寺〔月村〕郷湖花井寺未笑和尚の方便〔導きの教え〕を以て、金光明最勝王経〔仏教経典の一つ〕を石に写し、川甫の前、橋詰に埋む。その碑にいう一称一礼衆石書写。その筆は即ち未笑和尚なり。

〔(注)金光最勝王経は、唐の義浄が漢訳した仏経典で、護国を願い、写経されて諸国の国分寺に置かれた。〕

この已然〔以前〕は、この橋より人落つること度々ありて、設楽の鶺鴒橋と他より称して、鶺鴒、橋の上にいる時は人渡らずとかや。故に、この供養をなす。而して後は人落ちず。この功徳の著しきこと仰ぐべきなり。

この十か年ほど已然のことなるが、柿野太兵衛は、伊八という少き下男を召し連れ、出水の節この橋を渡るに、伊八言いけるは、「我、洪水を恐る。渡り得ず。」と。

太兵衛の曰く。「渡らずんば川下へ行け。吾は渡るべし」と。則ち〔すぐに〕同じく渡るに、伊八終に落ちて加賀野まで流れ、柳に取り付き命を全うす。

せきれい橋の西たもとに残る石碑。判然としない文字部分もあるが、「一称一礼(いっしょういちらい)」「金光明最勝王経」の文字が彫られている。

後、この伊八は同村の者なれば、酒興等の余り太兵衛大言を吐けば、伊八、「主の仰せに従い加賀野まで下りたり。」と言い、太兵衛は赤面したり。戯言慎むべしと、当所亀三郎のよく話すところなり。

11 お鍬祭り 《天50》

明和四亥〔一七六七〕

同年、伊勢磯部よりお鍬の神を相迎え、人々思い思いに幟、作りもの等をいたし、笛、太鼓、三味線にて神楽、あるいはニワカ〔即興の芝居〕の類、己れが得手も任せ、また草唄に、「さても亥年〔今年〕は豊年で、枡をとり置き、箕で計る」。囃しには、「やれ嬶もちゃあげよ、三百年の豊年だ」と言うて御輿を上げ、祢宜〔神職者〕並びに歩行〔小使〕、侍奴、家々にて酒また弁当を差し出し、近村ねり歩くこと大賑い。

当地最寄りは、月、柿野、尾篭、本郷、奈根、河内、三ツ瀬、加賀野、別所、下田、川角、小田まで、そのほか近隣の村々、大野、海老辺り、遠州浦川辺り、向き向き〔めいめいに〕、もやい〔催合い〕相迎えし由。

かかる事も時によって流行するが、古にもお鍬の神を相迎えて踊りこれある由、伝え承ける所なり。今迎える所の神社は、本郷大森の内に安置す。

〔(注) お鍬祭りは、お鍬をご神体として、六十年に一度行われる五穀豊穣・家内安全を祈る祭り。この祭りについては、原田清「お鍬様」(昭和十二年本郷町設楽民俗研究会発行「設楽」四〇三頁) 参照〕

12　父宗碩徳代　《天56》

ここに宗碩〔九代目〕は、稚名七之助といって、生得質僕〔質朴〕にして、幼年の間、疾言〔早口（おしゃべり）〕をせず遊べども、その家を離れず、ほとんど愚かのごとし。

祖父与平〔七代目〕、牙を噛んで〔くやしがって〕言いけるは、「元祖は知らず、その後祖父お竿請〔検地帳登録〕しより以来悴宥定〔八代目七良兵衛〕に至るまで、汝のごとき愚人あらず。」と。甚だ愁いけるところに、ある夜、戯れに九々の割声〔割り算の九九に用いる呼び声〕を教えるに一夜にて覚え、明朝これを復さしむるに一つも違うことあらざれば、定賢〔七代目与平〕大いに悦ぶ。「いろは」を習わせけるに、書も大体に書く。

折から、七之助〔宗碩〕九歳の春、平山村〔振草郷西端、神田村の隣。平山、神田両村とも、昭和年代に設楽町に合併〕の修験に良禅とて吾家に心易く出入りけるが、朱子刪定〔整理改訂〕の孝経〔曾子の門人が孔子の言動を記したという、孝について書かれた中国の経書の一つ〕を写し来りて七之助に教え、一宿して翌朝立って帰らんと言う。宥定〔祖父七良兵衛〕の妻モト言いけるは、「昨夜のたもうには、二、三日逗留〔滞在〕せんと。今日帰省を催さるるは何ぞや。」

良禅の曰く。「さわ〔そうは〕思いしかども、今朝までに教え尽くす。吾逗留して何をかせん。しかし、かく慧き男子、農夫となさん事、惜しむべきものなり。願わくは医師と成せ。」と言って帰りける。

かくて一か年を暮らすに、海老島杉山氏〔医者杉山半迪〕にて、望みに任せ十歳の暮れより海老島へ遣わす。

明て十一歳の春正月、信州より馬方商人来り。米を売り斤茶〔一斤ずつ紙袋に入れた茶〕を買って帰るに、彼の七之助、相場勘定して仕切りを渡す。

彼の馬方、覚束なく思い本郷まで来り。ある家に休み、言いけるは、「今朝海老島にて、幼なき若衆〔若者〕の仕切り請け取りしが、違わざるや。一算〔計算〕当てくれい。」と言う。亭主十露盤とって、「誠に分厘も違わず」と。かくの如き実体。ただし、成すこと速やかならず。

安永三午年〔一七七四〕、浜松御家中石井梁太先生へ入門

同五申年〔一七七六〕、浜松より帰る。

（これにより以前、よく父母の言に従い、飲食衣服の好き嫌いなく、誠に足ることを知ると言いつべき人なり。ただし、麦飯嫌いなりしが、全く辞することなくして多く食せず、形骸やせ衰う。父母病身と思い、医療を加うるに験〔効果〕なし。ある時、別鍋して飯を食わしむる。よく食す。全く病にあらず。麦の気〔におい〕移るを嫌いなるが故なり。これをいやと言わざるは誠に柔弱の生得なりと、祖母の言なり。）

同七戌年〔一七七八〕、妻を迎える。本郷利助娘なり。

嫡子七太良、中頃門弥、後改め昌平という。

寛政十一未〔一七九九〕五月十日、晩六ツ時、徳宗碩、行年四十六歳にして、翻胃〔食べた物を吐き戻す〕を患うこと前年よりして卒す。

号　貫道宗碩　居士

〔後の文政六年〔一八二三〕八月、法名の冒頭に「若水の号を贈冠」された。「若水」の号は、「上善は水の如し（上善若水）」（『老子』第八章）から、昌平が望んで実現されたものと思われる。〕

13　中設楽の花祭りの始まり

「花祭」は、奥三河を代表する民俗芸能である。天竜川水系にある東栄町、豊根村等の各集落で、冬の時期、一昼夜、太鼓と笛の音に合わせ「テーホヘ、テーホヘ」のかけ声で、人の舞い、鬼の舞いが繰り広げられる。五穀豊穣と家内安全を祈願する神事芸能で、鎌倉時代から伝承されているという。

中設楽では、寛政四年に古戸村から伝えられ、修験道の影響が濃い神仏混交の花祭として行われてきたが、明治初年頃、全村神道化により、この村の花祭は、仏式を排し、他の地域の花祭の形式（いわゆる「仏花」）とは異なる「神道花」として改変され、今日に至っている。


【寛政四子寅年〔一七九二〕昌平14歳】《天60》

寛政四子年〔一七九二〕、花祭り始まる。設楽方鍛冶千代吉という者、この祭りを好み、古戸村より伝わる。面形等、皆この千代吉の作なり。ただし、塗師〔漆器製作人〕は黒川の住人青山清左衛門寄進。


【寛政六寅年〔一七九四〕昌平16歳】《天62》

同年十一月、花祭り宿。これは去る丑年門弥〔昌平〕相煩い、その節立願、今果すなり。入用金〆三両三分三百文、見舞金〆二朱文と銭十貫八百文、酒三斗。

〔（注）花祭は、立願する家（花宿）の敷地内で行われ、大半の財源は、その家の出費でまかなわれた。今日では、公民館などの公共の場で行われている。〕

【寛政九巳年（一七九七）昌平19歳】《天63》

同九巳年〔一七九七〕正月、門弥〔昌平〕、花〔昌平妹・由加〕、伊勢参宮

【文化六巳年（一八〇九）昌平31歳】《天・前120》

同年八月、本郷道伯、頼母子〔金銭を融通し合う互助組織。無尽〕始まる。

この頼母子は、和融講の次会なり。

ある日、半六、彦五郎来りて言いけるは、親類道伯不如意〔金が自由にできないこと〕のところ、親道伯、頼母子を取立て未熟にして会合立ち行かず。今度取り立てんこと、諸人の取持ち悪しかるべし。願わくは貴辺の和融講を取り続き、次会を道伝いに貰い、会所相立てたき由。

望みに任せ、元この和融講は一会切りの積りなりしが、右につき、もし道伯未熟あらば、我ら方にて会所相立つる筈、引請け印形〔印判〕にて人数を進め、増し加えて取り立つる。

中設楽の花祭　猿田彦（榊鬼）の登場

この和融講は、元来氏神社中の杉木を伐るより出入始まる故に、産神の金子二分、初会へ掛ける。その掛け次ぎを村方一統落札まで掛け、次は始終村金十五両でき、氏神祭礼の基にも成るべし。

去る寛政年中花祭り始まるの時、吾父宗碩、これを可なりとせず。「祭りは古に従うべし。新規の祭りを始め入用金続かざるは則ち廃す。廃する時は反って神の祟りを蒙ることあり。必ず思い止まるべし」と言いしかども、若者ども聞かず。

時の至りか、終にこの祭り始まり、最初は珍しきことなれば隔年に行わる。今では遠ざかりき、今父の言にあたれり。またこれを補わざれば、後必ず廃せんと、村中熟談して、今午〔文化七年〕秋一会を掛け次ぎ、未〔同八年〕の春に至て一人言いけるは、「我、彼の相談にも居り合わず、また氏神の祭りより自身の祭りが悪しく、また、村金より我が金なれば、掛け次ぎを得ざる」等と言う。それ幸いの者も両三輩〔二、三人〕もこれありける故に、終に次会を吾より割返し、後三か年を経て申の年〔文化九年〕二月、丈右衛門、岩之助仲間の口へ落札す。

その時、吾落鬮を請け、村金にせんとするに、岩之助応じず。丈右衛門分ばかり貰って、金七両三分を村金となす。則ち村方請け取り、左に写す。

請取り申す村金証文の事

一　金七両三分なり

〔証文以下略〕

今この善事を成すこと、名利を望むにあらず。惟その古祭の廃せんことを愁いてなすなり。吾近隣者、諸勧進〔寄附募集〕来る時は、己れが好む事には思い切って出金し、好まざる事には、はした銭も惜しむ。これの如きことは、その報恩薄し。その施主の縁と己れが分限に応じ加入すべきなり。今予この事をなすも、報恩を思うにあらども、子孫これを継いで分限相応に勤めば、また報いの無しにしもあらず。必とすべからざれ。

書曰、有トセハ二其善一、喪フ二厥善一〔「書経」説命中〕

《書曰く、その善ありとせば、その善喪う。》

〔(注)善行にうぬぼれていたりすれば、善を失う羽目になる意。この句の続きには「その能〔才能、能力〕矜れば、その功喪う。」とある。〕

この如きことも、恩にして村中へ驕り言を過ごさば、反って害を求むべし。慎めや慎めや。

世に「功過自知録」〔「和字功過自知録」・中国明代の勧善書〕というものあり。善過の数〔ポイント〕を印して差し次ぎ勘定にして、善を積ませんがための覚書なり。

これ作者の意は、ただ善根〔善行〕をなすことのみなれども、正実なものは、このような事に凝る時は、善を施しても報いなければ立腹なぞして、反って徳を損するなり。徳損すれば、その積善益なし。

徳を積むというは、金銭を以て施すにはあらず。花麗な衣服を着せず、馬・駕篭に乗らずして、自分相応に諸義理を勤むるをいう。

先人善を施すとも、後世悪をなせば暫時〔しばらくの間〕に亡ぶ。

我が子孫、必ず善をせよとにはあらず。願わくは悪はなさざれ。悪さへせざれば、積めるだけの報いはあるべし。数善は一悪にくずれ、一つの悪を防がんには数善を積まざれば去らず。ただ悪報は速やかにして、善きことの報いは遙かに遅し、と知るべし。

【文化七年午〔一八一〇〕昌平32歳】《天131》

同年十一月、花祭り宿、これは過ぎし月、予病気につき村中集まり信心して、予に言えらく〔言ったことには〕、病平癒〔病気がなおること〕を祈らんがために、花祭りの立願をせんと言う。

予、病床より答えて言う。「命天にあり。病また天の命ずるところなり。ただし、先に傷寒を患いし時、この祭りを立願するは父母、これを計る。また財、願いを果すに足れり。今予、過って財を減らし、大願を果すに力乏し。分に応ぜざる者礼にあらず。神は非礼を受けず。願わくは止めよ。」と言う。

村中挙ってこの立願を掛け、村中にて果さんとする由、予に告ぐる者あって、宿をなす。然れば、金帛〔金と絹〕を以て謝すべきなれども、今せざるは、志を厚く受けてここに顕し、後代に知らしめ、永く郷里をして親しからしめんと、欲するものなり。
入用金〆二両二朱文、見舞金〆一両二朱文

【文政三辰年〔一八二〇〕昌平42歳】《天109》
正月、漆が久保山杉木、井代利三郎へ売り、代金八十両、木数三百五十本。荷物布川村へ出すにつき山入披露、布川村へ遣わすところに、花祭りにつき我が村と不和の事これあり、披露を拒む。依て月村勘之丞、弁次郎、寄近村太三郎を頼んで内済し、故障なく入山披露。元山主布川村七郎右衛門方にて相済む。

〔(注)布川の花祭は、鬼面の記銘から文政十三年頃から始まったとされているが、近年、過疎化、高齢化が進み、担い手不足から存続困難となり、平成三十一年〔二〇一九〕開催をもって休止となった。〕

【文政九戌年〔一八二六〕昌平48歳】《地166》
十一月、設楽粂蔵方花祭り見舞二百文遣わす。

【天保二卯年〔一八三一〕昌平53歳】《人27》
同十一月、設楽村花祭り宿、仁右衛門見舞二百文遣わす。

【天保五午年〔一八三四〕昌平56歳】《人74》
十一月十二日、設楽花祭り。謙治〔昌平三男〕立願兼ね果たす。

【一口メモ】第一人称の代名詞、「予」、「我」、「吾」の使い分け
倉石武四郎中国古典学者・中国文学者は、『論語　孟子　大学　中庸』『『論語』解説』（筑摩世界文學体系5、昭和四七年、三四二頁）で、こう述べている。『「論語」ではたしかにつかいわけられていて、かるいときは「吾」、おもいときは「我」がつかわれ、すこしふるいことばをつかってもったいぶったときは「予」があらわれる。そこで訳としては、「吾」を「わたし」といい、「我」を「わたくし」といい、そして「予」には結局「わが輩」をつかってみた。』

【一口メモ】江戸時代の一両は、現在、いくらか。
江戸時代の貨幣の換算は、「一両＝四分＝四百匹（疋）＝十六朱＝銀六十匁＝銭四千文」であった。一両の現在での価値は、江戸時代のどの時点をみるか、景気の状況、比較する物の値段等によって評価に違いが生じ、論者によって一両＝四万円から十三万円、十五万円、あるいはそれ以上の価値とみており、開きがある。江戸後期では、変動があり、また価値が下がっていて、一概に言えないが、概略「一両＝十万円」とみておけば、おおよその理解はできる。

旧墓所（東泉寺跡）

左端の供養碑の正面には、

「南無大金光明最勝王経　供狼碑」
　高皇白衣観音経壱萬巻

側面には、

「　　菅沼十四代　默郎父
　于時明治十六癸未三月廿三日
　　　　謙治造立之」

と彫られている。高さ約百八十cm

その右は「三十三観音」で、貞享四年（一六八七）建立、与兵衛らの名が刻まれている。その右は、同年建立の「庚申」、「願主与兵衛」とある（『東栄町誌』「金石文編」参照）

明治以降の菅沼家墓所
（旧中設楽小学校跡地の隣）

第二　昌平の少年時代

1　出生　《天53、57》

安永八亥年〔一七七九〕六月二十日、宗碩男子七太郎出産（後昌平と言う）

〔(注) 中頃「門弥」、「正平」を名乗り、後「昌平」と改める。その後には、諱恵　字迪吉も名乗っている。昌平には、国が栄え世の中が平和であるとの意味がある。また中国では、「昌平」は孔子の生地でもある。〕

2　嘘と実の善し悪し

【文化五辰年〔一八〇八〕昌平30歳】の記載分から　《天115》

同年十二月二十八日

吾八歳の夏四月〔陰暦で夏は四～六月〕、祖父七郎平病に臥し、閑静を好む。よって暫く当村弥二郎の宅に居る。（この時、何の扶持〔養い〕離れの猫あり。吾飯を食う朋達集り、この猫をとらえ犬にかませける。祖父死して法事繁多の時に、例の腕白を言う。半右衛門、裏口へ廻り、猫の怒れる声をして壁をうつ。皆人猫の幽霊なりと言う。予、大いに怖がる。その後、くせとなって夜は手水〔手洗い〕に独りゆかず。寝るに頭を父母のきわに差し寄せ、あく所は屏風を以て囲う。祖母これを愁えて多賀法印を請うて祈祷す。歳長じ、もの知るに随ってこの愁い去り、万事奇しき方を行えば、かくのごとき愁いあり。

徒然草に、幼きなき子〔幼き子〕を、すかしおどし、はずかしむるは慈悲にあらずと〔吉田兼好「徒然草」一二九段〕。初生〔新生児〕は至って正直なるものなれば、父母の育てによって善悪計るべからず。故に王公の妃、妊すれば専ら房事を慎み、怪異をかたらず、目に悪色を見ず、耳に悪言を聴かず。敬教五常の道を専ら母〔の〕耳にふれしむるとなり）

古き櫛箱あり、引出しの強きを力に任せて引く。終に鏡板破損するに、知らぬ体にて隠し置きたり。それは幼き時の事。

今壮年に及んで、かくのごとき偽の道披露するに、恥余れり。これによって向後〔今後〕、厘毛〔ほんの少し〕も偽るべからずと、堅く心に約するなり。但し、虚言も害にならざる有り

（仏〔仏教〕に方便説あり。また、人誤って己れを打ち痛くとも、痛からずと答う。これ害をなさざるなり。人の悪しきを善しと誉るは、真実を失う故に可ならず。美味を受けては、まずくとも、うましと言うの類。これも言葉の使い、実しやかにすべし。軽薄に当たれば反って害をなすなり）

正直も亦害をなすあり。

（商人百文で買うたを百文で買うたと言っては、商売に益なし。これも中庸に過ぐれば、また害を成すこと大なり）。

3　迪を恵む

【天保九戊年〔一八三八〕昌平60歳】 隠居後の回想から　《人125》

一　予の家は、川端にあり。予少きより、朝起きて手水は川にて使い、その次序〔次第〕、手桶一盃を持参、手水鉢へ入れんと心掛け、予心なし積徳〔徳を積んだ〕なりと。

ある時暴雨の出水の朝、常を失わず川へ手水に行く。折節、道は湿り、足駄〔たかげた〕にして往く。中腰にして手水をなす。存知〔思い〕もよらず、面洗いのふれにて水中へ伏す。驚き起きんとするに供水〔水の供給〕得難く、予水練〔水泳〕の心あれば助命したり。かくのごときは心中に求めざるの儀。恵レ迪吉〔迪を恵むは吉。後の昌平の名前に注意〕とのみ心得、もし運尽きる時は落命せん。これらの事は道心ばかり当てにも成らず、欲心も捨てず、平明質の語りを待たざるは、愚案述べ難し。

一　予少年は、専ら百姓の業を勤む。藤ウツ山にて薪を伐り、出水を待って川出しとなさんと、〔出水を利用して材木を川下に流す。川下の遠州浦川を過ぎた佐久間町川合で天竜川と合流する。〕夙に〔早くから〕起きて、人を雇い、山出しに往く。鍛冶弟子兵吉と同じく薪の丸駄三間〔約五・四m〕なるものを引き来りて、川端谷の上よりこれを落とす。立ち止まらんとするに、誤って川へ飛び込む。兵吉控えて上にあり、漸く命助かりて揚がる。右兵吉、彼の薪を落とし遣わすならば、予の身は粉骨とならんものを、天命未だ尽くさずにや〔であろうか〕。かくのごとく兵吉引き止めけるや。危難に及んでは神仏の助けあるべきにや。これまた前条に等し。

〔(注)振草郷の「川出し」方法については、『振草村誌』(一九七九年、愛知県図書館蔵)三一九頁に詳しい。〕

4　髪型の流行

【寛政七、八年〔一七九五～一七九六〕頃】《人130》

一　予十七、八の頃なりしが、年始として三ツ瀬へ行く。その頃、髪の長きが流行す。よって額へ届くまでにして行きければ、祖伯父粂右衛門曰く。

「杉山翁は大徳にして、心に賤しみ観るとも、言わず。なれども、我は不得息して〔嘆息して〕これを言う。今汝が髪の伸びたるは、鼻毛の伸びたるに等し」と。よって、自ら鋏を以て、これを切る。

すべて流行といえども、中庸〔偏りがなく、常に変わりがないこと〕に過ぎたるは、永く保たず。以前「カジマヤ」といって、後へ多く引き出して、はけ〔髷（まげ）の先端〕も永くする風の流行せしに、暫時にして「チヂメ控え」と名付けたり。

その後また、「本田」〔本多髷〕とて曲げを一向出さず、また「耳出し本田」と言って、耳ばかりを少々出して下へ被らせかけたるもあり。この風は、「カジマヤ」よりは尋常にして可なる。

今も、まゝこの風を好む者あるなれども、銀杏〔銀杏髷は、江戸時代の一般的な男性の髪型〕は、その中を得て、古より廃ることとなし。衣服もこれに準ず。

流行とて、急ぎ求むることなかれ。流行の品を持たずとて、貴きは貴く、賤しきはいやし。永く保たば、その時求むは、価も安値にしてその中たるべし。また、諸道具を好み、家作、普請〔工事〕等、皆これを従う。

第三　医業を目指す

1　医業への目覚め

【寛政十一未年〔一七九九〕昌平21歳】《天77》

寛政十一未年〔一七九九〕父宗碩卒去の前のことなるが、恵昌平八歳にして祖父七良平宥定が遠行〔死去〕。十一歳まで読書すといえども、至って愚かにして、書は村付け名書のみ。素読は古状〔古い書状〕、孝経・大学〔いずれも古代中国の経書の一つ〕にすぎず、また忘れ易しの浮才なり。

今年まで下部男女六人ありしに、この暮の出替より男一人（尾篭類之助）、女二人、小僕〔若い下男〕一人にして、招けども不侄〔留まらず〕。

恵思えらく〔思っていることには〕、我愚かにして医道を学ばんこと覚束なし。人払底〔底をつく〕の世の中、農を作さんにはしかじ〔なすに越したことはない〕と。

則ち十二歳の春分より斧をとり鍬を持ち、下部と同じく田畑、山野を馳せ、農耕を専らとす。

かくて十か年を経るに、父宗碩病床に臥し、終に寛政十一未年〔一七九九〕五月十日卒去せられければ、まず何角差し置き、葬送の事取り行いける。

〔(注) 墓等についての記載略〕

今集まる親類には、（伊藤重左衛門、杉山半迪、湯浅武八、原田半右衛門、原田勝三郎、熊谷吉蔵、杉山清左衛門、原田弥三郎、

同斧次郎、澤口嘉蔵）

各列席の上、惠〔昌平〕言いけるは、「吾愚かにして医業を勤むるに及ばず。また、人払底にて拝むに便り〔頼り〕あらず。この業を止めて、昔のごとく農夫とならんこと如何」と。

杉山翁ののたまひける〔おっしゃる〕は、「三年、父の道を改めざるを孝というべし〔注〕。三年の後、ともかくも」と。その意に任せて一忌をぞ過ごしける。

〔（注）「子曰く、父在せば其の志しを観、父没すれば其の行ないを観る。三年、父の道を改むること無きを、孝と謂うべし」（論語・学而編一一）、三年間は、儒教では服喪期間とされる。〕

【享和元酉年〔一八〇一〕昌平23歳】《天81》

同年五月、汁市伝右衛門、痢疾〔現代の赤痢の類〕を患う。便覧の語によって、大承気湯〔漢方薬〕与え、後脱して譫語〔うわごと〕、煩躁〔手足のばたつき症状〕、茯苓四逆湯〔漢方薬〕を以てといえども、これを救う験なく、終に

同月二十九日、病死す。

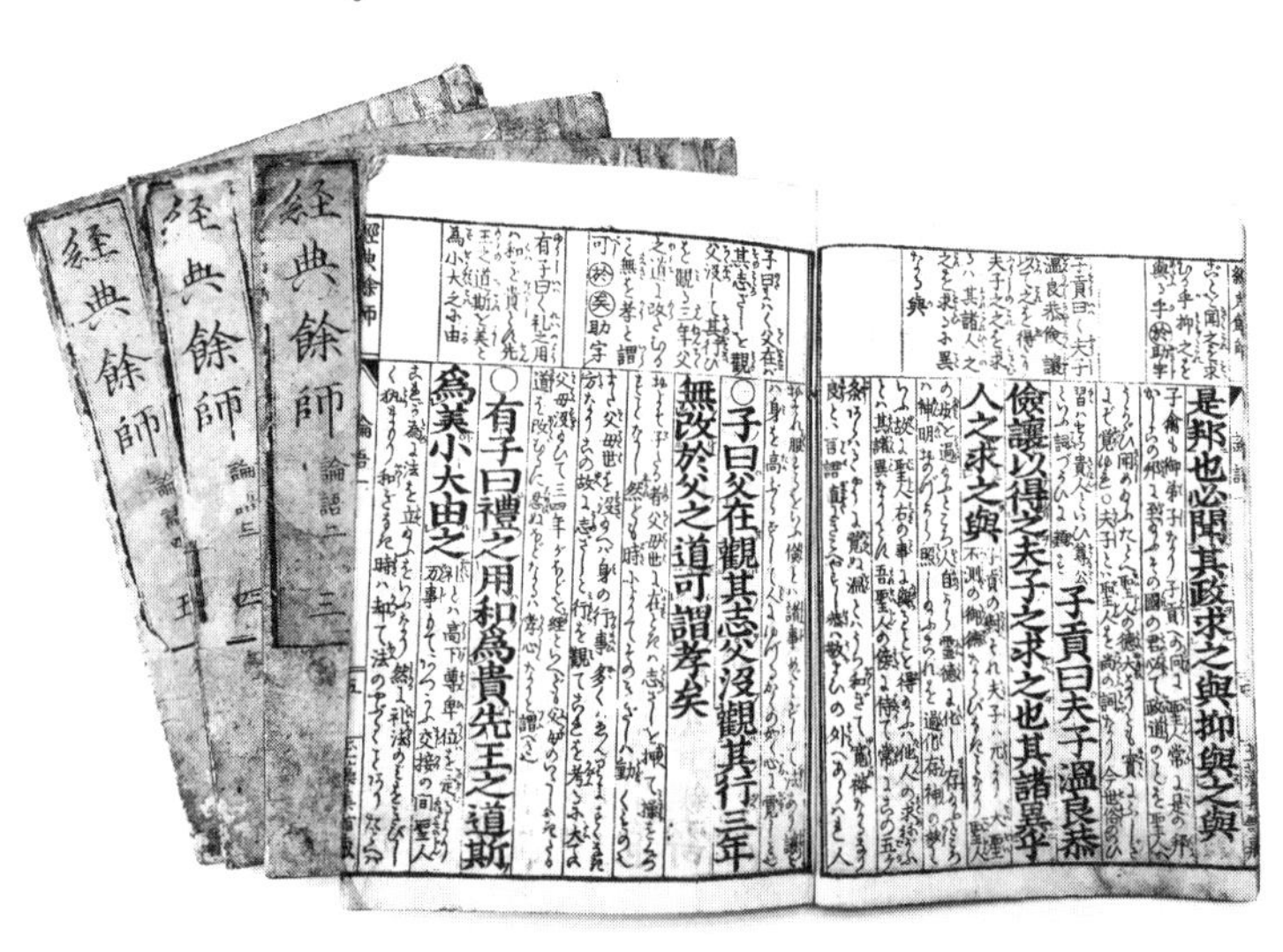

天明6年（1786）出版の「経典餘師」（名古屋市鶴舞中央図書館蔵）中の「論語朱熹集註」。杉山翁から諭された論語中の「三年、父の道を改めざるを孝というべし」の部分。同じ言葉が学而編のほか、里仁編にもある。

法名　祥天喜雲　善男

（これ後に重くあるといえども、腹痛なく脈弱く、下痢数十行い、病人の言に、甚だ下痢を恐る。これ天命の逃れざるところか。また、予の誤治〔医療ミス〕によって、百年の寿を拗たしむるをや。然るに、頻りに医術を学ばんことを思う。また、毎朝看経〔経文黙読〕の序で、すべて誤治の霊魂を回向〔供養〕す。）

〔（注）文政・天保の頃、遠州小松（現浜北市）で村医者だった村尾留器は、自ら治療した患者が不幸にして死亡した場合、その反省と自戒、供養の念から、患者の病因と症状、治療薬等、詳細な診療記録を残し、晩年には供養のため「三省塚」を建てている（『三省録』（浜北市教育委員会・平成一〇年〔一九九八〕）。

2　結婚

【享和元酉年〔一八〇一〕昌平23歳】《天83》

同年十一月、昌平妻思義（元シカという。）来る。川合〔現新城市、旧鳳来町にあった村〕吉蔵娘なり。

（先に吾父宗碩、去世の日、「池場村次兵衛娘を娶るべし」と、半右衛門へ遺言す。その由を三ツ瀬粂右衛門へ申し通しける時に、中の在家〔村〕勘兵衛妻エン、吾にしかじかと語る。予が曰く。「これを知らず。吾知らば、川合シカを娶らんものを」と言う。

その子細は、前に伯父周節、川合にて傷寒患うに大変難義を掛けたり。最も財宝を費やし、謝礼とてもせざる由。祖母これを愁いたまいける。「せめての恩報〔恩返し〕し、また重縁のことなれば家内の納まりもよろしからんか」と言う。祖伯母エンが言う。「元来姉モトも、さは〔そうは〕言わき。さりながら宗碩遺言のことなれば、かくは計かろうと。然るに年の相性宜しからず」と。先より断りあるにまかせ、森山武八媒にて、今シキを娶る。）

出入りの者曰く。先例に任せ、諸一家村中を招かんと。

恵言う。「それは、父存生にて計らば、父の趣意あらん。吾自ら計らうに、何ぞ形勢を好まんや。ただし、仕官たる者は、君より禄を、格を頂戴すれば、格別のことなり。何ぞ尋常の民間に例ということのあるべきぞ。もっとも、弔い、法事は孝の一つなれば、時に応じて厚くもすべし。婚姻は媒に依る」と。僅か武八夫婦、そのほか隣家両三〔二、三〕輩のみ。料理またこれに順ず。

〔(注)ここに「池場村次兵衛」とあるのは、金田家(現新城市池場所在。昔は、振草郷の南端の峠道にあった名主だった)の「治兵衛(相次郎)」のことである。金田家では、代々、通称名を治兵衛、または次平(治平)と名乗り、農業のかたわら育林業を営んだ。先代の金田治兵衛(瀬七郎)は、宝暦年間に杉・檜の育苗法を開発し、植樹に努めた。その後継の息子・治兵衛(相次郎)は、多額の借金を背負ったが、これを返済し、山林経営を堅実に続け、村民に慕われていた。父宗碩死亡時、金田家には十八歳の娘ゆうがいたが、その年、他家に嫁いでいる(金田康嗣『金田家記録』(昭和四三年〔一九六八〕・豊橋市中央図書館蔵)、愛知県『愛知の林業史』(愛知県・昭和五五年〔一九八〇〕六一三頁)、藤田佳久『奥三河・金田家の近世における育林経営の展開とその機能』(愛知大学綜合郷土研究所紀要第三一輯・昭和六一年〔一九八六〕三七頁)〕

3　信州飯田本山良純へ入門

【享和二戌年〔一八〇二〕昌平24歳】《天85》

同二戌年二月三日、昌平妹、嘉蔵妻由加死す。

法名　薫室妙臺　大姉

しかして恵、素より学文とてはなし、脈候〔脈取り〕の一つをも弁えざる者。まず去去未年〔寛政十一未年

（一七九九）〕より杉山翁に乞うて「傷寒論」〔古代中国の後漢末期から三国時代に張仲景が編纂した中国医学の古典〕を素読し、また竹内〔玄洞〕（塾中の朋友には浦川邑三輪見竜、伊藤良助〔下田村〕）先生に入って療法を受けるといえども、昨日の農夫、今日医事をせんこと、甚だ難し。

三歳〔年〕を過ぎて投薬を断わるといえども、山中の小村、皆人不便利を嘆く故、黙してこれを案ずるに、学ばずしてこれを施す事危うきの甚だしきなりと。一人の母に暫く暇を乞う。

先年召使たる舟木澤伝七を留守居として、信州飯田本山良純（後江戸へ出府、彼の地にて卒去せらる）阿蘭陀流外療の名聞えければ、この先生へ入門して、今戌〔享和二戌年〕の

〔借金を乞うに行く話は略〕

二月飯田へぞ参りける。

（この時、餞別到来の面々。南一〔南鐐といわれた二朱銀一枚〕竹内玄洞、金百匹清平六世閑居和尚、三十匹同現住和尚、半紙一慶泉方丈〔住職〕、三十疋杉山半迪、南一湯浅武

傷寒論
漢張仲景著　晉王叔和撰次
辨脉法第一
問曰脉有陰陽者何謂也答曰凡脉大浮數動
滑此名陽也脉沈濇弱弦微此名陰也凡陰病
見陽脉者生陽病見陰脉者死○問曰脉有陽
結陰結者何以別之答曰其脉浮而數能食不
大便者此爲實名曰陽結也期十七日當劇其

『傷寒論』。写真の本の奥付には「文政六年」(1823)「再板」とあるが、序文には「正徳五年」(1715) とある（豊橋市中央図書館蔵）。
昌平が素読したのは、この頃以降に出版したものと思われる。

八、を、め〔多目〕島〔尾篭村島家〕、一反澤口嘉蔵、南一片鍛冶千代吉〕

同年四月

同年四月より前、飯田本町二丁目本山（号北原　名明　字仲庶一、字良純という）先生の塾中にあって改名す。諱　恵　字　迪吉という。

同五月より八月まで、本山出張前、同州片切庄田島村に、同門人上郎良迪の補佐として同居す。

　同門人は、右良迪（関東の産人）、田中三蔵（飯田本町一丁目北国屋平左衛門悴）、陶山純佑（同国座光寺村陶山玄竜悴）、黒田鼎蔵（これは元来三州設楽郡平井村清左衛門悴、養父は飯田裏町又兵衛）、右のほか朋友は木澤逢助門人井上作太郎、本一桔梗屋銀次郎、本二藤屋善八。

同八月、東都〔江戸〕の画工狩野春智先生家に滞留。巻木綿並びに道具の図屏風一双、この春智の筆なり。礼金一両。

〔（注）本山良純については、町泉寿郎「吉益家門人録（二）」（日本医史学雑誌第四七巻第二号〔二〇〇一〕）に、吉益南涯の門人として、「寛政十戊午年」の項中に「484　本山良純　信州飯田」との記載がある。吉益家は、蘭学医ではなく古医方の中心であったが、本山は、退塾後、飯田または江戸等で、蘭方医学を修学したものと思われる。ただし、長野県や飯田市の医史を調べても名前が見出せない。〕

4　屈原「漁父の辞」を思う

【享和二戌年〔一八〇二〕昌平24歳】《天88》

江戸時代、幕府、代官による支配構造の下、村には、名主を代表として、組頭、百姓代の村役人（村方三役）によって一定限度の「村の自治」が行われていた。
名主ら村役人の任務は、年貢の徴収、幕府役所との連絡、村掟の定め、公共工事の決定、争い事の調整などであった。組頭は名主の補佐役、百姓代は監査役の役割を担っていた。
名主は、東北では「肝煎」、関西、三河では「庄屋」と呼ばれることが多かったが、振草郷では、関東流に「名主」が使われた。名主は、世襲で定まることが多かったが（中設楽村）、時代とともに百姓の意識も上がり、輪番、選挙による選出（月村）が増えていった。
村役人は、田畑、家屋敷を持つ「本百姓（大前）」から選ばれ、それ以外の小規模な田畑を持つ一般の百姓は「小前」と呼ばれていた。争い事を訴訟で解決するためには、今の東海道赤坂宿（現在の豊川市赤坂町）にある赤坂役所（中泉代官の三河出張陣屋）まで、一泊二日かけて出かける必要があった。

同年、月村名主兵左衛門、組頭勘之丞、百姓次郎八、太平、元十、惣中山を売らんことを相談す。百姓代丈右衛門並び小前にも不調の者あるに、丈右衛門印形を取り計らい、五十両の代金を以て売り払う。その境、御公儀御林〔幕府直轄支配の林〕へ伐り込む故、小前八十人（残り二十人は与ず、出入に除く）挙って職人小屋を壊す。

（これも、元は百両に売って五十両と披露し、残り五十両仲間へしめる積りにてあったと。予は飯田留主中のことなりしが、その故を聞かば、小前方も屈原〔古代中国楚の国の王族〕とは思われぬなり）

これにより、買主海老村弥助、赤坂御役所まで訴え出で、――百姓代丈右衛門並びに小前方亀三郎、又右衛門、金十郎、御差紙〔呼出状〕を以て召し出され、双方ご吟味。

名主兵左衛門、組頭勘之丞出入〔訴訟〕中、無印平山村名主覚左衛門へ兼代仰せ付けられ、丈右衛門と両印形にてご用仰せ付けられ、年過ぎ往くといえども相済まず。

後丑の年、御林山〔幕府直轄の山林〕、反別〔一反ごとに〕町間〔測量〕お改め、余分ありといえども、惣代〔代表〕の者、なお「御林山なり」とお答え申し上げ、相済まず。

（その罪を悪んで人を悪まずと。売主の者ども、罪は自分にあるものを、人を悪んで彼の者どもを相手どる故に、また仇となって、なお永びく。小前一統に御差紙を付けば、出入嫌いなものもあって、速かに済むこともあらんに、頭取と目ざされては、「毒を食わば皿までねぶれ」というものなり）

翌々の寅〔文化三年〕三月、寄近村半六、尾之村多助並びに組合名主中、取曖〔仲介〕を以て「小前心得違い」の書付差し上げ、お願下げ内済す。然れば、御林境一久保、百姓山と成るなり。

（原文）

屈原放タレテ游二於江潭一、漁父ニ答テ曰、舉レ世皆濁レリ、我独清リ。

漁父曰、聖人不レ凝二滞於物一、而能与レ世推移ル。世人皆濁ラバ何不下淈二其泥一而揚中其波上。

屈原曰、何以二身之察察タルヲ一、受二物之汶汶者一乎。

寧赴二湘流一、葬二於江魚腹中一ニ、安能以二皓々白一、而蒙二世俗ノ塵埃一乎。

漁父笑去乃歌曰。

滄浪水清ラバ可三以濯二吾纓一　濁可

（書き下し文）

屈原放たれて江潭に遊ぶ。漁父に答えて曰く、世を挙げて皆濁れり、我独り清めり。

漁父曰く、聖人は物に凝滞せず〔こだわらず〕、よく世と推移す。世人皆濁らば、何ぞその泥を濁して、波を揚げざる。

屈原曰く、何ぞ身の察察〔清らか〕たるを以て、物の汶汶〔汚れ〕たるを受けんや。

むしろ湘流に赴きて、江魚の腹中に葬らるとも、安くんぞよく皓々の白きを以て、世俗の塵埃を蒙らんや。

漁父、笑って去る、すなわち〔その時〕歌って曰く。

滄浪の水清めらば、吾が纓〔冠の紐〕を濯うべし。濁らば、吾が足を洗

三以濯二吾足一

うべし。

遂去不二復与一二言一。と。

遂に〔そのまま〕去りて、また与に言わず、と。

〔「楚辞」（中国戦国時代の屈原の作を集めたもの）より「漁父」〕

〔（注）屈原は、清廉潔白の立場に固執するが、漁父は、世の清濁に順応するがよいとの老荘家的な思想を示す。〕

この時、道衰うといえども、賢を貴ぶものあれば、屈原を羨む。今この辺鄙の凡俗深く思い、高く挙ても誰あって誉る者もなければ、漁父の言に従って金銭を費やさず、山を広め宝を得。

（ただし、この売人、数のごとく謀計をめぐらし、不道に宝を得るものは甚だ宜しからず。拠なきに至っては、道を曲げても早く事の納まるを、またよしともすべし。）

善人じゃと、嬉しがらるるがましじゃとは言え、予また屈原の風にて合わざる時、右口入の半六、漁父は言うものにて、よく用いらる。最も勘弁の至る人なり。

さりながら、借金迫り入水したるをみれば、屈原の風も、またなきにしもあらず。

〔（注）屈原は、祖国の滅亡を忍びず、最後は入水自殺したとされている。〕

同年闌にして〔年半ば過ぎ〕帰り、また翌二月、再び先生家に参る。

5　本山良純退塾

【享和三亥年〔一八〇三〕昌平25歳】《天91》

右両年両所〔飯田と東都（江戸）〕に勤学

同亥九月、退塾。入用金二十一両一分、餞別恵投〔贈り主〕の面々、

田嶋村の分、孔方一索田中俊助、南一〔南鐐といわれた二朱銀一枚〕前澤佐四郎（譲り名は弥一右衛門）真綿、同翁隠居莨二、同中隠居真綿・氷餅、上邨良迪半紙一束、田中三蔵（右のほか飯田の面々別帳あり）、右の衆中、朋友は格別、隣家の面々、昼は往て遊び隙を費やし、夜は風呂を貰い、また衣装の綻びを綴らせ、予より礼謝〔謝礼〕を述ぶべきに、反って厚くこれを餞ることを辱うす。

また送別を賦する〔詩を作って餞る〕の面々、

（漢詩）

濁酒送君龍水上　不堪離恨又啣杯
誰憐別後茅齊外　更見晩雲胡鷹廻
右上邨迪

功磋三年究法才　今朝匹馬赴三陽
錦衣共映秋山夕　明郎青風照故郷
右送菅沼迪吉生、帰郁々
龍淡賢亮雄拝　本名嶌田村留平

（書き下し文）

濁り酒　君に送る　龍水の上
離恨〔別離の悲しみ〕に堪えず　また杯を啣ゆ
誰憐れむ　別れの後の茅斎の外〔茅葺堂の外〕
更り見れば晩雲〔夕雲〕に胡鷹廻る
右上邨迪

功磋〔功績〕三年法才〔医方〕究む
今朝匹馬〔一匹の馬〕三陽〔三河〕に赴く
錦衣ともに　秋山の夕べに映ゆる
明朗青風、故郷を照らす
右送る菅沼迪吉生　郁々として帰る
龍淡賢亮雄拝　本名　嶌田村　留平

故郷へ帰る錦の旅衣　ともに照り行く秋の山道、
立ちわかれ　よしへだつとも　一筆を拝に言い伝えよ　雁の玉章〔雁の使い〕

忘るなよ　未だ昼立たずとも　折々は　うち円居して　語る契りを
亮雄吐

6　医業始める

【文化元子年〔一八〇四〕昌平26歳】《天93》

同〔享和〕四甲子〔文化元年〕正月、年号文化とお改め〔改元は二月十一日〕。昌平医業行わる。

同月、村岩之助弟竹次郎、手習い来る。

同月、中部村澤口氏において、沖林大橋徳右衛門者に会う。

　興に乗り、「可留多をなさん」と言う。

予曰く。「御辺〔貴殿〕は、黄金多く持参しつらん。我が嚢中〔袋の中〕空しければ、大なる勝負は成し難し。少しのことならば、意に応じ申すべし。」と言うに、

彼徳右衛門、「御辺の腰にくらぶれば、少しは多し。」と言う。この者、大野において沖林に家の強家〔豪家〕なれば、予を少し賎むの気色なり。

　故に、予また曰く。「今もし貧乏して患難の者、物あらんに、御辺の嚢中所持の金高、残らず与えんや。予、則ち〔すぐに〕嚢中残らず与うべし。嚢中貯る所は面々分に応じて持参す。御辺の嚢中といえども、多分を計らば何ぞ多とせん。予素より手金〔所持金〕あらず。他より借りる所なれども、予与うるは安く、御辺の手金といえども、与うるは難かるべし〔難しいだろう〕」と言いしかば、興ざめ顔にぞ見えにける。

（予の嚢中、元来利を求めんにはあらず。ただ要慎のみに所持なり。彼の人は白楮を買わんとして持つ所なれば、多しといえども、利による。その利を得んとするの元金いかでか人に与うべけんや。予が口金〔がま

口の口〕を人に与えんに、何のかたきことか、これあらん。ただ人心、道心の隔つこそ天地なるかな。）

〔（注）「道心人心」儒教の宋学（朱子学）で、「私欲に覆われない道義（仁義礼智）の心と、私欲に覆われた私意や打算にわたる心」をいう（広辞苑）、「中庸章句序」参照〕

同九月、甲子〔十干と十二支の組合せで、甲と子が合う最初で、縁起が良い年とされる〕、男子〔昌平長男〕誕生、名民、字新作という。

7 傷寒の経験

【文化二丑年〔一八〇五〕昌平27歳】《天96》

同年、昌平、医行わるるのところ、五月下旬、海老島〔杉山氏〕へ行く。その夜、彼の宅に宿す。夜半より悪寒甚だしく、翌日を過ぎるといえども、なお解けず。

翌々朝駕篭にて帰るに、ヨラキ坂〔本郷の村に下っていく坂道〕にて嘔噦〔嘔吐〕。坂中にして暫く休らい、盛山酒屋に着き、また休み、服薬、粥一盞〔盃〕を給う。暮れに及んで吾家に帰り、竹内・杉山両先生に治〔治療〕を乞う。

二、三日を経て夕方、衂血〔鼻血〕半盞〔杯に半分〕。明朝、病退き気分常のごとし。麻黄湯〔漢方薬〕を用い、見合するの間に追々、熱実〔体温上昇〕、譫語〔うわごと〕、煩渇〔著しい口の渇き〕等の証〔症状〕を発す。大小柴胡・白虎小陽散火湯〔いずれも漢方薬〕の方法、随時これを用ゆ。

大半解するの時、七月十日の日哺所〔陰（夜）と陽（昼）の変わり目の時間帯〕より、心下〔漢方にいうみぞおち〕へ痞する〔つかえる〕こと甚だし。夜半に至って蛔四、五筋を吐す。

（吐して後、大いに渇き一身怡憤〔「怡」はやわらぐ意〕、手足おく所なく、旁人〔まわりの人〕四、五人をして胸中、両の手足を押さへしむ。愚母が言う。「煩躁〔手足のばたつき症状〕甚だし時は、仰臥〔仰向けに寝る〕するに宜しからず（よくない）」と。横に寝直りければ、煩躁湯〔薬〕忘るるがごとく止む。かようのことは、医は格別、常へも心得べきなり。）

後脱し、手足厥冷脉〔脈〕微弱、理中安蜹〔理中安蚘湯か〕―不有効。四逆〔四逆散＝漢方薬〕数貼〔包〕を服す。復陽して後、余熱退きかね、百余日にして全癒。

看病には諸一家、村中残らず、盛りには昼夜に集まる（半右衛門、四郎兵衛至って厚し）。

予案ずるに、薄地〔やせた土地〕多く持つ今、我世を去れば、農人少なく、薄地保ちがたし。

（仏説曰く。「釈尊の世六千年なり。上に千年は正法、中に千年は象法、下に千年は末法なり」と。今象法の世に当たる故に堂宮〔仏堂と神宮〕建立、凡俗も家蔵を並べ、ただ象作ることを専らとす。宜なるかな〔本当にそうだな〕。大工、桶屋、黒鍬〔土木作業人〕の類多く、奉公人は少しある。また、給金古に三倍するなり。）

幸いに死命を免るといえども、なお後の患いを嘆き、溝を掘り井水をとり、冨田野地を田となす。

8　冨田用水の開設

【文化二丑年〔一八〇五〕昌平27歳】《天97》

同年〔前の「傷寒の経験」の記載に引き続き〕

（前に村亀三郎、予に言うて曰く。「先代七良兵衛、農耕に厚し。牧より堀溝水をとらば、トン田の野地、田となるべし。なれども容易ならず」と告ぐるにつき、

「江戸職人歌合．上」
（国立国会図書館蔵）

「寄近方長吉という大工に水を盛らせ、野地の真中より牧・橋場にて水隙〔谷の部分〕に溜めつき、長吉いう、かようのことも一度は用に立つまじき〔用に立たない〕ものにてもなし。」と言って置きたるが、

今年、月半右衛門、予の看病中、右トン田野地を開田とせんと語る。予もまた、これに従う者は、先人植える所の杉を伐って使うといえども、その志を続くに似たりや否や。）

同九月十二日、吉辰〔良日〕につき、村中相談一決して普請〔工事〕にぞ取り掛かりける。その節、取極め証文事。

一　冨田用水、相談相極め申し候〔申します〕ところ、金子できかね候につき貴殿に金子借用仕り取掛り申し候ところ実正〔間違いなし〕なり。

この金子返済の儀は、田方米相応に実入よき節、米売り払い、反別〔一反当たりの〕割合を以て返済仕るべく候。それまでは、一割の利足〔利息〕を以て勘定致すべく候。もっとも重左衛門・岩之助・常次郎・仁右衛門、右四人は水道地所持主につき、損料として割合を貫き申し候。

しかし、未だ金子借高定まり申さず候故、井道でき次第、借用証文いたし連印仕るべく候。まずは取極証文、よって件のごとし。

文化二丑年九月

亀三郎　甚三郎
清十　長吉
忠兵衛　五右衛門
常次郎　十左衛門
仁右衛門　愛之助
徳二郎　伝左衛門
友三郎　喜之助

七郎平殿
参る

右黒鍬〔土木作業人〕棟梁武節村〔現豊田市武節町、旧稲武町西部の村〕善蔵、井道を見立て、金二十両も掛けば出来す〔できるようにす〕べしと言う。

予思うらく〔思うことには〕、渡しとせば粗ならん。たとえ三十両の金を掛けるとも、作料にて丁寧にせんと取り掛かるや否や、二、三十両の金子は早速相掛かり、都合にては百斤の金子相掛かる。

彼の善蔵、余りの目利違う故にや、中程より丁寧ならず。故、井堀度々損す。

その破損の修理料を入れれば、丁寧なりとも成就せん。知らざる彼がために計られんとは。彼また、勾配あれば水精〔勢〕にて掘れると言って、一間につき、ただ二、三分の勾配とす。故に、水滞って、穴あればそれより抜け、終に破損をなす。何分水強くとも五分の一寸位は勾配あってよし。また二寸と言うも過ぎたるものなり。

また、この普請〔工事〕、速やかにせんと人足大勢にてなす故、その費えあり。ただ三、五人にて漸々〔段々〕にせば、その費え少なく、跡かたく、物毎〔物のあるごとに〕便〔都合よく〕なるべし。

予、重ねて、このごときの普請せば、雑用は半金にて成就せさせんものなり。

同年九月より氏神普請始まる。林中の杉木並びに先に七良平代寄附するところの杉木を売る。余りは村中これを補助し、予また土台石直しの石屋作料を寄進し、翌寅〔文化三年〕十一月成就、遷宮。

この時、年寄連名

（重左衛門、仁右衛門、伝左衛門、昌平、清重、市右衛門。右普請初めの時、清重曰く、先年吾家年寄なりしが、故あり相休む。氏神奉公のため頭役相勤めたき旨これを申す故、頭仲間増すことを悦び、已上〔以上〕六人にして相勤む。）

入用金およそ七十両、大工（棟梁当国牛久保〔空白〕、弟子隼人、当村弥代吉、銀二郎、兼吉随い付く）。

同十月二日より井道普請始まる。同十二月まで入用金二十一両二朱文、黒鍬棟梁武節村善蔵、素人手間百二十五工。

9　わけ登る麓の道は多けれど

【文化三寅年〔一八〇六〕昌平28歳】《天102》

同年、寺院方と同じく遊会す。その遊びの面々、得〔得意〕たるところを作す。あるは詩作、あるは歌・俳諧、あるは碁・将棋等なり。然るに、予において一事の得たる所のものなし。然れども、その集会する知識、いずれも心隔てなく親しかりければ、目くら蛇と狂じて一首

　　嫌仏
　南無阿弥陀、仏ともいわず守らせて
　　五常一心引むけて給へ

と言いければ、慶泉寺〔足込〕元紹和尚の曰く。前に儒者何の某、灌仏〔釈迦の誕生祝いに仏像に香水をかける行事〕の句に、

　灌仏や娑婆の迷ひもこの子から、と。

彼のものの意は、誹るにてもあらんがなれど、悟りの方では、その裏を言うは、反って深切に当る。

洞水和尚、阿弥陀の讃えに、

　せまけれど、宿を貸すぞえ阿弥陀どの
　　後世を頼むと思し召すなよ

また、一休和尚等、すべて皆この類なり。

後、これを京都において学友に語る。

友の曰く。「足下〔貴殿〕、口には仏を嫌い、朝夕の勤めに神仏を祈る。如何ぞ〔どうしてか〕、吾道の儒を軽んずると」。

予、答えて曰く。

「子曰、鬼神之為徳、其盛矣乎　〔「中庸」第一六章〕

《子曰く。鬼神の徳たる、それ盛んなるかな》

〔（注）「鬼」は死者（先祖）の霊、「神」は天の神をいう。両者合わせて「神々」の意。〕

足下、何故にその鬼神の徳を貴ばず、また、その先祖を拝せざるや。神の御末に生を受け、神を拝せざるは礼にあらず。」

また、大雅曰、亡レ思二爾祖一　〔孝経・大雅伝〕

《大雅曰く、爾の祖を思うこと亡からんや》、と。

朋友の曰く。「聖人、鬼神の徳を貴びたもうは、亡霊の鬼神にあらず。鬼は帰なり。神は伸なりと注してある。物尽き終って無に至るを鬼という。無一物のところより出現するを神という。仮令、生は神、死は鬼、起は神、座するは鬼。昼は神、夜は鬼。皆これ陰陽二気の霊、異なるをいう。有情、非情に至るまで、この二気の功を受けざるはなし。彼の鬼神の徳たること、至って無にして至って有を含み、至って虚にして至って実を統て、その流行の盛んなることを極めたるかなとなり。吾朝〔わが国〕の、神の天の岩戸に閉じ篭もるなぞの説にはあらざるなり。」と言う。

予曰く。「これ道、素より異なりて、帰るところはまた一なり。

斉明盛服シテ、以承二祭祀一、洋々乎トシテ如レ在二其上一、如レ在二其左右一　〔「中庸」第一六章〕

《斉明盛服〔身を清め礼装〕して、以て祭祀を承けしむ、洋々乎として、その上にあるが如く、その左右にあるが如し。》、と。

これ、彼の陰陽造化の鬼神の中より、祭るべき所の鬼神を抽き出し、挙て験としたもう。

もし祭祀の鬼神を借りて陰陽の鬼神を説明すとせば、これ天地の間に二つの鬼神ありとせん。また、吾朝〔わが国〕の神も、陰陽造化のほかにあらんや。その神の道にはよらずとも、何ぞの神霊を拝せざるの儀あらんや。

仏、また諸儒の誹るところなれども、帝を始め奉り、吾々に至るまで菩提所を建立し、面々旦那寺〔檀那寺〕の請印にて宗旨〔宗門〕お改めなさせらる。

今仏に従わざるは、公儀の御掟を背くに似たり。然れども、一道を説くにおいては、他を誹らずんば己れが道たたず、息〔生き〕得ざる所なり。何勤めにおいてせんや。ただしまた、予祈るにあらず。ただ拝するのみ。

聖人また不拝にあらざれば、儒道を軽んずるの理あらんや。

即ち、舜、禹〔いずれも古代中国の帝王〕に授かるに、

惟精惟一、允厥二厥中一　〔『中庸章句序』〕

《これ精これ一に、允に厥の中を執れ》、と。

〔(注)「論語」堯曰第二〇の一には、堯は舜に「允に其の中を執れ」と述べ、舜も禹に命じた、とある。〕

また古歌にも、

わけ登る麓の道は多けれど　同じ雲井の月を詠めん

(雨霰　雪や氷とへだつれど　落つれば同じ谷川の水〔一休禅師『狂雲集』〕というは、この歌の返しならん)

面々不生の前は皆大極の一にして、活ている間の所作なれば、よらずさわらずして、死すれば元の一に帰り、諸道の隔もなかるべし、と思うのみ。

それも慥なことは知らねば、足下〔貴殿〕は足下の了簡にせよ。予は予が心任せなり。」と言うに、

友また曰く。

「責レルハ善ヲ朋友ノ道也〔「孟子」離婁下三一〕

《善を責むるは朋友の道なり》

子曰、道不レ同不二相為謀一〔「論語」衛霊公第一五の四〇〕

《子曰く。道同じからざれば、相為に謀らず。》〔相談できない〕、と。

足下は足下、吾は吾とせば信なきなり。自今〔以後〕同居しがたし」と言う。

予また曰く。

「灑掃〔清掃〕、応対進退〔日常生活の作法応対〕において道を異にせば最も然り。今、朝夕の勤めのみ道を違うとも、何の害することか、これあらん。

柳下恵、与二郷人一処ルニ由々然トシテ不レ忍レ去也

《柳下恵〔古代中国魯の賢人〕、郷人といるに、由々然として去るに忍びざるなり。》

爾ハ為レ爾、我ハ為レ我

《爾は爾たり、我は我たり。》

雖四祖二裼裸三裎於我側一、然焉能浼レ我哉〔「孟子」万章章句下冒頭〕

《我が側に祖裼裸裎〔服を脱ぎ裸になる無作法〕すといえども、焉んぞ〔どうして〕よく我を浼さんや。》、と。

終に席を別たず。

10　京都吉益南涯へ入門

【文化四卯年〔一八〇七〕昌平29歳】　《天107》

同四卯〔一八〇七〕正月より四月まで、遠〔州〕上市場三輪見竜同道、本郷吉次郎連れ、金毘羅参詣。留主。

同二月、京都へ着。冨ノ小路夷川上る所、中村貞治方に止宿。三条東の洞院南涯吉益〔吉益南涯〕先生へ入門。号尚古堂。その節同居輩（東都の住　求馬、駿府の住〔空白〕、芸州〔安芸国・現広島市〕の住　杵文哉）

〔（注）吉益南涯は、江戸後期の京都の医者で、父東洞の後を引き継ぎ、古代中国の医書「傷寒論」を重視した。東洞は「万病一毒説」を唱え一躍有名になったが、批判もあった。その子・南涯は、これを修正・補充し、「気血水」三要素の循環が停滞により病が生じるとする説を唱え、古医方の権威として多くの門人を集めた。町泉寿郎「吉益家門人録（三）」（日本医史学雑誌第四七巻四号〔二〇〇一〕）には、吉益南涯の門人として、「文化四丁卯年」の項に、「1077　菅沼正平　三河設楽郡設楽村　1078　三輪見龍　遠州豊田郡浦川村」との記載がある。また、前同「門人録（一）」（同巻第一号）には、奥三河出身の吉益東洞（南涯の父）門人として、「宝暦拾二壬午年」の項中に「241　菅谷周迪　三州新城之人」、同「宝暦拾三癸未年」の項に「255　原田松立　三州月村之人」の記載がある。〕

南涯先生門人およそ三千人。今講席に仕り候する者八十人。入門の祝儀金百匹、南銀一包、銀一両一封、同三匁包二封、同二匁一封、以上六包。先生昆布を給う。古先生像前に拝するなり。

雑用金、金毘羅参詣ともに〆十五両。

右帰省の時、中村主人に送らる（中村養子の名は仲達）

菅沼生地かえりける時　思わばなんの遠きことか

これあらんの意を　よみて送り　伝える貞治

別れ路は　尾張三河と隔だつれど　思わば近き都なるらん。

〔(注) 前記「吉益家門人録(三)」の「享和三癸亥年」の項中には「789松本　求馬　伯州会見郡渡村」、同「文化三丙庚年」の項中には「1026杵文哉　芸州豊田郡瀬戸田村」、「1048吉村中達　肥前長崎　中村貞治〔二〕養子」との記載がある。〕

同日、京都を発足して大津の駅に止宿す。旅篭二百銅、右洛中〔京都市内〕逗留中使う銭。見竜子〔三輪見竜〕と二人合いに漸く金一分二朱文と四文銭一本これあり。二夜の泊まり、書使ともに、およそ金小百匹も費やし、多賀大明神へ参詣して旦那〔檀那〕坊にて借用せんと三輪子と別れて、

観音院へ寄るに、この辺りを回る法印檀廻り〔檀家廻り〕留主故、隠居坊を尋ねるに、これも碁会へ出て留主の由。取次の僧、予を止め篭させんと言う。まず去って三輪生と談ずるに、これも檀那坊留主にて計りごとを設けずと言う。ただし、嚢中使い残るところの方孔〔銭〕二朱と四百文ほどあるは、これより名古屋まで道程十八里。今日中のことなれば一夜泊まりにて名古屋へ着くべし。

この夜止まって日を送らんより、いざこがん〔進める〕には不如と、多賀坊を出立して海道〔街道〕まで最少しに成る頃、頻に悪寒して頭痛む。路傍に休足〔休息〕すといえども、なお止まらず。まず鳥本〔現在の京都府京田辺市鳥本〕の宿へと急ぎ、茶屋某の家に休らうに、なお悪寒劇しい故、その夜彼の茶店に止宿す。

翌朝に至るといえども、些とも苦しみ減らず。薬料旁孔方〔銭〕逼迫。多賀へ人を以て借らんや如何せんと、朋友三輪生も心肝を砕く折から亭主に語るに、「宿料名古屋まで為替にてせん」と答える故、その夜は彼が方に逗留す。

翌日に至るといえども、未だ快からざる故、名古屋まで通し駕籠にて越す（賃金二分）。まず出立の夜、をこし町に泊る。翌七ツ〔午前四時〕に出立す。

人足の曰く。「この川、夜深につき舟人起きず。旦那方総髪なれば、聖護院の宮を名乗って小ばん船を呼ば

ん。」と言う。

予の曰く。「吾々は花山院の宮御内吉益周助〔南涯の通称〕門人なれば、花山の院を名乗るべし。」と言う。

右駕籠の人足、小盤〔船〕を呼び（ご用船を小はんと言うよし。何の故を知らず）て、「花山院様なり」と言う。

をこしの川を夜深に越す。午時〔真昼時〕までに名古屋に着き、小倉屋新助方にて路銀〔旅費〕借用して人足を帰す。

（俗の歌に、「長の旅では銭だより」とうたう。誠や。金銭徳、慎まずんばあるべかざるなり）

同年、「賀川産書」〔注〕、竹内禮助より伝う。

〔（注）「賀川産書」は、江戸時代の産科医賀川玄悦（元禄一三年〔一七〇〇〕～安永六年〔一七七七〕）の「産論」に基づく出産術の写本。この「一統記」によれば、菅沼昌平は、この本の入手前の文化元年から、その後同十五年までの間に、十四回の出産に関わっている。〕

第四　地元での医業生活

1　離婚を考える

【享和元酉年（一八〇一）昌平23歳】《天83》

享和元酉年（一八〇一）十一月、昌平妻思義（元シカという）来る。

【文化元子年（一八〇四）昌平26歳】《天94》

同九月甲子、男子（昌平長男）誕生、名民、字新作という。

【文化四卯年（一八〇七）昌平29歳】《天112》

同年、昌平、妻思義を去らん（離縁せん）とす。

（過ぎし年―ある人曰く「同姓を娶る者、未だ繁昌せず」と聞くより、甚だ心に掛かる折がら、去年吾患病のご看病のおろかなりしと思い、折を得て去らんとす。皆人予を諫む。かつ、杉山、竹内の両先生、頻に思い止まるべしとあれども、予用いざるは、先祖、母存生の間ばかりも、とありければ、予、断るに拠なく差し延びる。かくて一か年を経て後、祖母死、また去らんとす。

母の曰く。「祖母の死に給うまで孝を尽くす。我においては不孝をなすや、何ぞ我死するの後を待たざる。祖父母の孝、父母に勝れることを聞かず」と。この理に服し、終に去らず。

然るに、今世上をみるに、従弟ぞいも数多あり、その子孫永く伝わるあり。また他姓といえども不伝あり。人王八十八代後深草院は、その伯好を娶る。そのほか同姓を娶るの礼〔例〕、日本には数多あり〔注1〕。今我男女の子三人生長すれば、心にもかからず。ただし、好んでなすべきにあらず。息［生き］ことを得ざれば、従弟ぞいも苦しからずや。すべて妻女のことは吾一生を極め、胤〔血筋〕を後代に残すものなれば、必ず容易に定むべからず。且、自ら求むべきにあらず。父母の命を随うべし。吾、垣を越えて求めたるにはあらざれども、父の命に従わず、故に、心中定まらざること二、三年。今悔いるとも益なきなり〔注2〕。〕

〔(注1) 古代中国では「妻を娶るには同姓を取らず」(『礼記』)とされ、「同姓不婚」が儒教の教えであったが、日本では、制度として導入されなかった。

(注2) 父が定めた女性と結婚できなかったことが心中尾を引いている。親に対する「孝」の観念は相当強かった。ここでの「男女三人の子」は、長男新作、長女美津、次男仁輔を指す。美津は文化六年に、仁輔は文化九年に生まれており、この部分は、仁輔出生後に書き加えられたものである。〕

【文化五辰年〔一八〇八〕昌平30歳】《天113》

同三月十三日、川角竹内玄洞先生、卒す。

号　春渓叢樹　居士

【文化六巳年〔一八〇九〕昌平31歳】《天118》

同三月二十九日、昌平女子美津、出生。

【文化七午年〔一八一〇〕昌平32歳】《天後117》

同年四月五日より、昌平妻シギ〔思義〕傷寒を患い、六日より恵〔昌平〕、また同病順証〔その病なりの症状〕。熱実〔体温上昇〕盛りに譫語〔うわごと〕甚だしく、傍人を投打等の諸症、二十日計りにして順快の後、癪気〔注〕差し起り、百余日にして常に復す。

〔(注) 癪気とは、種々の病気によって胸部・腹部に起る劇痛の通俗的総称（広辞苑)〕

病中試みたる諸証、左に程。

（尊ぶべきは気血水の説〔注〕なり。医の診いがたきは胸中なり。胸満、胸中塞ぎ心煩等、皆病人の言を聞きて察するにあらずんば、此方より診いがたきなり。この時、容体洩らさざるように問うべし）

〔(注)「気血水」説は、吉益南涯の説として有名。三つの精（精気・血液・水分）の循環により健康が保たれ、その停滞が病を引き起こすとする。〕

気血水ともに胸中に凝る時は、皆胸中塞るように覚えるなり。気のみ凝るものは、息する度ごとに段々胸中塞るように思うなり。食事も進みそうもなくして、食うてみればよく食えるなり。水血の方は、食進み悪しきなり。これも先生〔南涯〕の説に随って吾試すところなり。また虫にて胸中塞るもの食下さず。ただし、息にはさわらざるなり。この証、おおかた吐塊するなり。

予前に傷寒を愁〔患〕し時、夜半の頃、口中はしわぎ、氷砂糖を口に入れ睡眠し、覚めぎわに丸のまま呑み込みたるように覚え、砂糖胸に塞る（砂糖の温化すを知らず、熱におかされたるなり）なりと思いたるに、明方、蛔虫二、三筋を吐き、愈たり。

今また息するごとに、胸中塞るように思いしが、気のみ迫るが故に、昇瀉心湯〔漢方治療法〕にて治したり。いずれも胸中塞るは一なり。ただ食の進むと進まざるとの別ち、また虫の方は、胸中をもそもそと、つくように覚え、少しかゆきように思うなり。気の方は咽喉の外と皮、少し痛む心持ちあり。これその別なり。予、傷寒を患うこと、今已上〔以上〕三度なり。もっとも気血水の義、先生の明説に依って、よく訳るなれども、今また予自ら病で証とするところ、またまた著し。故に、記して以後世に残す。予家幸いに永く疾医の道を行い、門下に随う者あらば、伝えて以て一助ともなすべしという。

また、禁忌のこと、世医、穀肉草菜の毒を禁む。とるに足らざるなり。人体は穀肉草菜を以て養う。何の毒する事か、これあらん。唯その人の好む所を与え、好まざる所を忌ましむべし。しかし、病根によりては、少しの斟酌もあるべし。

また、虚労〔病気で心身衰弱〕には鳥肉を忌む。これを食えば後腫を発すと。これ誠たる人の伝えなり。

また、傷寒後鮒を食えば、日数過ごくといえども必ず再寒すと、これ師の説なり。もし下利〔下痢〕等の証あるには、油ケ類また草生冷えの類を忌むべきか。これも大体をよしとす。必ずとするは却って、へき説〔僻説＝偏った説〕に陥るなり。

ただし、慎むべきは房事なり。病後房事を行えば必ず再寒す。瘧〔おこり・発熱を伴う病気〕等は格別なり。もし再寒せずとも精気薄くなり、その体甚だ弱きなり。これ病後わずかの間慎まずして、三、五年も不自由をなす。もし重き時は命を落す。慎むべきの甚だしきなり。医たる者知らざるはあるべからず。

また、按摩の次第、逆上するは足より按って頭に至り、また順に頭より下るをよしとす。傷寒陽証〔体の抵抗力があり病気に勝っている状態〕は、皆進むなり。

ある人曰く。小柴胡湯〔漢方の処方〕の証は、甚だしくなれば、両の肩先へ張り痛む。大柴胡湯の証は、心中へ迫ると。また大陽〔初期の病〕の頭痛は頭の睫〔まつげ〕辺にて痛み、小陽〔次期の病〕の頭痛はコビン〔頭左右のびん辺り〕の先にて痛み、陽明〔病の極期〕の証は額の真中にてすると、手引草〔書〕に出す。

〔(注)漢方医学では、病期は、陽証から陰証の症状に進み、陽証は、大陽―小陽―陽明の証に進むとされる。〕

しかし、陽明の証に至っては、頭痛はせざるはずなり。予先に傷寒を患いし時、再寒のようにて悪寒もあり、肩先より百会の穴〔頭頂部のツボ〕まで張り、百会の穴熱するように覚えたり。故に看病の者をして、大指にて百会を按〔押〕さしめ、それより耳の前の所の穴を按し、また肩の中愈〔ツボ〕を按せば、暫く安かりし。今また肩の中愈より耳の下まで強く、これも按せば快し。ただし、ボトボトともめば陽気をおだてて、反って張り増して宜しからず。

指先にてジリジリジリと按っては引く、按っては引く。とかく気の散るように心得べし。ただし、足をばボトボトもむもよし。また、胸中痛む時は、衣の上より、そろりそろりと按ってよし。また背等へ凝ることあり。あるいは、後ろ肩骨のつがひの処へ張り痛むことあり。いずれも、上はソロソロもむにしかず〔…した方がよい〕。また指先を立て一本一本にひろげ、さするもよし。この法体〔実体〕、労して後は定めてよし。押すより、よく通ずるものなり。

【文化九申年〔一八一二〕昌平34歳】《天後141》

同年六月、庚申日申の刻、仁輔友誕生〔名は友、字は仁輔〕

2　長寿安養秘伝の巻

【文化七午年〔一八一〇〕昌平32歳】《天後122》

安養秘伝の巻

この巻、信じざる人、観ることを許さず。慎んでみる人は、よくよくこれを考え、善悪を、この義を偏に、またせよ。

長寿安養秘伝の巻

予、ある時、『三略』〔古代中国の兵法書〕の巻を観るに、その極意とするものは、仁義五常〔儒教で、人が常に行うべき五つの道〔仁・義・礼・智・信〕のほかにこれなし。

かくのごとく人を殺害する軍の道さえ、かくあり。ましてや子孫長久を祈る者、この道をかかさざる時は、天より生じ得たるの寿を保つべきこと、疑いあるべからず。

なおまた、予試みたることを、ここに記す。

前に恵〔昌平〕十五歳の時〔寛政五年（一七九三）〕、河合〔川合〕村、傷寒大流行す。

吉蔵妻美登〔父宗碩の妹〕病死。順益〔周節貞（父宗碩の弟、医者）〔注〕〕、新城へ出張の積りにて河合まで出掛け、美登看病の序で、村中の治療をなすのところに、類病を煩い、終に卒死す。

〔（注）順益〔昌平の叔父〕について、「七良平宥定代」の記載の中で、次のように記載している。

八男周節貞、幼名定之助　能書なり。

宗碩退塾の後、杉山家の僕となり、十八歳にして名古屋本町七丁目小倉屋新助方に滞留し、住吉町村上見膳先生へ入門、最二か年の間なり。後江戸へ出府、水戸田中順貞老へ入門。名は謙、字は順益という。

寛政五丑八月二十九日、川合にて卒す　法名　堯天周節　庵主　板屋家敷に葬る〕

宗碩〔父〕、茂登〔祖父七良平妻〕両人看病。八月晦日、順益死骸を同道して帰り、九月朔日より満佐〔昌平妹〕病気、並びに宗碩、茂登同病。右三人快方より、恵〔昌平〕また煩う。

同傷寒、その節譫語〔うわごと〕、煩乱〔いらいらして乱れる〕す。人皆、狐狸〔きつね、たぬき〕の所為と言う。

また、去る丑〔文化二年〕の五月より傷寒患う。この時また譫語、前後を忘る。人また狐狸の致す所とす。

また諸山まで祈祷・立願至らざる所なし。且つ、女人の障りありという。

予全快の後、これを案ずるに、皆妄説なりと。もっとも強欲の心なければ仏神の祟りあるべからず。ただし、恥べきは色道なり。自今〔以後〕不誼〔不義〕

〔たとえに当らずとも、病中等は決して慎むべし。前に傷寒を患いし時、衂血〔鼻血〕の後、早速愈たり。日数も多からざれば、不労故退屈の折から一度これを侵す。則ち翌々朝より再寒し、その後、甚だ永びく。誠にこれ恐るべきの甚だしきなり。今吾、辱めを顕す。これに記録するは、全く後嗣の命をして永く保たしめんがためなれば、予が志を感じ忘れても、誤らしむることなかれ。）

色を除かば、何の迷いかこれあらん。迷わば狐狸の邪を侵さんこと疑いなしと心に約し、今年また傷寒を患うといえども、立願、祈祷の沙汰を薄くし、祈祷は神妻山、津島へ代参のみ。立願は神酒、洗米のほか、決して大立願をかけざれども、天運に叶えばこそ全快す。

後世子孫、この理を弁え、深く俗事に迷うことなく、また一概に誹謗することなかれ。

予今まで諸人の進めに従い、種々の勤文を唱うに、心迷動すれば則ち勤むれども験なし。

今湿手の看経〔経典を黙読〕は、

南無三宝大荒神、当所の産神日天子、月天子、木火土金水の御神、神妻山神宅に依って、三種の大祓八返、

天照皇大神宮、津島牛頭天王、金毘羅大権現、秋葉大権現、富士浅間大菩薩、大己貴命〔大国主神〕、少名彦名命、

菅沼氏神、日本国中大小神祇、家内安全と守らせたまえ。拍手二つ。

仏前にては懺悔の文、世尊釈加迦牟尼如来、立願の本尊十一面観音奉衾、鬼志母神〔仏教の守護神・安産保育の神〕、十羅刹、

儒国の大聖伏義〔古代中国の伝説上の皇帝神〕、神農黄帝〔古代中国の医薬と農業を司る神〕、堯舜〔古代中国で徳により天下を治めた聖天子〕、禹湯文武〔古代中国の聖天子〕、周公〔中国周の政治家〕、孔子〔古代中国の思想家・儒教の祖〕、

漢和歴代医伯の先師、吾家代々祖父神霊、並びに予療する所の誤治非業の鬼神、

ただ今集まり、謹んで回向〔供養〕奉るものなり。

勤文のこと、後人これを勤めよとにはあらず。人々の了簡〔考え〕に任せ、勤むべきなり。吾父宗碩の生涯、

朝に勤文の声を聞かず。ただし、神社仏閣の前にては拝す。

　朝の勤めは、己れに不道なかりせば、勤めには及ばざるなり。

（心だに誠の道にかないなば、祈らずとても、神や守らんと）。

予は文盲にして、この道に背くことあらんかと、かくは勤むるなり。父宗碩は、万事人に逆らわず、罪なきの人なり。その先七郎平〔昌平の祖父〕、終に勤めざる由。

（当村亀三郎曰く。柿野弥右衛門という者、毎朝念仏千返をとなえ、鉦鼓〔円盤状のかね〕の底をぬけよとみえしが、死して葬するの日、大雨雷電す。彼の七郎平こそ一返〔一遍〕の念仏をも聞かざれども、卯月〔旧暦四月〕八日に死して三日晴天なりしとなり。）

その先与平も、定めて勤めざる由。また殺生を好むの由。

（予幼なき時、村中猪鹿狩の節は、鉄砲を打って見つれども、終に鳥獣の一つをも打たず。またワデ下に大豆を植える。鳩これを荒す。これによって鉄砲を打つといえども、終に当てず。

　ある日、上ノ平苗代の中へ鴛鴦一羽下りける。上なる小屋より、これを打つ。頭中へ当たりて飛び立たんとして落ち、未だ極死せず。家来これをとらえて首をしめるに、はたはたと毛の抜けるをみるに忍びず。

　これより後、決して殺生をせず。）

然れども、村狩りのほか無益にせず。その先七郎兵衛は定めてなさざるべし。その先は知らず。後世必ずこの業を絶つ。奕〔博奕〕は天下の御法度、殺生また成すべからず。

（侍は殺生をなす。これ戦場に向って臆せざるためになすよし、承り及ぶなり。）

酒・色・奕の三悪者は勘当する親も数多ありとも、殺生を戒めて勘当するものを多く聞かず。

然るに、愚案〔自分の考え〕には、甚だ宜しからずとするなり。吾家先祖代々、この悪業を侵すことなくして、今に到るまで男子嫡伝して来るなれば、吾家の風として、末の末まで殺生を禁ぜよ。

〔「一統記」にみる傷寒の流行時期〕

寛政五年〔一七九三〕恵〔昌平〕十五歳の時、河合〔川合〕村傷寒大流行す。〔前記「長寿安養秘伝之巻」参照〕

文政五午年〔一八二二〕八月より十一月まで、加賀野傷寒流行。

文政十二丑年〔一八二九〕五月より村々痢疾〔今日の疫痢の類〕流行す。秋に至て本郷傷寒流行す。

天保八酉年〔一八三七〕十二月二十四日より仁輔〔三男仁輔（昌平の跡継)〕、別所において傷寒患う。

翌戌正月八日頃より追々全快す。

3　病床の恋患い

【文化七午年〔一八一〇〕昌平32歳】《天126》

〔(注)長寿安養秘伝の巻より〕

前に、吾妻を去らん〔離縁せん〕とする時、人あり。吾を諫めて言う。

「去らざれ。今去らば老母へ不孝。また児を他人の手に掛けんこともいたわし〔ふびんである〕。また同姓を娶るの例、日本には間々あるなり。然れども、心にかからば然るべく、妾を求めて一子を残せ。」と言う。吾その望みなければ、思いよらざる所なり。

去る冬、病用あって他の村へ往く。その寺の住僧、素より親しい故に、往きて終日遊興す。時に寺詣する娘あり。容顔優しかりしかば、その故を問う。住僧答えて曰く。

「彼女はある者の娘なるが、前に伯父の養女となる所に、実父の家焼失す。伯父また死せり。よって幸いに実父、伯父の家に移り補住しけるが、もはや聟を取って譲るべきなれども、実父無道にして彼女を縁付け、彼女が家を奪わんとす。前に伯父臨終の時、組合の者を以て遺言の条を述べ、彼の娘を後跡とし位牌を持たせ、これを葬せしめ、今主として宗旨〔宗門〕印形す。故に、実父に奪われては寺も立たず。

今足下〔貴殿〕、これを問わば、故あってか然り。左あらば、先妻を戻せ。彼女を妾とせん。今妻として遣わす時は、足下の親類に対し、愚僧甚だ義理立たず。彼また我、辞〔言葉〕に従わんに何かあらん。然る時は、彼女に一子を生せば、その子を以て彼女が家を継がせ、足下より世話せよ。それまでは実父を補佐とすべし。まず、これは追ってのこと。当暮れより下女として遣わすべし」と。

則ちこの意に任せて妻を帰す。また、彼の女来る。

今年三月二十九日、彼の住持、吾家に来り言いけるは、「自分、他の寺へ移転す。事急なり。引合いの義、決するや否や」。

「予思うに、右女来りて暫時といえども、家内心配するの容子〔様子〕如何かせん。事急なれば決せず、まず彼女を住僧に渡す。住僧、組合、親類へ任せ、後は相対の望みにすべし」と。

翌朝、相共に三方へ別る。

かくて三、五日を過ぐるに、吾心憤々然として物不足するが如き折から、四月六日の夕方より傷寒を患い、熱中彼女が事を譫語〔うわごと〕せんことを慎む。

熱少し退き、未だ全く除かれざる時、ふと彼女が事を思い出し、慎めば慎むほど、なお気塞がる。絶え入るがごとし。よって、病中これを案じ、今吾慎んで、もし命落せば反って母へ不孝ならんと、看病の輩に語るに、「彼の女を呼んで看病させん。全く色を侵すにあらず」と。看病の輩、なお譫語〔うわごと〕として信ぜず。

ようやく凌いで病除き、日を経るといえども、右の輩、何の沙汰もなし。予、また再び言わず。恨むらくは〔残念に思うには〕看病の輩不実〔不誠実〕なりと。全快の後は誰憚るべきぞ、我儘にすべしと、牙を噛んで養生するといえども、癪気退きかね、百余日にして常に復す。

終に彼女も他へ嫁す（彼女が家は、今実父がこれに住まいするよしに聞く。）

後くせとなってこれを思うときは、癪気差し込み一、二時苦しむ。薬汁の効得ず、友を得て気を転ずれば癒える。

子曰　克己復礼　〔「論語」顔淵第一二の一〕

《子曰く。己に克ちて礼に復る〔―を仁と為す。〕》、と。

差し起る癪は己れなり。これに負くるには易く、勝つは難し。道少くも間断なければ、いつも道かって己れは出でざるなり。もし出るとも、これに勝つときは礼にかえるなり。

今考えるに、悪しと思し看病の人の為す所、全く善ならんか。しかし、今吾かくのごとくの事あって、吾傍にあらば、その病者の望みに任せん。

去る替り全快の後は、吾が言う所に従わせんと、右看病に至る人に語るに、予の意を以てす。その人々の答えに、「我ら、これに心をほぐ。種々肝胆〔心〕を砕く。もし足下全快の後、我らが心に随わざらんことをおそる」と。

これ、その器量の不足なり。一旦情をかけ、その人のために苦辛す。全快の後、いかでかこれに背くべけんや。もしその時に当たって、背くべきの志のものならば、何ぞ看病に至るべきや。然れども、その意は至って厚し。今その癪の起こるを考えるに、ただ忙然〔呆然〕たるのみ。

妾は大夫〔家老職に当たる者〕以上の事にて、凡人においてはその例はなけれども、今世上に間々あれば、家内をよく修め、身上〔財産〕もとのごとくならば勝手たるべき事なれども、予は暫くの間、また妻において怨みの言なしといえども、その心配の趣き、予またこれを感ずるに堪えたり。同じくは禁ぜよ。息〔生〕ごとを得ずんば、求めてその味を知らば早く去るべし。もしまた右の両条一つも欠くることあらば、不孝の第一と知るべし。〔略〕

予素正直を本とす。このことのみ何ぞ正を得ん。故に今より後、これを天に誓う。子孫たる者、またこれを犯すことなかれ。犯さざれば、則ちその家、長久たらん。貨財は減るとも家長久たらば、また運来らば元へかえる。道の欠けたるは、かえらずして、また家滅亡に至る。

不慎はあるべからず。諸悪道は、一向始めさえせねば、その念起きず。断つとも何の苦もなきなり。色道においては、断つことのならざるもの故、その義を守ること至って難し。故に聖人も堅くこれを戒めたもう。易きことは、誰も行うがたきを行うにあらざれば、誠の慎みというものにてはなきぞ。後世必ず敬して敬して、世に妻を求むるまで色欲の心を動かさざる者ままこれあるは、皆人愚鈍とす。これ則ち誠の仁者たるべし。

4　役人不信

【文化八未年〔一八一一〕昌平33歳】《天136》

同四月、月村百姓、惣山引田・中村両組より、山役永〔山の樹木伐採時に納める年貢〕上納するにつき西組の差配〔管理支配〕にせんと、〔略〕村中を騒がす。

吾一人、彼の両人の言に従わず。また下組、柿野組、吾に与しければ、我を相手どり御役所まで願い奉る。設楽組、下組、柿野組へ御差紙を蒙り、惣代のため御役所へ罷り出で、有体〔ありのまま〕に申し上ぐるのところ、

〔村方の言い伝えには、奥山七枚の惣山あり。その惣山を引田、中村の内にて七人に永代に預け支配さする故に、その地子〔地代〕として金三百八十文、引田・中村より請け取って公儀へ上納する由なれども、その証拠とするものなければ、今山役永村割りとして、七枚の山も持主の山とはなるなり。

この時のお役人は松下内匠様〔文化元年～一二年中泉代官〕、御手代冨永砧右衛門殿、御利解〔和解の勧告〕には、

「山役永出すべからざるものを出せと言う時に、公儀へ訴え出すべきに、手前の勝手にて出し置き、今惣山を支配せんとは、己れらが工み〔企て〕なり。また自ら惣山と申し上ぐるは惣山に相違あらじ。あほう者め」と、お叱りあるなり。然れども、この方より願い出る時においては、「役永出したる者の山なり」と、仰せられまいものでもなし。

御領所はお役人小勢ゆえ、事の少なきをよしとなさる。公義のお役人とて聖人にはあらざれば、この上意もあてにはならんなり。予が申し上ぐるところは、先達て郷宿〔役所へ訴訟手続をとる公事宿。宿の亭主が仲裁に入ったり、必要書類を作成したりした。地方の公事宿を「郷宿」という。〕の曖〔仲裁〕の向きがきかざる故に、お上へも宿〔郷宿〕より逐一に申し上げてあった故、訴訟方へお叱りもあり、また、予が返答も一通り申し上ぐるまでにて、理非は前方に明白なり。

出入〔訴訟〕は、いずれもまず村役人へ任せ、また曖人〔扱人〕へ任せ、宿〔郷宿〕へ任せて、後公辺〔公儀〕とならば、負くることはあるべからず。その任せられぬといい、己れに非あるべきなれば、そのみざる処をいましめ、慎み恐れて費えをなし、徳を失うことなかれ。

予、今この粉骨して一村を理す〔調えて治める〕といえども、誰あって悦ぶ者もなし。もし負けるときは相手に悪くまれ、その上諸人に笑わる。老子の「曲則全　枉則直」〔「老子」第二二章〕

《曲れば全し、枉れば直し〔伸びる〕》

の教えになずんで、出入は言わざるがよきなり。）

〔略〕、非道の旨御利解。この方も証拠なしにつき、山役永、惣百姓にて上納前々の通り、惣百姓一統の差配に致すべき旨仰せ付けられ、即ち〔すぐに〕御請証文差し上げ奉り、その写し双方へお下げ、委しくは本書を観るべし。

5　狂犬に襲われる

【文化十酉年〔一八一三〕昌平35歳】《天143》

同年三月、出水。牧〔用水の取水口〕に流木止まる。当村勘助を雇って、これを集め薪とす。

予、また病用あって布川へ往く。峠を越えて大曲りへ出るところに、狼の病い着水にぬれて、はたと出遭う。予、道の傍なる少し小高き所に退く。病犬無難に過ぎて、坂を下る勘助の左の足をかまれたり。その時、勘助鉈を以て犬の頭を打ち砕く。打たれて大いに弱まり、たどたどとして村の方へ来るに、伝左衛門は、馬を牽いて先にあり、立ち止まって用意の棒にて一打に殺す。

この時、予無難なりしは嘉運〔幸運〕なり。然るに、彼の勘助は、天命の逃れざりしか、治療に諸方を尽くすといえども、終に五月下旬、水中に（「犬毒水を忌む」との俗説称うなり）入るや否や、犬毒再発して死す。

これ、予の家に雇われずんば、かかる災難はなからんやと、妻子の後悔もあらん。時節天命と言いしは人目の義理と感涙す。故に、跡厚く取り立てんと、言葉のみも力を添え、なお彼の霊の七回忌に当たる時、南鐐〔二朱銀〕一片遣わして、彼が法事をぞ、せさせける。

〔（注）「狼の病」（狂犬病）に感染した犬は、極度に興奮し攻撃的になる。人が噛みつかれて発症した場合、水を見ただけで首の筋肉がけいれんし（恐水症）、高熱、けいれん、錯乱等の症状が高じていく。治療法はなく、ほぼ百％死亡する。昭和三十二年〔一九五六〕以降、国内では発生していない（厚生労働省・感染症情報参照）〕

6　徒然草から一言

【文化十酉年〔一八一三〕昌平35歳】《天144》

同月、ある村の名主、小前の内少し筋の違うたるを、真っ直ぐに正さんとす。予諫めて曰く。古文大宝〔中国漢代から宋代までの名詩、名言等を集めた「古文真宝」の「大宝箴」。〕の箴（戒め）に、張蘊古がいう。

「勿二渾々而濁一　勿二皎々而清一　勿二汶々而闇一　勿二察々而明一」〔「貞観政要」論刑第三一〕

《渾々として濁ることなかれ。皎々として清きことなかれ。汶々として暗きことなかれ。察々として明らかなることなかれ。》〔君子のあり方として、「清濁併せ持つ」ことを意味する。〕

また、俗語にも「清水に魚住まず」ということあり。

清水、則ち仁のなきなり。この水を少し濁して用をなす。これ、その中庸たり。中は、則ち仁の道なり。仁・義・礼・智とわけるときは、慈悲の一通りなれども、ただ仁とばかりいう時は、義も礼も智も信も、孝も貞も忠も恕も勇も、皆仁の中にあり。

聖人ノ教、不粛而成、其政不厳而治、其所因者本也〔「孝経」三才章第七〕

《聖人の教えは、粛ならずして成り、その政は厳ならずして治まる。その因る所のもの本なり。》

本は則ち仁なり。仁は即ち天の経なり。天は万物を生ずるの本なり。その本たる天の道を己れが身に行い得て、動揺周遷、仁にはずれざるを聖人という。人その聖の教えを受けざる者、天即ちこれに禍を与う。

今この悪を正さんとせば、反ってその善の全きこと能わず。ここの愁いたるべしと言えども用いずして、即ち、その歳の中にして、終にその災を得たり。

子曰　君子貞而不諒　〔「論語」衛霊公第一五の三七〕

《子曰く。君子は、貞にして諒ならず。》

（注に曰く、貞は正にして固なり。諒は、則ち是非を択ばずして心を必とする〔注〕。）

〔（注）右の論語の言葉は、「君子」（人格者）は、道理は守るが、頑固ではない」という趣旨。なお、朱熹（朱子）『論語集注』の注では「信を必とする」とある。〕

これは、これ君子は誠を欠いても、善悪をわけて正しきことによる。小人〔小人物〕は、愚痴に陥って、正しからざることにも誠さへつくせばよきと思うなり。）

徒然草にも、「よき細工をするものは、少しにぶき刀を用ゆ」ということあり。

〔（注）吉田兼好「徒然草」（岩波文庫『新訂徒然草』）二二九段「よき細工は、少し鈍き刀を使ふといふ。妙観が刀はいたく立たず。」〕

細工も、仕揚げの跡にて善悪の名を顕す。その顕ることを、前に知りたきことなり。

7 世話好き

【文化十酉年（一八一三）昌平35歳】《天145》

同年八月、当村長吉、娘フミを岩之助へ縁付ける。

このフミは、前に粟代平弥方へ嫁ぎ離縁、右岩之助と不義ある由。その聞こえありければ、当村の内へ縁付けせざる筈の引合い、離縁す。

ある日、岩之助来りて予を頼みけるは、「我フミと通じ、今已に妊娠す。彼の栗代を去るの時の引合いあれば、何方へ立ち退かんよりほかなし。御辺〔貴殿〕これを救うは生々世々〔永遠〕の恩なるべし」と。

予聞いて、不誼〔不道〕には思えども、負うた子より抱いた子。また息〔生〕ことを得ざる所なれば、彼等に謀を授け、早朝吾が別業に来る。よって吾家に留め置き、塗師屋清左衛門を以て栗代まで往かせ、平弥方の世話人伝蔵へ言い入れけるは、「貴方を離縁したるフミこと、その許へ言い訳立たざる義あって、信州へ欠落すと。吾れ道にて出会い、差し留めて吾家に在り。貴辺方、仁心〔人を思いやる心〕あって吾に渡されば、吾養女として何方へも縁付けし、忍びがたきは嘸〔さぞかし〕ならんなれども、今他国せば、まず二斬の騒動して、別に貴辺方の益にもならじ。願わくは我に任せよ。」

〔(注) 江戸時代、結婚相手は親が決めるものであり、勝手な恋愛結婚は許されなかった。不義密通(姦通)は斬り捨て御免、死罪にもなった。〕

彼の伝蔵も平弥も、長吉の縁家なれば予の言に従う故に、吾妹分として彼に嫁す。

後、不義のことありとて、予家へ返さんと言う。予が言う。「御辺も前に不義せざるや。過ちを改めば穏蜜にすべし。息〔生〕事を得ずんば、請け取るべし」と言うに、両三日を経て、吾には沙汰無しにして、由右衛門(長吉弟なり。今兄嫁と娶り、今の主なり)方へ相対にて預けた後、四、五か月を経て、また懐妊す。

他に世話人なければ、亀三郎妻の弟藤七という者、ある日予に言いけるは、彼の婦義を再縁せさせんこと如何。

予答えて曰く。「前に予、異見しつるに返答もなく、相対〔当事者同士の話し合いによる解決〕にて預け置き、双方、義知らざる仕方なれば、吾また知らず。向後親分の沙汰なかりせば御辺の心任せ」と。

終に彼の藤七の媒にて再縁す。「犬骨折って鷹にとらるる」〔後注〕との俗語、今こそ思い当たれり。

〔(注) 鷹狩りで犬が捕らえた獲物を鷹に捕られてしまう。むだ骨折りをいう。〕

8　俳諧（はいかい）を楽しむ

【文化十酉（とり）年（一八一三）昌平35歳】《天148》

同年、川合大原保兵衛、書翰（しょかん）を以て予に寄せ曰く。「足下（そっか）〔貴殿〕、山中に引き篭（こ）もり人家（じんか）を遠ざくるは、学ばんとのことか」

予曰く。「さなし〔然なし＝そうではない〕、農を励まんがためなり」と。

狂じて一首を贈る。

　骨折て学文（がくもん）するもいらぬ事　知らぬが仏と人は皆云安兵衛　（誹名（はいみょう）を浮世庵如水と言う）

返歌

　仏にも神にも人はなるものを　何とて今日をあだに暮さん

予が名、元は正平。反切（はんせつ）〔中国で漢字二文字で漢字音を表す方法〕悪につき、昌と改む。

　万民へ正しく教え平らかに　納め玉ふが天の命なり

彼の如水子（じょすいし）は、禅を好みし故、悟りの句一、二句。己れを卑下して狂歌もあれども、前書長ければこれを略す。

　万民へ正しく教え平らけに　治め玉ふが天の命なり

（正しく教え平らかに治めんと思うとも、その人の行い正しからざれば、万民教えを受くることなし。先（ま）ずの明徳（めいとく）〔立派な徳性〕を明らかにし、而して後、民を新たにすべし。）

○　子曰ク。其身正レバ、不レ令而行レ、其身不レ正レハ、雖レ令モ不レ従〔「論語」子路第一三の六〕

《子曰（しのたまわ）く。その身正（みただ）しければ、令（れい）〔命令〕せずして行（おこな）われ、その身正（みただ）しからざれば、令（れい）すと雖（いえど）も従（したが）われず。》

○　季康子、問二政ヲ於孔子一、孔子対曰、政者正也。子帥ルニ以ハレ正、孰カ敢不レラン正〔「論語」顔淵第一二の

一七〕

《季康子〔古代中国魯の国の家老〕、政を孔子に問う。孔子対えて曰く。政は正なり。子師いるに正を以てせば、孰か敢えて正しからざらん。》〔誰が正しくないといえようか〕。

○季康子、患レ盗、問二於孔子一。孔対曰、苟モ子之不欲ナラハ、雖レ賞レ之不レ窃ヌスマ〔「論語」顔淵第一二の一八〕

《季康子、盗を患えて、孔子に問う。孔子対えて曰く。苟も〔仮にも〕子の欲せざれば、これを賞すと雖も〔ほめたとしても〕窃まざらん。》

○季康子、問二政ヲ於孔子一曰、如モシ殺二無道一以就二有道一ハ何如ン。孔子対曰、子為ルニレ政焉用レ殺、子欲レ善而民善矣。君子徳ハ風也。小人之徳ハ草也。草尚二之風一ヲ、必偃〔「論語」顔淵第一二の一九〕

《季康子、政を孔子に問いて曰く。如し無道を殺して、以て有道を就さば、何如。孔子対えて曰く。子、政を為すに、焉んぞ殺を用いん。子、善を欲すれば、民、善ならん。君子の徳は風なり。小人〔民〕の徳は草なり。草、これに風を尚〔加〕うれば、必ず偃〔倒れる〕さん。》

○物有二本末一、事有二終始一、知レ所二先後一　則近道矣〔「大学」第一章の一〕

《物に本末あり、事に終始あり。先後する所を知れば、則ち道に近し。》

（明徳は本なり、新民は末なり）

本をつとめて徳あらわるれば、教えざれども、而して民随い、服して自ら天下平らかなり。

万民の守り正しく平かに　治り計るぞ天の命也

〔(注) 以上の論語の引用句は、上に立つ者は、まず「その身正しく」「徳あること」が求められるとしている。〕

時に文化十癸酉年、中冬戊子日、菅沼惠〔昌平〕誌す。

予、歌道に入らざれば甚だ不案内故、他見を恥ず。なおまた安兵衛、予を励まさんとの意、至って深切なれば、これを辱しとして、この書を彼に贈るにあらず、吾家後嗣の者のために、これに記す。ただし、天命は、聖人も「五十にして知る」〔「論語」為政第二の四〕と。予が如き愚人の知る所にあらず。後の賢者これを正せ。ただ我が意には、かくもあらんかと思うのみ。智者は取るに足らずと思うべし。

吾より以下は、これに従い、智たるものも、人のためにする時は益なし。

(人のためにすというは、博く学んで華やかにかざり見せても、己れが身の行い、道に当たらざるをいう。己れがためにするというは、聖人の一言を学んでも、心により得て、その教えの通りに身を行うときは、大学の一書を得ても、格物致知〔事物を極めることで深い知に致る〕より入りて、天下平らかなれば、事足るなり。)

必ず己れがためにせよ。

〔(注)論語には「古の学ぶ者は己の(修養)のためにし、今の学ぶ者は人のために(名声を得んがために)する」(「論語」憲問第一四)がある。今でも通用する戒めの言葉であろう。〕

(大学の序に、「治レ己治レ人之道ヲ以ス」〔「己を治め人を治めるの道を以てす」〕(治己治人)と読ませてあれども、「治レテ己而(己を治めて)人治まるの道を以てす」と読ませんものかわと思えども、道春先生〔江戸時代初期の儒学者・林道春＝林羅山〕の点なれば、卑き我が意を求めがたし。高達の師にまみえば、敬うて問わんものなり。)

〔(注)「治己治人」は、儒学書では一般に「修己治人」と書かれる。儒学の根本思想とされる。〕

同月、ある僧、遊女を身請けして、自ら嘆息〔ため息〕して、

月花と　詠る今日の楽しみは　菩提にさわる　苦しみの種

予聞いて、

月は入り　花を散して跡をみよ　色もかおりもかげも苦もなし

9　諫めを受ける

【文化十酉年〔一八一三〕昌平35歳】　《天149》

同年、喜宜紫忠左衛門来りて雑談の間、右歌を語るに、彼の忠左衛門、予を戒めて言う。『口は宝』、という俗語あり。足下〔貴殿〕よく弁ずれども、今日身の動遥する所、道に当たること稀なり。今いう所、肯んぜず。」と。　〔右の日記に続いて〕

予の曰く、荘子「逍遥遊」、

挙レ世而誉トモレ之而不レ加レ勧コトヲ、挙レ世而非トモレ之不レ加レ沮コトヲ、定メテ二乎内外之分一ヲ、弁二乎栄辱之境一ヲ、斯已矣〔荘子（古代中国の思想家）の「荘子」中「逍遥遊」にある言葉。〕

《世を挙げて誉むるとも勧ことを加さず。世を挙げて非るとも沮ることを加さず。内外の分を定めて、栄辱の境を弁ず、斯れのみ。》〔周りに左右されることなく、自分の内と外をはっきりさせよという。〕

また、経典指南の序に、

此書、以便二初学一而為ニス二取者一、不レ取者ハ擲レ之、訕者賤メレ之。山容ハ自高ク清江ハ長ニ流ル。我豈為レ証レ之哉中心和平ナル者、亮二照セヨ焉一

《この書、初学の便を以て取る者のためにす。取らざる者はこれを擲つ〔投げ打つ〕。訕〔謗〕る者はこれを賤しめる。山容は自ずと高く、清江は長に流れる。中心に和平なるもの証せんか。焉んぞ明らかに照せんか。》

と言うを思い出して、中々に訕らばそしれ、擲はうてかねて誉をのぞみやわする。

しかし、彼の忠左衛門は、家業をよく勤め、富饒〔富んで豊か〕に暮らし、よく人を利することを異見す。我

においては、なおまた厚ければ、かく狂して〔動揺して〕負け惜しみを言うのみ。

予十七、八の頃、森山酒屋に遊ぶ。彼の忠左衛門、借用証文を開きて吾に見せる。予、始めの文言を観て、終までに開かず。名前を見ずして返しければ、忠左衛門は、「俗に（テラポヌキツツキという）その鳥の子は巣よりうなずく」と言って、称〔ほめる〕しけり。

〔（注）「テラポヌキツツキ」は、赤啄木鳥の方言（テラホンズキとも（平凡社『大辞典』）。由来は「寺突きか）。現在のことわざにも、「啄木鳥の子は卵からうなずく」がある。生まれながらの才能は自然に早く現れるというたとえ。「栴檀は双葉より芳し」と同じような趣旨で使われる。〕

吾少年の時は至って堅く、壮年以上放蕩〔酒食にふけって品行不良〕をなす。故に、その失〔過ち〕あらん事を傷んで、かく戒めるは、その意、至って深きなり。

10　遊女の世話

【文化十一戌年〔一八一四〕昌平36歳】《天153》

同年四月、赤坂遊女三輪来る。竹内玄同〔玄洞の子〕、馴染酒興の余り身請けの約束、引くにひかれず、金出して捨てるも本意なし。「しばらく何方にか差し置かんかと思えども、他の誹を恐る。御辺〔貴殿〕かくまえば、他の障りあるべからず」、と言う。

予聞いて、「内室さへ得心〔納得〕せば、他はよきように計らうべし」と。

終に、この日、予が別業上ノ平に来る始まりは　妻妾仲よく文通のやりとりなどして、何の障りもなかりけるが、ふと、ぐりはま違うて〔「はま・ぐり」の逆順で、当てが外れて〕、より〔縒り＝ねじれ〕は終に不調。翌年親元まで帰す。予元来ものずき、種々の世話せしが、このことばかりは大いに叶わざるなり。

小事たりとも不道を行なえば、善も悪ともなる。道に叶うことは益なく見えても、後には必ず善となる。始めの趣きにては、さのみ〔それほど〕障りにもなるべからずと思いしか、終に不可となる。これ全く予の才の浅く拙なきにあり。

今、予辱を厭わず、不善を挙ぐ。後世子孫、予の悪を観てはこれを懲らしめ、善を観てはこれを勧まば、予死して後、供養、法事に預かるより、魂魄〔霊魂〕まさに安かるべし。

11 医は仁の術なり

【文化十二亥年〔一八一五〕昌平37歳】《天157》

同年六月、駿州〔駿河国〕鞠子〔宿〕在青木村、梅原通甫より、書翰来る。

その子細は、去る卯年、皇都〔京都〕遊学の時、彼の生〔者〕もまた南涯先生へ入門して中村貞治方に同居す。その時語るに、黴毒〔梅毒〕を療するに粉剤ならずして、よく治るという。朋友三輪生と共に、その方を伝えんことを請うに、些秘するの気色にて、「折を得て伝えん」と言う。終に別れて帰国す。

予これを案ずるに、歩行みを運び師弟の礼を以てせば、彼何ぞ秘せんやと思い、富士山参詣の序で、彼の在家を尋ねて賓〔訪問〕し、右方の伝授を求むるに、弥々秘して伝えず。

故に言い甲斐なく帰りしが、今の書翰の文を観るに、南涯の説、傷寒論記聞〔記録〕を贈らば、右の方法を伝えんとのことなり。

予これに答えて書を贈るに、

医は仁の術なり。暫くも同門に入れば朋友たり。また、千里を遠しとせず、往きて請うに伝えざるは、足下〔貴殿〕礼を知らざるに似たり。予は然らず。予今、医術修行し、諸瘡〔種々の傷〕を療すること自由自在にして、怪しき奇き方法を求むるに及ばず。足下、望みあらば予の門に来れ。記聞のみならず交易〔交換〕に及ばず、予家に伝わる所の秘方秘薬、残らず伝え授けん。

与人恭而有レ礼、四海之内、皆兄弟也　〔『論語』顔淵第一二の五〕

《人と恭しくして礼あらば、四海の内、皆兄弟なり。》

君子の兄弟なきことを愁えざるは、徳有るを以てなり。

仁をすて礼を行わざれば、

豈何得レ為二君子一乎

《君子、何を為し得んや。》

12　多勢に従わんや

【文化十三子年（一八一六）昌平38歳】《天163》

五月、産神社地の杉木を売って使わんと計るものあり、予きかず。

同秋に至って、村々「社木を売る時節至れり、売るべし」とて村中相談し、小前一統頭中へ願い出たり。

予、頭中へ相談して言いけるは、

「善事は隣村の真似もすべし。不道には随わず。ただし、何ぞ言い立つることあらば、売るべし。火難、水難、病難、或いは大飢饉にて村中立ち行かざる節は、売るとも神の祟りあるべからず。もしあるとも命がけならば、これ息〔生き〕事を得ざるなり。今世の中、十分もろもろの悪難なく豊かなるに、猥りに害を招くことなかれ。今の時、害あるものは、皆不道を行うが故なり。」

小前の曰く、「押付けご用木方、ご廻村〔役人の巡回査察〕の由、お買上げは下値なり。これを先達って売るべし」と。

予曰く、「素より吾物にあらず。されば、価の高値、下値においては愁す。また、古より杉御用ということは、あまりなき事なり。もしご廻村あらばご免を願うて力及ばざるは、神も恨みの事なかるべし。またお年貢上納せざるの地は、皆公儀の地なり。もし今小前の持林を押してお伐りなされば、お上へ敵対して雌雄を決するや、我は差し上げるなり」と言って、終に破談す。

日を経て、頭中より予に告ぐる者あって言う。「今度は小前取極め厳しく、連印を以て強いてお上までも願う趣き。一人敵となっては益なし。必ず多勢に従わんや」。

予曰く、「平生は柔らかに情をかけ、事に望みては強くすべし。弱ければ、か様の企て、度々するものなり。もし吾を相手どり訴訟せば、予また何方までも出て返答せん」と言いしかば、終に、それなりに修りける。

13 殺生を禁ず

【文化十三子年〔一八一六〕昌平38歳】《天165》

九月、原田重次良妻半産〔流産〕す。
予、彼に殺生を戒めて曰く。「予、前に一統記中安養秘伝の巻に、この業を戒めて子孫に伝う。今重ねて汝に言う。汝の妻度々半産す、生を殺さば、また生に報うべし。（略）
（陰隲録〔注〕に曰く。「殺生の戒むるは慈悲なり、慈悲は仁なり。則ち人の心なり。鬼神の心なり。天の心なり。およそ人を初めとして鳥獣に至るまで、この天の心たる仁を命とせざるものはなし。木の実を仁と言うは、木の生々する根本の命となるものなり。
また、人の身の内に萎えしびれて生気のなき処の病を不仁と言うも、「なえたる処には命なし」という義にて名付けたるなり。これにて仁の字は、ものの命なることを知るべし。孟子、「惻隠の心なきは、人にあらず」〔「孟子」公孫丑章句上六〕と言えり。故に、物の命を殺すは仁を殺すなり。仁を殺すは天の心を殺すなり。天の心を殺すは、則ち我を殺すなり。道理かくのごとし。豈戒しめざるべけんや。）

（注）『陰隲録』は、中国明代〔一三六八～一六四四年〕の袁了凡が著した書籍。『了凡四訓』とも呼ばれる。自らの回想録が綴られ、定められたと思う運命も、志を持ち善行を重ねていけば、末代まで栄えられるというもので、善の積み方や積善の十箇条が挙げられている。そこには、「人に善をなすを勧む」、「物の命を愛惜す」、「人の危急を救う」ことなどが挙げられている。「物の命を愛惜する」の項には、「およそ人の人たる所以は、ただこの惻隠の心のみ」などとある。参考文献＝石川梅次郎『陰隲録』（明徳出版・昭和四五年〔一九七〇〕）、安岡正篤『立命の書「陰隲録」を読む』（竹井出版・平成二年〔一九九〇〕）

汝この業を慎め。

君子ノ於二禽獣一也、見二其生一、不レ忍レ見二其死一、聞二其声一、不レ忍レ食二其肉一、是以遠ク二包厨一ヲ

〔「孟子」梁恵王章上〕

《君子の禽獣に於けるや、その生けるを見ては、その死するを見るに忍びず。その声を聞きては、その肉を食らうに忍びず。この以に、（君子は）庖厨〔厨房〕を遠ざくるなり。》と。

唐にて肉を以て常の食物とすれば、断つこと難し。吾朝〔わが国〕は、五穀満足の国にして、この業を断つとも何の難きことかあらん」と。

重次郎曰く。「しからば、鉄砲あって何の益があらん、売らんや。」

予曰く、「売らず。諸作を貪る鳥獣、村役狩りの時は打つべし。これ公儀において罪人の首を伐るがごとし。ただ無益になすべからず」と。

今川了俊〔今川貞世・室町幕府で九州探題、遠江・駿河半国守護等を務めたことがある〕の教えを遺されたるこそ

貴けれ。その解多言なれば、ここに述ぶるに暇あらず。故、ここに陰隲録の文を仮り用ゆ。

訳者按ずるに問うて曰く。「仏教の中には殺生を大悪とし、諸戒の最初におけり。もし、然らば、周公等の
　聖人は、何ぞこれを戒めたまわざるや。」

答えて曰く。「殺生戒めは、儒者の戒めにはあらず。」

また問う。「もし人、儒者ならば、殺生しても苦しからずや。」

また答う。「諸生の業、食は本より同じからず。ただし、人間にあって、鬼神〔祖先や神々〕を祭り食膳に用ゆるには、貴賤の節製あって殺生を許す。しかりといえども、欲ままに殺すにあらず。論孟〔「論語」と「孟子」〕、礼記〔儒教の経書〕等の中に、

「天子、故なければ牛を殺さず、諸侯、故なければ羊を殺さず、大夫、故なければ犬豕（犬豚）を殺さず」、と言い、

あるいは、

釣而不網、弋レ共不レ射レ宿〔「論語」述而第七の二六〕

《釣りして綱せず　弋すれども宿を射ず。》〔一網打尽にはしない意〕」、

あるいは、「子を妊たる時は捕るべからず」とあれば、

全体は、殺生を苦しからずとしたもうにはあらず。

また問う。「聖人殺生を好みたまわずんば、何一向に戒めたまわざるや。」

また答えて言う。「殺すといえど、祭りに用いる時は孝の重きに替わる。また、忠にして殺すも同じきか。

昔楚の霊王〔中国春秋時代の楚の国の王〕失して、申亥が家に入りて縊りて死す。申亥、元霊王に大恩ある故に、己れが二人の女子を殺して霊王の殉をさせて葬ること左伝〔「春秋左氏伝」の略（孔子編纂といわれる歴史書「春秋」の代表的な注釈書）〕に出、殉葬〔主君の死に伴い後追いで死ぬこと〕は不仁なりといえども、また恩を

報ずるの誠を尽くす。誠を以て殺生の罪を奪うなり。親の敵とて人を殺すも、孝を以て殺生の罪を奪うべきにや。

仏は、過去の報いに依って、その親殺されたりとすれば、敵を打つにも及ばざるなり。

右のほか賓客〔大切な客人〕の会宴、ある羽毛、皮角を取って一切の器械に造る等、これらは皆、貴人の賤人を使役すると同じ道理にして、在上の人の天下国家を治むるの法製なり。

周礼〔儒家が重視する経書〕並び考工記〔周礼の一編〕等に審らかなり。庶人〔庶民〕の妄りに虐殺することにあらず。熊膽〔熊の肝〕、牛肉の丸薬、蝦蟇、全蝎の煎湯〔煎じ湯〕を用ゆると同例にして、養生を以て罪を奪ふ筋もあるべきか。

「七十は肉にあらざれば飽きず」〔七十非肉不飽。「孟子」尽心章句上二二〕といえば、少者〔若者〕は肉ならずとも飽く〔満足〕と見えたり。

寺の犬は在家の犬よりも長命なり。また在家の中にも魚屋の短命なり。市中の富人より山民は長命多きなどにて知るべきなり。

それ善の至極は、仏法にては慈悲、儒道にては仁なり。今善根〔善行〕を行わんとする者、物の命を害すことを苦しからずや否やの論に及ぶべけんや〔及ぶことができようか、いやできない〕。

もし後生、報応の説は不用とも、今日にあって、物を殺しても天譴〔天罰〕なしとして、殺して食うべきはずのものなりと言えるは、惻隠の心なき者と謂つべし。悲しいかな。」

14　誠の仁者

【文化十三子年（一八一六）昌平38歳】《天168》

九月、ある人、吾に山を替えんことを請う。その故を知らず。よって「また折もあらん〔その機会があれば〕」と言って、これに応ぜず。（予、この山を知らず。後、人に問うて照し合わせするに、自ら勝劣あり）この人、他に語りて曰く。「我が家、昌平家と所謂あり。彼の者、他に仁をなす。我において仁なきは如何」と、他の人、予に告ぐ。

予答えて曰く。「聖人も、人に物をとらする計りを仁とは仰せられざるなり。

子貢曰、管仲非二仁者一与二、桓公殺二公子糾一ヲ、不レ能レ死、又相レ之、子曰、管仲相二桓公一覇タリ二諸侯一、一匡ス二天下一、民到二于今一ニ受二其賜一、微二管仲一、吾其被レ髪左レ衽矣〔『論語』憲問第一四の一八〕

《子貢曰く、管仲は仁者に非ざるか。桓公、公子糾を殺して、死すること能わず。またこれを相たり。子曰く、管仲、桓公を相けて諸侯に覇たり、天下を一匡す。民、今に到りて、其の賜を受く。管仲微りせば、吾、其の髪を被り、衽を左にせん。》

子貢、人を殺したる者相けたるを以て不仁とするに、子のお答えには、「公子糾不義なれば、道にあたるものを相けて世を納めることを仁なり」、と仰せられたり。

今彼の者、山を替えらんとするは欲心にして、道にあらず。筋あって望まば、替えてもやらんなれども、不義にしたがつて財を減らさば、先祖に不孝ならんか。また、物によりては人任せもよけれど、かくのごときことを望みにまかせば、その類もまた多からん。ただし、吾子の眼には不仁なりと思うや否や。

その人、我、彼の人の意欲にあきたらずと思いはなりと言う。しかし、前に言う賢人さへ及ばざる所あり。管仲、礼を知る者、孰かあえて礼を知らざらんと。我また不学は知らざるは理なり。仁においては、なおまた、かたし。十のものが九つ仁を尽くし、一つ不仁をせば、その九つの仁の名は消へ失せて、一つの不仁の名なすなり。十が十、仁にあたらざれば、仁者とは言われざるなり。予仁をするにあらず。ただ目の前の情を思うのみ。

崔子曰、恵不レ在レ大ルニ　赴二人之急一可也

《崔子曰く、恵は大なるにあらず、人の急に赴けば可なり。》

（財においては、よく人の目に見える故、行い易きなり。ただ人の見ざる所にこそ、誠の仁者あらんなれども、この方のごとき愚鈍の目にはみえず。故に事に臨んで衆評にかけるがよし。もし誤るとも一人の科にあらざるなり）

〔（注）右の漢文の出典は、袁了凡著「陰隲録」中の「殺生を禁ず」の項にある。「人に恵む（善を行う）というのは、大それたことではない、人の危急にかけつけて救ってあげればよい」、という趣旨をいう。前項「13 殺生を禁ず」の注参照〕

15　三河で初めての種痘

【文化十三子年（一八一六）昌平38歳】《天163》

三月、澤口又四郎翁、寒中より腫満の症を患う。春に至って疾病重なり、苦痛にたえかねて、

罪ありと跡なく消えよ春の雪　と侍りて、

死を待ちたもうに、天命いまだ不尽にや、快方の色見えければ、

病む罪は雪諸共に消へうせて
又四郎くなる髪髭の色

三月、郎平を新城春龍（元三蔵、今退中）方へ遣わす。

〔(注) ここでの退中は、飯田入塾時の朋友田中退仲を指す〕

同五月、種痘方法、遠州浜名阿部玄岑より伝う。

〔(注) 阿部玄岑は、遠江国敷知郡摩訶耶村（元三ヶ日町、現在の静岡県浜松市北区三ヶ日町）に住む儒医であった。安政六年〔一八五五〕没、七十二歳。その経歴、人となり、種痘の方法、伝達経路等は不明である。その息子「阿部三圭」は、長崎に赴いて西洋医学を学び、その後吉田藩医に抜擢されたが、同僚の漢方医等にねたまれて毒害されたという。その養子阿部泰三は明治生命保険株式会社の創立者である(『三ヶ日町郷土の発展に尽くした人々』(同町教育委員会・昭和五六年〔一九八一〕一〇三頁、『三ヶ日町史上巻』(前同教育委員会・昭和六二年〔一九八七〕) 三六九頁〕

【文化十五寅年〔一八一八〕昌平40歳】《地27》

二月、美津並びに仁輔に種痘す。両人共に面部、手足に五、七十粒を発し、順快す。

〔(注) 美津は昌平の長女（文化六年生）満九歳、仁輔は昌平の次男（文化九年生）満六歳。後の「一統記」の記載によれば、長男新作に対しても、この前年に、種痘を実施している。これが三河で初めての種痘（人痘法）実施例となる。わが国で初めてシナ式の人痘接種を実施したのは、筑前（福岡県）秋月藩医緒方春朔で、寛政二年〔一七九〇〕のことだった。より安全確実なジェンナーによる牛痘法が日本で初めて成功したのは、嘉永二年〔一八四九〕になってからだった。種痘に関する続きは、後の「第七の5 種痘法問答」参照〕

16　物忘れ防止策

【文化十四丑年〔一八一七〕昌平39歳】《地15》

同九月、或人、もの忘れすることを愁いて吾に問う。

吾答えて曰く。「予これを愁うること久し。また、約〔約束〕の違う事を悲しんで約諾記を作る。足下〔貴殿〕、今これを愁うは、忘れざることの基端なり。これを愁うは、近くこの術を案ず〔考える〕べし。今語るに及ばざれども、足下の篤実黙〔見過ご〕し難ければ、予、近来案じ出したる一、二条、需に応じて、これを裁く。

先ず忘れてはならぬと思う事至らば、何事に差し掛かるとも、先ずその事を暫く差し置き、その忘るまじき〔忘れてはいけない〕と思うことを二、三返〔回〕復し、その気を丹田〔古代中国の医学で、へそ下の下腹部。体の中心部とされる〕に納めて後、諸事を行ふべし。

胸は、日用の事多ければ忘れ易し。ただし、丹田は奥深きが故に、また出るに遅し。故に、何ぞ印を置くなり。

諸草紙に旅用意のこと書き立て、跡見返す等の語あれども、その見返すことを忘失す。これ、その語丹田に納まらざればなり。先ず宿に至り洗足して上り、暫く黙して坐し、何れの品は何れの所にありと心を付け、手水場等観定めして、盗難火難の用意、朝の立は何時と、前廣に〔前もって〕計り置きて後、雑談を語るべし。万事前方より設けをかざれば、急用の時の間に合わざるなり。世に朝起きを好んで、人麿呂〔柿本人麿呂〕の御歌を寝る前二、三返よむなりの教え、すべて、この類なり。

昔、松平上総介殿〔徳川家康の六男・松平忠輝〕へ御付人皆川山城守〔皆川広照〕と言う人、主人に勘気〔怒り〕を蒙り、改易〔身分を落とし家禄財産を没収〕せられ、法体〔僧侶になる〕して老甫〔「しにすけ」とも〕と改名し、京都智積院の内に閑居す。後、大坂冬御陣の時伜志摩守若江表において軍功あり。これにつき御公儀まで召し出され、大番頭仰せ付けられ、老甫へも別に御扶持下し置かれ、西の御丸へ上り、竹千代君御前において、御心得に可被為成かと存じ寄る儀を御聞きに入れ候よう仰せつけられ、その節申し上ぐべくことは書付に認め、脇差の下げ緒に結び付け、御前に罷り出で候となり。

後、御本丸諸役人方、このごとき心掛けるを「老甫掛り」というよし。落穂集〔江戸中期の兵学者、大道寺友山（重祐）の著作〕巻之三に見えたり。

17　中庸の諫め

【文化十四丑年〔一八一七〕昌平39歳】《地22》

同年十二月、赤坂御陣屋へ罷り出るに、御支配〔代官〕伊奈玄蕃様御手付泰純右衛門殿より、ご内意これあり、神田村出入〔訴訟〕口入。その子細は、右村栄元の山地内に、清兵衛、清八、仙蔵、右三人仲間合にて実を拾う柿の木あり。栄元、畑陰〔日影〕になるを言い立て、これを伐らんと乞う。三人の者伐らず。もっとも右柿の木二か所にあり、故一か所を伐って、一か所は建ておくべく取扱うといえども、栄元きかず。故に、我が家に帰り、後書を以て送って曰く。

　この間参上し、ひとえに御意過分の至りに存じ奉り候。然れば、その節お掛合い中、外一件の義、多分にお差し置きなされ候わば、然るべく存じ奉り候故、またまた以て言う―上に、これ予の短才を以て老体先生に説くこと、甚だ憚り入り候えども、誠はお心易しき御中故、君をして誤まらしめんことを厭うが故なれば、必々悪しくお執りなきよう祈り奉り候。

　君子の徳は風なり。小人〔民〕の徳は草なり〔論語〕。師、君子の徳を尊ぶや。小人の理を思うや。まず医たる者、無位無官といえども、諸人これを仰ぎ貴んで用いるは、仁術たるを以てが故なり。また、道を学んで諸人の助けとすべきことは、天、先覚をして後進をさとさしむ。

貴父は、天民の先覚たる者なり。人をも教うべき者が、何ぞ人の異見を可ならざらんか。

呉王は子胥〔中国呉の政治家・軍人〕が諫めを容れずして亡び、楚王は諱信〔中国秦末頃の武将〕を用いずして滅す。道は節を吉とす。君、中庸の諫めを用いざれば、必ず勝利あるべからず。もし勝つとも、後の愁たるべし。

全体、師のご気象〔気性〕偏屈、諸人と和合せざる故、か様のことも調いがたきよう存ぜられ候間〔存ぜられますので〕、失礼ながら、ここにお慎みなさるべきよう。

歴年木の実拾い来るは礼なり。伐り採るべきお触れありとも、相互に得心の上、伐り採るべきことに候。また、他の所持地に木ばかり持ち来り候例、村々に多くこれあり候。押して伐り採りの例、一切ござなく候。

先夜のお話には、先方にて柿の木等伐り払い候節、お差し延べ候は、六本一緒に伐り採りすべしとのお謀り、

（前年、清八持地の陰に他人の柿の木これあり、陰になる故、柿の木持主と談和して伐り採るよし。その節、「如何して伐らずか」と尋ねるに、その節は一か所の事、外に一か所質入証文の年季中故、その節延ばしおき、二か所ともに一度にきらんとしたるよし。先夜の話なり）

これまた質物流れ入るを待つの工み〔謀り〕にして、甚だ不仁の至りに存じ候。また一畝〔約九十九㎡〕三歩の場所、柿の木ある所、願書とは違い、それ故、村役人中の心、別れ別れに相見ゆ。これ甚だ不便利のことに候。また七、八か年の間の事なれば、チヨ松方へ買い戻さんとの義、

（右栄元持山は、元来同村チヨ松方、栄元へ譲りたることなり。清兵衛、清八、仙蔵の三家は、昔チヨ松先祖伝次郎より別家なる故、柿の木を計り分けくれして、山は本家に控えてありたるを、七、八年以前に栄

元へ譲るよし。）

これまた便ならざるなり。また塞翁が判断〔何が禍となり福となるか、塞翁が馬〕を以て考えるに、去年ご勝利あれば、今年は不勝利の運に相当たり候。

貴君老体の上、これまでの気象〔気性〕なれば、お江戸までも等と仰され候事、かつ以て思召違いに候。「朝に道を聞かば、夕べに死すとも可なり」と。

〔（注）「子曰、朝聞道、夕死可矣」（『論語』里仁第四の八）〕

またご子息養子なれば、跡々の為になす等との話、またまた宜しからず候。徳は、その人にして備わる。もっとも報いるべきためならば、自今争いを止め、仁を施すに越す事やあるべからず。

季康子、問二於政孔子一、孔子対曰、子欲善而民善矣〔『論語』顔淵第一二の一九の後半〕《季康子、政を孔子に問う。孔子対えて曰く、子善を欲すれば、民善なり。》と。

ご隣家、村内の評を聞くに、貴家のご子息善人なりと、後は却ってよき事あるべしと存じ候。後の気遣い、決してご無用の事に候。右の条々、とくとご勘弁の上、勝るべき理ござ候わば、お返事に仰せ聞かさるべく候。急度したる勝つべき理ござなく候わば、必々この諫め書をお用いなさるべく候。もしお用いこれなき論の上、不勝利の節は、可笑きの甚だしき御事に候。以て理にお任せ、勝つべきの儀を勝たずとも、師の恥辱には非ず。十分に勝利なされ候とも、君子の目にはお手柄にも相見え申すまじく候〔見えるはずがない〕。負けるときは、少人〔小人物〕の眼にもご恥辱と相見え申すべく候。いずれにしても、割のよくない御事にござ候あいだ〔ございますので〕、極々ご勘考これあるべく候　以上。

かくのごとく師等とあがめ、厚くこれを諫むといえども、なお用いず。

終に翌寅正月より御支配所へ罷り出で、同暮れまでこれを論じ、郷宿取扱いとして金二両、三人の方へ差し出して伐り採り内済する由、これを聞く。金さへ出せば前にも済むこととなるに、前には一文も出さず等と言って赤坂まで出、御上様にご苦労掛け、そのうえ五両も使って、また金二両出たるは、誠に「一文惜しみの百銭使い」と言うもの。また郷里の者を悪んで赤坂の浦で金を使い捨てるというは、不仁の甚だしきことにて、医たる者の誉れにはならず。「六十にして耳順う」〔『論語』為政第二の四〕の語も知らざるに似たり。

〔(注)「論語」為政第二の四＝「子曰く、吾れ十有五にして学に志す。三十にして立つ。四十にして惑わず。五十にして天命を知る。六十にして耳順う。七十にして心の欲する所に従って、矩を踰えず」〕

18　長年経過した貸金証文の効力

【文化十五寅年〔一八一八〕昌平40歳】《地27》

同二月、奈根方勝三郎、天明年中〔一七八一～一七八八〕別所方岩之助方へ貸金の証文持ち来りて、吾に見せ、「これ益するや否や」。

予、「前に赤坂御陣屋御手代衆に承るには、質物証文十か年を過ぎ去れば、反故〔紙くず、無効なもの〕同様なりと。今およそ三十年来を過ぎれば、極めて反故たるべし。」。

勝三郎また曰く。「去る寛政年中〔一七八九～一八〇一〕に、岩之助安永年中〔一七七二～一七八一〕の証文以て、設楽方兵蔵方より利足〔利息〕まで加え請け取りたる礼〔例〕あり。今吾書付、反故たるは何ぞや。」と。則ち岩之助方へ言い込めけるに、「年過ぎ往けば返済成らず」と答え、

よってまた、兵蔵方より言い入れけるは、「先年我ら親の代、御辺〔貴殿〕にて金子借用の証文これあり。その金子酒代に引き次ぎ、あらまし相済ますところ、証拠これなしにつき、利足まで相揃え勘定す（この時、皆済の請け取り、兵蔵方に所持す。）。今勝三郎方の証文、年過ぎ往きて返済なきならば、我ら相渡す金に利足を加え戻せ」と。

予曰く、「これ一理なり。ただし、公儀まで訴えるは然るべからず〔相当でない〕。人の口入を待つべし」と。

両方より論かかり、右三か所の組合、当村頭中並び三か村役人（もっとも内分にて立合い）まで立会の上、勝三郎方へ金二両、兵蔵方へ金一両を岩之助より差し出し、双方事済み。証文残らず焼き捨てける。

これもと非道の報い。直にその身に来るものなり。もっとも、かく理強きものなれば、甚だ難しく、前に払うたるも反って不調法。時の役目取り持って公事とならば、双方御咎仰せ付けらるることなれども、何分岩之助諸人に慕えられざれば、一村中挙って相談一致すれば如何ともすることなきなり。

老子経曰く。

善人ハ不善人ノ師也。不善人者善人ノ資也。不レ貴二其師一、不レ愛二其資一ハ、雖レ智アルト大逆〔迷〕フ。是ゾ謂二要妙一　〔『老子』第二七章〕

《善人は不善人の師なり。不善人は善人の資〔助け〕なり。その師を貴ばず、その資を愛せざれば、知あるといえども大いに逆〔迷〕う。これぞ要妙という。》

この論によって、後の人、よく和せば助けとなること必せり。また彼を悪むことなかれ。

〔（注）現在の法制度上、民法改正により、二〇二〇年三月三一日以前に生じた貸金債権、不当利得返還請求権の消滅時効は十年（商人間の貸金債権は五年）であり、二〇二〇年四月一日以降生じた貸金債権、不当利得返還請求権の消滅時効は、権利行使ができると知った時から五年、権利行使ができる時から一〇年である（新民法一六六条）。ただし、債務者の主張（時効の援用）が必要である。〕

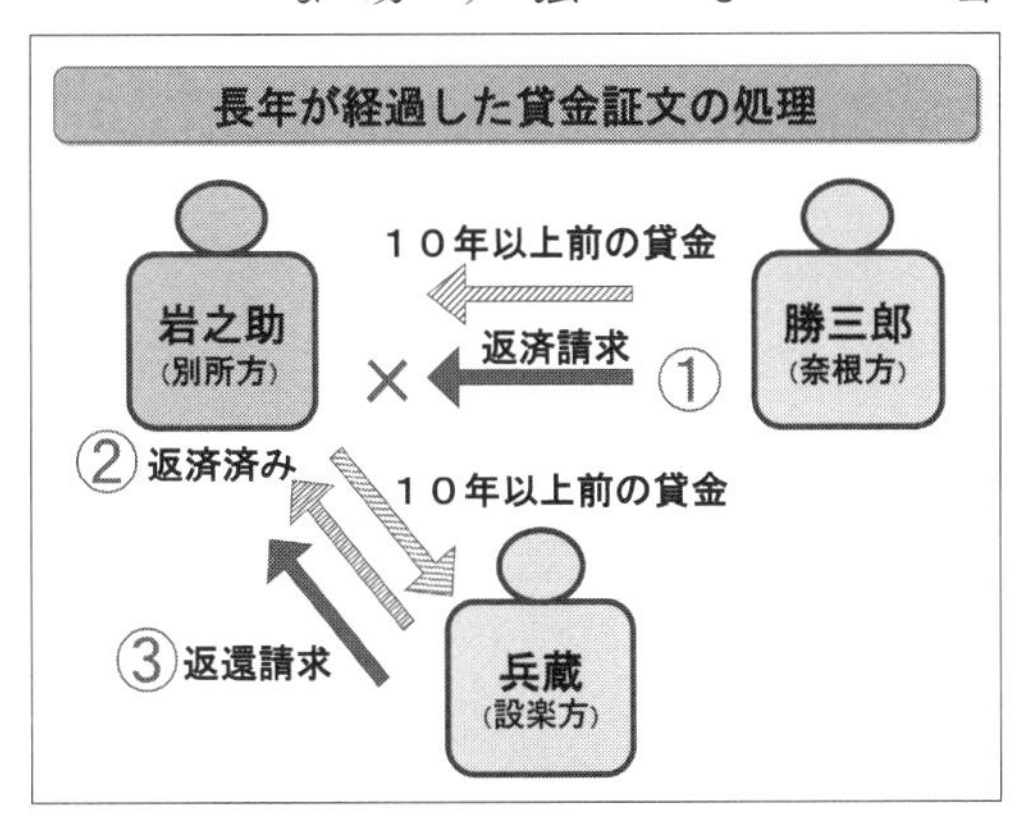

第五　新城での医業生活

1　新城移転の決意

【文化十四丑年〔一八一七〕昌平39歳】《地17》

同十一月、井上候〔浜松藩主〕御所替え

〔藩主井上正甫は、非違行為により陸奥棚倉〔現在の福島県東白川郡棚倉町〕に懲罰的移封となった。〕

これを承け、彼のご家中真鍋氏〔昌平の妹里津の嫁ぎ先〕へ暇乞として往きの帰りに、吉田通り新城へ回り、三原屋〔信州飯田三原屋孫太郎弟薬店なり〕紋右衛門宅に賓宿〔客として宿泊〕す。主人曰く。「足下〔貴殿〕、先に出張せんことを望んで吾に語りき」。吾曰く。「今時節宜しからず。時を窺い、よき時節知らせん。まずそれまで延ばされよ。医者また老たるにしかず〔…した方がよい〕」と言いしが、「今当地杉原春庵〔医者〕死去、養子なく、暫くその家を貸さんとす。願うは医事たる者を、と言うなり。足下〔貴殿〕、借宅せんこと何如。」予曰く、「これ幸いのことなり。今吾身上〔財産〕不如意〔意のごとくならない〕。また、門人両輩あって留主居の都合もよければ、家族相談調い次第」と頼み置きて、家に帰り、門人良平三か年留主居するはず取極め、隣家、親類相談するに、皆曰く。不可なりと。

（これ、我日頃不行跡にて金銀を遣い失うが故に、繁花〔繁華〕へ出て遣わんとの計り事と思うてなり。しかも、吾多くの金銀を失うといえども、皆祖父植えるところの杉を売って遣うのみ。地株山川の一つをも売らず。また伐跡へは皆植える。後世また売らずにはしかざれども、余りかたければ、また他の和合宜しからず。今吾伐跡へ植えるは、子孫これを売って遣わんことを欲してなれば、たとえ残らず売って遣い果すとも咎めず。また、仁義を思わず強欲無道にして金銀山をなすとも、かつまた悦ばず。

もしまた、その中庸を知らず、家財山地を失わば、これ罪の大なるものなり。他人の金銀あって使う者を羨むべからず。無くして使わざる者も、また賎しむべからざれ。

古人曰く。五つ五つの中にあらず。事により物にしたがって道にあたるを中という。今強欲にして金銀山を成す。これ堅きに過ぎて、中に及ばず。また田畑山林を売って不用の事に使い捨てるは、これ大いに過ぎたるものなり。また義によって地株を売るとも、その身の咎にあらず。その義と言うも、己れが目には見えず、他に乞うて、これを知れ。後人、必ずこの株を増やさんとのみ心得べからず。

自ら増すは、これ運の所為にして、己れが非にはあらず。ただ、足らざれば慎んで使うことなく、また余りあらば他を恵み、その余もあらば、あほう使いも苦しからずや。

予は、余りもなく、他を恵むことも心の欲するまでに及ばずして、あほう使いもなす。これ罪人の部へ入らんこと恥かし。ただし、予が行いがたきを以て後世に許すかと、人の謗りもあるべけれども、さばかりにもなし。

「堅きものは砕け易く」〔注1〕の俗語は、老子「絶聖棄智」の章〔注2〕によく応ず。学ぶ者、深く味わうべし。

〔（注1）金谷治訳注『荘子』（岩波文庫）天下篇第三三・二二八頁には、現代語訳として『「堅いものは砕けやすく、鋭いものはつぶれやすい」ともいい、つねに外物に対して寛容で、他人をおびやかしたりはしない。最高の極みというべきである』とある。〕

〔(注2)『老子』第一九章「絶聖棄智　民利百倍」《〔君主が〕聖を絶ち智を棄てば、民の利は百倍す》〕

「丸き物は倒れ易く」の俗語もあり。また口でばかり堅く言うて、行えないときは詮〔しかた〕なしなれども、可成〔できる〕ことならば、本道を守るにはしかず〔…した方がよい〕。

『徒然草』に、「狂人の真似とて大地を走らば則ち狂人、悪人の真似とて人を殺さば則ち真の悪人なり。舜〔古代中国の神話に登場する聖人君子〕を学ばは、則ち舜の徒なり、かりそめにも道に違うことなかれ」と。

〔(注)吉田兼好『徒然草』八五段「狂人の真似とて大路を走らば、則ち狂人なり。悪人の真似とて人を殺さば、悪人なり。驥(名馬)を学ぶは驥の類ひ、舜を学ぶは舜の徒なり。偽りても賢を学ばんを、賢といふべし。」〕

善事を仕なる〔仕馴る〕れば自然と悪は嫌いとなり、悪を仕なるれば、自然と後は悪も悪とは思わざるようになる。

芸能は胎内より習わせざれども仕なる〔仕馴る〕とはでき、盗人の頭となるも、児より頭ではなけれども、小盗〔こそどろ〕をするより経上り〔成り上がり〕て頭ともなる。針灸は痛く熱きものなれども、幼年より仕なれたる子供は無念〔何も思わず〕する。これ凡人の準なり。

故に、なるたけ勤めて道に入るべきなり。古玄洞先生、今玄同〔息子〕に示すに、「奕〔博奕〕は天下の法度なれども、少しのことは諸人のなせるを聞き、強て戒むるにはあらねども、可成〔できる〕事ならば、なさざれ」と。今玄同少〔幼き〕よりせざれば、終に嫌いと言うになって、最早中年に至っては決してその念は起らず。予この語を侍坐して〔上位の人のそばに座って〕聴く。

さて、玄洞師こそ古の聖賢にもならえる〔なれる〕者なりと、傍なる予まで忝く思いける故に、予またここに述ぶること、かくのごとし。ただ、その内心と外見と隔てなきことを貴とぶ。〕

かつ、喜宜紫忠左衛門より、予に要談ある由告げ来る。則ち往きてこれに応ず。

忠左衛門曰く。「足下、出張心掛けある由、よき理〔理由〕あるや」。

予答えるに、紋右衛門の言う所を以てす。

忠左衛門曰く。「時と理はよし。しかし、道に可ならざるは、不意の災難至るべし。これ天の理なり」と。

予曰く。「天理は計り知るべからず。過去を鑑み未来を計るに、十か年ならずして株を減らさん。株を減らす時は、新田の辛苦を無にするのみならず、減らすべきの理を知りて、このまま居らば、虎口〔危険〕に向って身を投ずるがごとし。虎口を避けずして身体を破らば、何ぞ孝と言うべけんや。

忠左衛門曰く。「その虎口を逃るるには、約〔約束〕というものを守って、その難を除く」。

予の曰く。「これ全く理なり。理全うして、吾において、その事〔方途〕ならず。事ならざれば、その難逃れず。今暫くその理に背いて事成る時は、不孝の罪消滅せん。気に臨み変に応じて事理兼代ならざれば、その全きことを得ず。然れども天運計れず。また御辺〔貴殿〕の厚き志をもだす〔黙す＝そのままにする〕ことを病む。十か年の間身上〔財産〕の回し一々差配給わるの人あらば、これに任せて、予は出張を止め、奴僕〔しもべ〕のごとくせん。」

忠左衛門言う。「吾、老衰。この事に及ばず。まず金三十両を捨てものにして、一、二年の間、暇を費やせ。」

予が曰く。「しからば、金三十両を捨て帰らば、その時一か所を売って、財の不足を近隣へ披露し、全く約〔約束〕を守らん。」と。

その夜は、彼の忠左衛門の宅に泊って帰る。故に澤口太三郎〔寄近村〕を頼んで、信実〔まじめで偽りのないこと〕の理を演べて決談し、また新城へ往きて、三原屋並び柾屋久右衛門を頼み入れ、日野屋藤左衛門世話を以て、杉原の一家、足立庄右衛門殿〔菅沼藩家中の者〕まで掛け合い、彼の家を借宅するの約をなす。

2　新城での開業祝い

【文化十五寅年〔一八一八〕昌平40歳】《地29》

同年二月、村頭中、予の家に来り。出張の留主見舞いとして、村方一斬〔軒か〕につき一日ずつ、作の手伝いに来るべしと言う。

予辞退して曰く。「吾家に居らば、これを受くべし。今不得息〔息（生活）し得ず〕して出張するは、村方に対し不実なるに似たり。それに何ぞ留主の見舞いを受けん。

頭中皆曰く。「村方相談、既に決せり。必ず辞することなかれ」と。

不道に似たれども、志の厚きによって今これを受く。予、愚昧〔愚か者〕文盲なりといえども、性質、偽り飾ることを好まず。

論語の注に〔「論語」衛霊公第一五の一一の注〕、「殷の輅〔馬車〕の朴素渾堅〔質素堅牢〕にして、その中を得たるにはしかず〔…した方がよい〕」と。よって、去る未年〔文化八年〕より、自ら称して朴素館と言う。

新城街繁昌の図（参河国名所図絵）

今新城へ出張するに及んで、南涯先生の尚古堂の額を掛けんことを欲すれども、志のみ。古きを貴ぶ〔「尚古」とは、古きを貴ぶ意味〕といえども、不才〔非才〕にして一見識を説くに足らず。その飾りたることを恥て、朋友〔田中退中（退冲）のことか〕に談す。

友の曰く。「その意可なり。ただし、繁花は初めの風評第一なり。足下〔貴殿〕、今出張するは財の不足を補わんがためなれば、少しの飾りなくんばあるべからず〔飾りがなくてはならない〕」と。予これに従う。

同三月、新城本町杉原春庵宅へ出張す。

借賃金四両、畳、立具、薬箪笥、薬製道具、相添わる。

移転祝儀到来の面々

御酒肴	鈴木襖助	同外色々	三原屋紋右衛門
御肴外色々	釘屋九兵衛	同	日野屋藤左衛門
御酒	赤谷勘右衛門	同	山本屋伝右衛門
同	中島壽伯	同	近江屋兵次郎
同	細井玄徳	同	莨屋九兵衛
同	菅谷周迪	土瓶ヒチリン	田中退冲〔退中〕
御酒外色々	和泉屋利七	御酒	木瓜屋庄兵衛
御肴	京屋五兵衛	同	奈良屋忠兵衛
同	村松屋儀兵衛	同	小川屋儀助
同	塗師屋嘉吉	同	梅本屋吉蔵
御酒三ツ組引重	八文屋茂七	同	吉島屋弥吉

御肴　樽屋庄左衛門　同　永田屋六兵衛

同　和泉屋林蔵　同平鍋一ツ　鎌屋喜六

同　柾屋久右衛門　御盃　鎌屋喜左衛門

御肴　鉈屋吉左衛門　急火焼〔急須〕　一真柴屋専助

御酒扇子　宗堅寺　御肴　大宮村久右衛門

粘入紙納豆　永住寺　御肴　千種屋与次兵衛

御肴　足立庄右衛門　煮湿　池田屋伝吉

御肴　俵屋彌兵衛　奈良漬　野田屋半兵衛

御肴　永村強右衛門　御肴　大和屋源蔵

重之内〔重箱か〕　三浦平馬　野菜　新間　村田屋喜兵衛

新城殿菅沼新八郎〔注1〕諱姓　祢〔称〕高垣

従者　新作〔昌平の長男〕今改名民作　並びに　隆中

設楽より持参の薬種代　〆三百十七匁一分四厘

其外諸道具　色々

設楽世話人　太三郎　四郎兵衛　重左衛門　清重　仁右衛門　卯年より留主居半右衛門

田畑・加地子〔名主が取る小作料〕の掛り　伝右衛門

山林掛り　勝三郎　磯右衛門

杉苗植込・伐払掛り　伊三郎　政蔵

井道掛り　佐吉

〔（注1）この当時の新城藩主は七代の菅沼定邦であるが、元禄四年以来、藩主は通称「新八郎」を名乗っている。〕

〔（注2）右のうち鉈屋吉左衛門は、新城で味噌・たまりの製造業をしていたが、財政難だった新城藩に莫大な寄付をしたことで、別格扱いの特権商人であった。別家を興すときは屋号に金偏のある字を用い、釘屋・鎌屋・鈇屋・鉋屋・鍬屋等と称させたが、味噌・たまりの営業はさせずにいた（『新城市誌』二二八頁）。中島壽伯、菅谷周迪、田中退沖らは医者仲間であり、三原屋は薬種店、俵屋・樽屋は酒屋、木瓜屋は料理旅館を営んでいた。三原屋は、信州飯田の出で、当時、飯田から吉田（豊橋）までの間で唯一の薬種店であった（『三州庭野村庄屋の記録』九七頁）〕

3 茶席のとまどい

【文政元寅年〔一八一八〕昌平40歳】《地32》

同年六月〔四月二十二日、「文化」から「文政」に改元〕、鎌屋喜左衛門宅に遊ぶ。予を上客として薄茶〔抹茶〕を進めんと乞う。吾、山家の住宅に居て茶の式を学ばず、礼の失せんことを恥じて辞すれども、強ゆ。

（知らざる者、上客たるべからず。下客は上に習う。また器物等を誉るにも皆上客をなすべきよし。）

〔（注）新城藩主は、代々能楽を好み、茶の湯をたしなみ、裕福な商人にも影響を与えた。〕

鈴木襖助は、列座して曰く。「ただ飲むなり」と言う。故、野父〔野暮〕にこれを飲む。

（予、先に竹内家において、山簡子に濃茶の礼を聞くに、甚だ難し。茶は飲みさして次へ渡す。

これ人の飲みわけを飲んで、親しからしめんがためなりと。また戦場等にても高下の隔てなく、器物忌み嫌いなく、古器を用いて事足るを要とす、と。

今その様替り、古器に大金を出して求めなどする。これ、その本心を失う。しかも、薄茶は一盃を一人にて飲み尽くし、次の人までは、また別に一盃をたてて進むのみ。十返舎〔一九〕著す所の「道中膝栗毛」中〔空白〕の宿にて、蒟蒻の名物を進めんがために、膳に焼石を添えてコンヤクの水を取らせんとす。弥二郎兵衛、喜多八これを知らずして大いに困ると。これ甚だ道理違うことなり。

草子〔書物〕、戯作といえども、皆道を助けんがために作るなり。道を助けんがためならずして、戯作、軽口の修行のみならば、またこの草子何の益があらんや。

一九〔十返舎一九〕、諸国の辞を挙げて、国のなまりも義理に通じることを記せり。道中の虚言は、読む者もまたその虚言たるべきを知って、皆一興とす。

言語は五音律呂〔音律〕に発し、飲食は飢ては好み、飽ては好まず。皆これ自然の定理にして、人倫の無くんばあるべからざるの道なり。その要道において、虚言、偽りあらば、右のするところの言語のなまりも、偽りあらんか。さなくば、右焼石の条をおいて、草子一編の旨を破る。また何んぞ過ぎざるか。）

非二剣客一者、不レ可レ呈レ剣。非二詩人一者、勿レ献レ詩

《剣客に非ざれば、剣を呈すべからず。詩人に非ざれば、詩を献ずるなかれ。》と。

〔（注）無門関（中国宋代の禅僧無門慧開によって著された仏教書・公案集）第三十三則（非心非仏）には、「路に剣客に逢わば須らく呈すべし、詩人に遇わずんば献ずること莫れ。人に逢うては且らく三分を説け、未だ全く一片（全部）を施すべからず。」とある。〕

客を請〔招待〕するに、その人の知らざる所の芸術を以てするは礼にあらず。皆人芸能あれば、これを謾〔あなどる〕にして、知らざる者を賤しむ。礼は六芸の大本なり。五芸よくすといえども、礼を知らざれば人の和を得ず。和なくんば無芸も同然なり。予は、その礼容謙退〔礼義正しくへりくだった態度〕を貴とんで、無芸無骨を賤しむことを嫌う。

〔(注)六芸は、中国古代の基本教養で、五礼(礼節)、六楽(音楽)、五射(弓術)、五馭(馬術)、六書(漢字の分類)、九学(数学)をいう。このうち五礼とは、吉(祭祀)、嘉(冠婚)、賓(賓客)、軍(軍旅)、凶(喪葬)に冠する礼をいう。〕

昔は、吾郷人、茶筅を手作りにして、大器に茶を入れ食塩少し加え、よくたてて泡となし、老人多くこれを飲む。予の少き時までは、郷里中に二、三人これを飲む者ありしが、今一人もあらず。これ則ち古風なり。もっとも夏月、渇きを苦しむの刻、常の茶を飲めば、飲むに従ってなお渇す。水を飲めば、腹中水鳴す。今かくのごとき茶をたてて泡となして、これを飲むに、渇きを止め、後、腹中調い、甚だ吉し。これまた一助の良湯なり。

〔(注)「吾郷人の茶」は、「ふり茶」と呼ばれていた。原田清「山村喫茶民俗」(昭和十二年・設楽民俗研究会発行「設楽」五二四頁参照)〕

4 諫めに弁明する

【文政二卯年(一八一九)昌平41歳】《地53》

同年二月、郷里辺の知己来りて、予を諫めて曰く。

「足下〔貴殿〕、生得〔うまれつき〕我儘にして人の言を用いず。然れども、故郷の者は、その気象〔気性〕を知って争わず、足下の言通れり。今当所、初めて相見ゆるの人に例の我儘を言わば、恐らくは過ちあらん。必ず慎め。」と。

予、「忝し」と礼詞を述べ、「ただし、我儘とは、己れが儘にするという字の訓にして、天子、将軍にても、己れが儘にはならぬなり。もっとも、己れが儘する天子は、久しからずして亡ぶ。庶人は、お上というがあって、その科を正され、亡ぶるまでにはならず。ただ天の儘（天のままは即ち天命なり）にして、その天の儘を我ものにするなり（我ものにするは、天命に従うなり）。天の儘を我がものにする時は、その我儘よく通るなり。予また及ばずながら、その天の儘を少しは望みあれば、大いに違うことはなき積りなり。先その人の言を用いざること、何くにあるや。」

その知己の曰く。「前に月村惣山出入〔訴訟〕の時、九十九人得心するに足下独り応ぜずして、赤坂〔役所〕まで出て隙を障え、また金銭を費やす。これ九十九人の言を用いざるなり。

また、産神林を売る相談の時、八、九分調う所に、足下一人きかざれども、それなりにして納りしは、郷里の人、その気象〔気性〕を知って争わざるなり。また酒色に溺れる。これ危きの甚だしきなり」と。

予これに答うるに、事多ければ箇条を別かつ。

一　月惣中山出入の儀は、九十九人、天の儘を知らざるなり。もっとも一両輩〔一人か二人〕知る者もあれど、口へ出さざれば、知らざるも同じ。

予が言う天に可えばこそ、天（御役所は即ち天なり）の命、予が言う所に下る。

一　産神林の相談は、是非に売らんと思う者は、ただ四、五人。残りは、いずれでもよきなれば、気象〔気性〕によるにあらず。予が言うところ、過半は幸いとするところなり。

去る丑年〔二年前の文化十四年〕、牧の高橋、先年長五郎橋の所、

（月〔村〕川の出合に橋を、先年長五郎という者かけし由故、この所を長五郎橋という。）

「然るべく」と予言うに、村中皆曰く、「常の渡り場可なり」と。今、これに従う。

長五郎橋の所は、先年道筋あって、再び作り易し。今の所は下地の普請〔工事〕不容易と、予が案に違わず大金掛かり、勧化〔寄附集め〕にて足りず、氏神の林を売るべく相談ありけるに、

（先に氏神森を売らんという時は、別の趣意なく、小前にて割当たり使わんとのこと故に、予一人不可ざり

しが、この度拠なき所なり。）

物入り〔費用がかさむ〕の跡の事なれば致し方もなき故に、この評義、衆に従う。

子曰、麻冕ハ礼也、今也純倹也、吾ハ従衆、拝スルハレ下礼也、今也拝レ乎上泰也、雖レ違レ衆、吾ハ従ワンレ下ニ

〔「論語」子罕第九の三〕

《子曰く。麻冕〔麻の冠〕は礼なり。今なり、純なるは倹なり。吾は衆に従わん。下に拝するは礼なり。今なり、上に拝するは泰〔傲慢〕なり。衆に違うと雖も、吾は下に従わん。》〔趣旨＝冠の礼には大衆に従ってもよいが、君主には下で拝するのが古礼であれば、この礼には従う」、と。

この時において、義に害あらざれば当世の風に従い、また義に害あれば、衆に違うといえども従うべからざるとのことなり。

一　酒色の事は、吾これを愁うれども、心の欲するままにならず。色道は行いがたきもの故に、聖人もこれを誡〔戒〕めたもうなり。その証拠は、道を好むこと色を好むがごとくせよ、と仰せおかれたり。

〔（注）論語中に、「吾、未だ徳を好むこと、色を好むが如くする者を見ざるなり」（美人を愛するがごとく、道徳を愛する人は、まだ見たことがない）とある（「論語」子罕第九の一八）。〕

予少き間至ってかたく、壮年のうち放蕩筆に尽くしがたし。されども人を頼むほどのことなかりしは、運のよきなり。また少しは慎みにもよる。中年より不誼〔不義〕の色を

（不誼の色、一とおりに言えば、人の妻妾のみ。また道をいえば媒を以て求め得たる妻妾のほか、他婬〔淫〕は皆不誼なり。予、酌伺定規〔杓子定規〕を以て考えるところは、人の妻妾はいうに及ばず、師家、主君また同輩といえども格別恩賞に預かる人、またその内婬によって婦家の妨げとなる類い、また職一等を下るもの等を婬すること、予め不誼とも言うべきか。

道を誡〔戒〕むることは古書によりてあり余るなれど、諸人古書を読んで評するに、かくのごとくすれば

よけれども、行い難しと行なわざれば、読まざるに等し。故に今酌伺定規を以て後世に伝う誤りにてもあらんがなれど、後の人行い得ざる者に堅く示すとも、古書を観て行わざるも同然にして、その益なし。また古の聖賢のごとく道に当たるの人は、これを賞すといえども侵さざるなり。今この酌伺定規は、いずれにても守らんとすれば、苦もなきなり。

予少きより正直を守らんと欲すれども、色道において行わざれば、万事において尽くす。直も皆この一悪におおわれ、また他人知らざるといえども、自ら心に恥じて、人に示すの語において甚だ猶予す。今この悪を断つは、人己れを謗るといえども、自ら懼れざるなり。

予前に傷寒を愁し時は、悪名の残らんことを恥じて甚だ命借しかりきが、もし今死して後悪名ありても、自ら心にあらざれば曽て苦しからず。後の子孫、必ず少きより苦しみを生ぜざれ。苦しからずして静かなれば壽ながきこと、聖人の教えのごとし）

侵さず。

今、晩年に及ぶといえども、更に止まらず。ただし、甚だ然らず。多酒、興による酒は、色のもととなるが、また乱りに及ぶときは仁義を失う。酒を断つは色をうすくせんが、我、元来は酒を好まず。父宗碩は終に用いず。祖父七郎平、中年以上酒を好む。然れども乱に及ばず、ただ酒席を好むのみ。故に、酌に到る人の曰く。「一盃を請けて間、酒冷れども飲まず、退屈したり」と。

予、またその風を継がんと、中年までこれを慎むに、人あり我に進めて、「酒は飲むべし、和を求むるに近し」と。よって、これを用う。

始めはこれを節〔節制〕にすれども、近来長じて間々職用を欠く事ありて、その節を守りがたし。今これを禁ぜんと思うとも、心の儘ならず。しかし、去年この館へ出て金二十両を失う。今年また十両の余を失わば、来年より急度〔必ず〕禁ぜん。

前に妻シギ〔思義〕、吾に向って、「妾言うことあり。主の怒り、色を恐る」と。

予が言う。「妻女は生涯つき添うものなれば、言において遠慮あらば、万事不便利ならん。ただその別あるのみ」と。

〔(注)『孟子』滕文公章句四に「教うるに人倫を以てし、父子親有り、君臣義あり、夫婦別有り、朋友信有らしむ」とある(いわゆる「五倫」の教え)。「夫婦の別」とは、夫婦にはそれぞれの別の役割があることを言っている。〕

シギ〔思義〕が言わく。「主、少女を愛す。人に似ざる語を以て謗るを恐る。願わくは、年相応するものを愛し、また顕わにして他に語ることなかれ」と。

予が言う。「古語曰く、

聲聞過ハレ情ニ、君子恥ズレ之〔「孟子」離婁章句下一八〕

《聲聞情に過ぐるは、君子、これを恥ず。》と。〔評判が実情以上に高いことを恥じる〕。

今人の謗るところは、すなわち情なり。吾また何ぞ情をかくさんや。また人の妻妾をのけて、年長の者は定めて志よからず。もしよき者あって愛する時は、去りがたきの害あり。今少女を愛し、吾これを慕うの語を発するとも、先き、また曽て応じず。予、また雅な心にして欲心薄きを貴ぶ。その方は、また人に隠すや。不義の沙汰をきかず」と言いければ、妻これに服す。

未だその筋を守るの術を得ず。この二つを病り。

知己また曰く。「ある一先生、一婦人を愛す。不誼の咎逃れざるか。」

予曰く。「逃れず。しかし、この先生、年老いたり。壮年者は、もしこれに迷う時は、大なる過ちあらん。老いて迷うべからず。また、この愛によって(不誼をせらるのものの)家内口腹〔口と腹の違い〕の助けあり。不義の咎は逃れずとも、大なる害をなさず。誉名〔名誉〕なしといえども、罪とするに及ばず。」

一　予、六、七歳の時なりしが、蔵の二階の窓に障子あり。夏の事なりしが、学問の思いつきにてもありしが、父宗碩その障子を張り反す。祖父七郎平、外より到ってこれを見て、「我が家は元より農業を事とし、汝ら飢えざるは、これその余効なり。今汝ら、山中小村において、医たる顔をして読み方のみ心に掛けば、危ぶむべし。この張替えの隙を以て農を作さんこそ、先祖をして辱かしめざる所なり」と言って、表まで追い出し、障子を以て、これを投げ付ける。

（これ祖父は古例を以てし、父は道を以て父に従う。このわざをせざる前に窺わざるは父の誤りか、また従えば礼をかえるか。予において是非を別たず。後、君子これを考えて、その是に従え。）

父、祖父の言に服す。

祖父死去の後、予、農を作さんと請う。父宗碩曰く。「吾、年長にして父の言に従わんと、甚だ心痛す。よって今、汝に示すの語を発せず。ただし、医と農と二つながら全きこと難し。故に、汝が望む所を業として必ず忽〔いい加減〕にすべからざれ」と。

予また雅な心にして、父妻子を持つ時に至って、祖父の怒れる色の悲しきことを覚ゆ。故に今、子に示す語を和らぐ。

一　過年、ある寺へ往く。方丈〔住職〕支ることもあるか、暫時の控えで庫裡にあり。典座〔料理を司る僧侶の役職〕、小僧を呼んで「戒慎〔言動注意〕せよ」と言い付けて、寺中を馳走〔走り廻り〕す。小僧、またほかの小僧に告ぐ。その小僧答えず。典座の意なることを再三告ぐるといえども、その小僧終に答えず。前の小僧、責飽きて炉隙に眠る。典座来りて、「未だ開枕〔就寝〕せざるか」と、掌を以て小僧の頭を打つこと二つ。予、その科にあらざることを知るといえども、未だ知己の者推参〔差し出がましい振舞〕にあたる故、口を開かざりしが、予、今まで妻子を打ちたることなし。

（もっとも、その子の性にもよる。嫡子〔跡継ぎの長男〕新作を育するに、常に言えらく〔言ったことには〕、

「君子は過ちを再びせず」〔「不弐過」(「論語」雍也三)〕と。汝二度はゆるす。三度なる時は、その過ちに従って、その誡めをなす。五度、七度、十度に及ぶ時は追い出す」と。すなわち過ちが三度なる時、言わんで言わく〔言うことには〕、「汝今三度す。打つべし。頭を以て予が前に来れ」と言うに、柔弱にして泣いて来らず。傍人訴訟して〔脇人中に入り〕終に打たず。

二男仁輔、剛強にしてきかず。馬屋の柱にしばり付けること一両度。門人良平、予が言を用いず。「元の形りにして破門せん。頭をしめし来れ」と言うに、速やかに湿し来る故に、前髪を剃る。)

郷里に人あり。よく妻子を打てども、人に勝れたる子供にもあらず。また、打たずとも能く教ゆれば、格別の悪人もできざるものなり。目の当たりお上の御掟を観るに、人を殺すの罪人も、責めにその科を極めざれば、首を打ち給わず。

この小僧を打つの典座も、責めの不足なりと愚案す。これ俗にいう我儘(手前の勝手なり)ならざらんや。予において我儘とする所以いぶかし。ただし、祖父七郎平は、理非も弁え、出入等も仕りたれども、祖祖父〔曽祖父〕与兵衛〔与平〕、強勇短慮の人の後に生れたる故、時の人、よき人とす。父は、元来大善人。その善者の後に予は生を受け、少し理屈がましき時は、人その針を棒にとりなすなり。人の思うほどの悪人にてもなし。御辺〔貴殿〕、ただ我を去つるや。

知己の曰く。「去てざるが故に、かく言う。また、我が子孫たる者に、この諫めを請わんがためなり。ただ足下、業状を勤め、首尾よく帰省の時を待つ」と言えり。

同月、客あり。この編を観て語って言う。「吾、古人の語を貴ぶ。悲しむらくは、書は博し、吾胸中狭くして、これを容れ貯わうこと能わず」と。

予曰く。

○子曰、誦二詩三百一、授之以シレ政不レ達、使二於四方一不レバレ能二専ラ対一、雖モレ多シト亦奚以テ為ン

〔「論語」子路第一三の五〕
《子曰く、詩三百〔多く〕誦し、これを授くるに政を以てして達せず。四方に使いして、専ら対うること能わざれば、多しと雖も、また奚を以て為さん。》と。

書博しといえども、その綱領〔眼目〕とするものは、一書中に二、三言。「大学」の始終一の敬、「論語」の一貫、「孟子」の性善、「詩経」の思無邪〔注〕の類、これなり。後の書といえども、皆その大意とするものあり。その大意を心に会得する時は、皆その用をなす。

予、この編に間々古語を述ぶるといえども、己れが眼力より出るにあらず。皆先覚の語るところを聞く毎に、これを貴んで古語集に記し置けり。故に今この用をなすなり。

〔(注) 論語に「子曰、詩三百、一言以蔽之、曰思無邪」(子の曰く、詩三百、一言以てこれを蔽う、曰く思い邪なし)がある(為政第二の二)。〕

5 秘密　天福自得論

【文政二卯年〔一八一九〕昌平41歳】《地64》

秘密　天福自得論　《地64》

予家、子孫末葉たりといえども、可なりに足り、用いるの間は、この巻を観ることなかれ。もし誤りて不足し、先祖伝来の田畑に別れんとする時は開き見て、少なき補いある事を知れ。然れども、前書の行い不届者は、みるとも、その功をなさざるなり。

貨福天ノ部

貨福天にありといえども、自らこれを求めざれば来らず。今大道に金帛〔絹〕あらんに、拾わずんば吾がもとに来らず。大道は即ち天なり。道を行けば、その貨に当たり、道を行かざれば、その宝、目にさへ去るなり。反って、その宝を捨てて人に拾わるるなり。拾うことは容易ならざれば、まずその捨てざるように心掛けるべし。

耕也、飢在其中、
《耕すや飢そのうちに在り》
（耕すものは、稲、黍を得んとなれども、雨露のめぐり悪しければ飢ゆ）

学也、禄在其中
《学ぶや、禄そのうちに在り》
（学は不欲なることを学ぶなれども、不欲にして道にあたれば、その徳あらわれて大禄〔多くの給与〕を儲るなり）

〔（注）子曰く。君子は道を謀りて、食を謀らず。耕すや飢そのうちに在り、学ぶや祿そのうちに在り、君子は道を憂えて貧しきを憂えず（子曰、君子謀道、不謀食、耕也餒在其中矣、学也禄在其中矣、君子憂道、不憂貧）「論語」衛霊公第一五の三一〕

これはこれ聖人の教えなれども、今三代〔孔子が理想とみた古代中国の夏、殷、周の三代〕のごとき道の盛んなることなければ、時に従って、その用をなすことも、また中と謂うべけんか。

予が旧友の小商人政吉と、同じく郷里へ往く。銭亀村〔現在の新城市出沢銭亀〕利兵衛方に休む。

利兵衛者、商人に謂いて曰く〔言うことには〕、

「足下〔貴殿〕正直を以て商う。今商人多く、正道を以てせば、その利を得んことかたし。足下、利を得んとせば、近隣知己の店にて代呂物を借り、これを運くして早く元値にて売り、その代金を持って名古屋へ往き、下値に仕入れ、これを商うて高利を得、元金を知己の店へ払ひ、かくのごとき人の金にて儲くること、今世の上商なり」と言う。

座を去って、予これを嘆息〔ため息〕して曰く。「かの利兵衛は、元来の性質かくのごとし。その才を早くめぐらし、今、晩年に及んで知己その謀を知って、これを求むれども得ず。政吉、今これを行なわば、必ず得べけんが故に、予この巻を少き時より観ることを許さず。かつ善道とは思わざるなり。然れども、よき風をして後に他人へ損を掛けるより宜しからんか。

医たる者にも、これに等しき術あり。

予、前に奥村において、年を経て不愈の病を治めるに薬剤百貼〔服〕を投じて常に復す時に、謝礼金一分二朱文来る。この者かなりに暮す。予その分に応ずとす。

然るに、その人の小児、暑病四、五日を患う。所の医、これを療して治さず。故、予が郷里近辺の医に治〔治療〕を請う。その医往て三貼を投じ病癒ゆ。然るに高値の薬種を用いたるよしを聞いて、礼金一両たる由。予これを聞いて、卑俗の昏〔暗き〕きことを歎ず〔嘆く〕。この手柄、予の前年治するところにこえんや。かくのごとき虚説を吐けば、金銀山を成すなり。

○人ト而無ンバレ恒、不レ可三以テ作二巫医一　〔「論語」子路第一三の二二〕

《人として恒なくんば、以て巫医〔巫女や医者〕を作すべからず。》

〔人として一定の徳〔仁〕のない者は、医者になれない。〕

医にして、この賎道を行わんよりは、むしろ商をなして、かの利兵衛の説を為さんにはしかず。また予家においては農耕を成すが遙かに勝れり。かくのごとき境、克々これを弁え、己れが利根〔利発な判断〕に迷い不道を行なわざれ。今世上の博識多才と称せらるるもの、間々ここに陥る。また妙術と言うもの別にあらず。もしあるは皆奇怪なり。また予、奇怪を信ぜず。この巻を秘とするの意、後の人これを亮察〔明らかに察し見る〕せよ。」

（かくのごとき秘方を以て子孫を助けんとす。欲心にあらずや。また直しといえども家財を失うに及んでは、また仁ならず。いずれ是なるや。予死するの日に至るといえども、その仁を尽くすことを許らざれば）

今入るや　まだいらざるや　仁の道
一生願ふ浄土とぞ知る　　　これ予の辞世なり。

6　金色の切粉砂

【文政二卯年〔一八一九〕昌平41歳】《地69》

一　我が隣郷に名物あり。古戸村の切粉砂、小林村紫石（木ノ葉石ともいう）、吾村に湖波瀬渕の沈魚。

その中、切粉砂は土中より出て金徳〔金銭を多く持つことにより生じる徳〕にして貴く、また金色の光あり。故に、高家の壁の中に塗られて貴人に寵せられ、その名一郡に及べり。

〔（注）安永二年〔一八〇二〕までに発刊された木内石亭著「雲根志」後編巻之一には、二千種の石を収集・解説を加えた中で、「切子砂」が取り上げられている。「形金色小細なり」、「古戸川の上に多し。里人古戸砂という。この辺の人に乞うて五斤（三kg）ばかり求め得たり」と記載されている。黄銅鉱の砂と思われる。〕

吾村の沈魚は、味わい美なれども、その性滑らかにして鈍なり。また、夏中のものなれば久しく貯めず。故、その名隣村のみにして、他にこれを知る者なし。これ天数〔天命〕の定性なり。人は万物の霊たるものにして、その性たるものは、仁・義・礼・智・信。

太甲〔古代中国殷四代目の王〕に曰く。天の作せる災いは、なお違わざるべし、自ら作す災いは、務方によ五常の性を克尽くすときは、その災いを逃れ、彼の切粉砂よりも貴く、その名天下にも及ぼすべし。また、その性を尽くさずして悪きを行うときは、天よりその災いを増して、沈魚の定数〔定まった運命〕よりも劣り、身を亡ぼすにも至る。慎まざるはあるべからず。

〔(注)太甲曰、天作孽、猶可違、自作孽、不可逭(逃)」《太甲曰く。天の作せる災いは猶違〔避〕くべし。自ら作せる災いは逭(逃)るべからず。》「書経」(尚書)商書・太甲中〕

予、今日この書を認むるに、文の前後したる処あれば、張り紙をなして、これを改めんと、硯箱の中より糊を取り出すに、前年井道普請〔工事〕の時、金堀場より掘り出でたる方〔四角〕なる砂、形よく古戸村の切粉に似たり。

〔百年ほど昔、金堀という者来りて、この処に小屋を作り、砂をほり出し吹き分けて、中より金色のかねをとり出すに、元締大坂へ往きて留主なり。雑用金手支えの間、その砂一貫目を以て価百銭に売り、元締来りて市をなし、右の砂一〆目を二百五十銭の値段を以て買い返す。初め四、五人の者これを買うて大いに利を得、故に元締留主の時には大勢買人出て、よきほど売り付け置き、元締迎えと称し、追々出奔〔逃げ出す〕するよし。

また、今より六十年以前〔注〕、市場村へ金堀に来り。足込道二ノ瀬という処に小屋をかけ、右のごとく砂を売る。この時、買人も不油断せざれば、市日を極め度々買い戻し、少々ずつ利の付くようにしたる故、買人も商いの心持ちにて、殊に鍛冶の棟梁、格別の大幸丸故逃ることはあらずと、妻子の私する金まで出して、大いにこれを買う。その時、かの大幸丸は鍵に掛け置き逃げさりしと、先輩の話に聞く。

後また天保の初年　遠州浦川真庄の親方へ、右の類の者来り。進むその利よければ、御支配へ窺いの上相初む。その金堀の親方、苗字帯刀して来りけん。じきにて大そうに小屋など作り、塀を構えて暮したれども、これも同じく雑用に引き合わず。浦川真庄の親方衆も大金を費やかされたり。）

〔(注)「六十年以前」とは安永二年〔一七七三〕のことか。同年九月、「摂津国川邊郡多田銀山（現在の兵庫県川西市、猪名川辺り）」の銀主と名乗る者から、「金筋があり、一切ご苦労はかけないので試掘をお願いしたい」旨の「下田村宛一札」の古文書がある（愛知県史編さん委員会『愛知県史　資料編19近世5東三河』（愛知県・平成二〇年〔二〇〇八〕）三九六頁)〕

二十粒ほど貯えて、この硯箱の引出しにあり。切れ紙にひねりてあれば、糊にからまり取り出して座中へ振り蒔き、これを集めるに、ただ十粒ばかりならではなし。また元のごとく糊一同に納むるに、また粗相して張り紙せんと糊を取り出すに、また、彼の砂もろとも出て座中へ振り蒔き、またこれを集めるに、漸く五、七粒、皆畳の合火鉢〔間〕の中へ埋まって見えず。君子は過ちを再びせず。悲しい哉。

（予、格物致知〔事物を極めることで深い知に致る〕において行いがたきことをと、今糊と混雑せざるように、丁寧にこれを納む。）

かようのことは記するに及ばずとも、右金堀のことを言わんがために記すなれども、後の者、心を置くべきほどのことにてもなきなれども、少事といえども、仁義によることは心得べきなり。また、その粗相〔あやまち〕というも、事によりては大切のことあり。慎まずんば則ち危うし。

〔(注)東栄町（旧振草郷）粟代では、化粧品の原料ともなるセリサイト（絹雲母）が大量に産出され、町の有力産業となっている（『東栄町誌　通史編』〔二〇〇七〕三二頁)。隣の設楽町津具（旧津具村）では、武田信玄が軍用金二四万両分の金を得たという「津具金山」があり、その後、昭和九年から昭和三二年頃まで実際に金鉱石等が採掘されていた（藤城豊『津具金山』〔一九七九年〕）。また、設楽町神田（旧振草郷神田村）の「設楽金山」でも、昭和一三年から五年間ほど金鉱石が採掘されていた（『設楽町誌「通史編」』〔二〇〇五年〕）。振草郷は中央構造線の近くにあって、太古の火山活動に伴う地殻変動より、変化に富んだ地質層があり、右にみた振草郷内での金鉱石等の産出も、根拠のない話ではない。

7 論語読まずの論語知り

【文政二卯年〔一八一九〕昌平41歳】《地74》

同年二月、原田丹右衛門来る。暫時止まって、予家に在らしめて曰く。

「予、一統記を作る人来りて、雑談の中に、仁義に洩るること大なるか、あるいは至って厚きか、いずれ尋常にあらざるの儀〔事〕あれば、皆ここに録して子孫に示す。一つも吾より求めず、皆先の言を待って、その応対を記す。

然るに、今足下〔貴殿〕においては、自ら求めてこれを言う。そのゆえんは、足下短慮〔思慮不足〕一致にして、事ある時は一命を投げうつといえども、人の言を不用と言って、覚る時は則ち道に志す。何ぞ平生にして、その短慮の出る所以を考えざる。その短慮というは、即ち我儘より出るなり。故にその短慮、己れより已下〔以下〕に起る。その証拠は、去る柿野森公事、思いのままならざれども、その短慮起らず。義によって起る短慮は、一命を捨てるとも厭わず、何ぞ上を恐れんや。

（比干〔中国殷王朝の人〕、紂〔王・帝辛〕を諫めて死す。子〔孔子〕曰く、呉王を諫めて亡ぶるのたぐい、これなり。）

今一国の主として短慮、我儘を働くとも、一国中皆その我儘に随わん。なれども君子これを誉れとせず。足下一命を抛たんとせば、必ず上のためにせよ。人誉めずといえども、決して笑みを生ぜざるなり」。

（古の賢人は、皆その分〔身の程〕に応ず。今分に応ぜざる者、人誉ざるなり。）

予、先に、ある仁〔人〕達と雑談するに、「論語読みの論語知らず」という事あれども、「論語読まずの論語知らず」よりはよしという。予これを考えるに、衆人のとる所違えり。「論語読まずの論語知らず」は、その答えの気質により、ある仏説にて地獄極楽を説き、また神道を以てし、もし、それにてもきかざれば、上の威を権りてなりとも、種々の方便もあり。

予が郷里の隣村に人あり。これ「論語読みの論語知らず」というものにて、その理をよく弁えていながら、人の言を用いざるなり。よって、公儀へ訴訟に預かる時は御意次第と請うて、帰ればまた我儘す。訴えればまた御意に従い、帰ればまた我儘。出入〔訴訟〕の輩、甚だ困れり。

神田村栄元、人に語るに、「書を読む者は、その書だけの知恵読まずして、よく理に通ずる者は、その奥計れず。恐るべきなり」という由。

予、これを伝え聞いて曰く。これ希代〔世にまれな〕の名言なり。もっとも、尽くせまじといえども、よく心に得る時は、その理を押して万事へ通用するなれども、人のためにする時は、その書のみなり。

この栄元は、言う事よくして、前に出入〔訴訟〕の時、予の諌書〔諌めの書〕を用いざるは、人、欲に覆わるところなり。これまた「論語読みの論語知らず」という者ならずや。足下、この類に近きことあり。誤まるといえども、人異見して用いしは、しばらくその語を忘るるのみにして、則ち「論語知り」なり。

また、「論語読まずの論語知り」あり。

（子夏曰、賢レ賢易レ色、事ニ父母一能竭ニ其力一、事君能致ニ其身一、与レ朋友交、言而有レ信、雖レ曰レ未レ学、吾必謂ニ之学一矣〔『論語』学而第一の七〕

《子夏〔孔子の門人〕曰く。賢を賢として色に易え、父母に事えて能くその力を竭し、君に事えて能くその身を致し、朋友と交わるに、言いて信あらば、未だ学ばずと曰うと雖も、吾、必ずこれを学びたりと謂わん。》

〔（注）趣旨＝賢者を尊び、父母に仕え、主君に尽くし、朋友と信がある実践ができていれば、学問〔論語〕を学んでいないとしても「学んだ」といえる。〕

前に池場村宇八来りて、予に言い曰く〔言うことには〕、「我が村名主次兵衛死去、養子多十。体実また我を捨てずして語るに、近来、村方奕道発すの風聞あり。役威衰るに似たり。一吟味せんや否や」と言う。我これに答えるに、「言うことよし。ただし、貴父世を去りて後、間がなく、小民愚にして、その権の急なることを恨まば宜しからず。ただ、我に任せられよ。御辺〔貴殿〕の意を以て、善きに計らわん。」即ち重ねて諌めて曰く。「父君、財余りて村中へ貸せり。この催促を急にすることなかれ。急がずとも、小前大なる不沙汰あるべからず。たとえ不沙汰するとも、御辺の府庫〔文書庫〕空しからず。今取り立て箱に満つるとも、時節至らば盗難、火難も計らず。小前恩を感ずるの徳は、代々不易〔不変〕報いたるべし。これ貴家役目たればなり。」と言うに、彼の多十子、我が言を用ゆと。

予聞いて、久しかるべき金田の家、克その諌めを容れること。また、かの宇八こそ、「論語読まずの論語知り」とも言いつべき〔言うことができる〕ものなり。〉

〔（注）「池場村名主次兵衛」は、森林経営により財力を回復し、振草郷中の有力者であったが（前記第三の「2結婚」の項参照）、文政元年十一月に亡くなり、婿養子として、神職であった多十郎が跡を継ぎ、治兵衛を名乗った。同人は、先々代の瀬七郎植林の立木を全部売り、さらに育林経営と地場産業（茶、木材業等）の発展に努めた。〕

8 「一統記」を、なぜ書くか

【文政元年寅〔一八一九〕昌平40歳】《天67》

右この一統記を作為せんと欲することの因って来るゆえんは、杉山、竹内、本山、長篠林藤太夫、清平日州和尚、慶泉元紹和尚、神妻浦川等の諸賢士、我を師に厚く子のごとくす。吾また、これに仕えるに父のごとくすることを得ずといえども、全き軽薄にせず。故に、その蘊奥〔蓄積された知識・技術・知恵等の奥義〕を開示したもう。予また以てこれを後の衆子〔多くの子ら〕に伝う。後の子また以てその末葉に布かば、永く道にたがわざるに近からんと、然〔上述のとおり〕言う。

経済録〔享保十四年（一七二九）、江戸中期の儒者太宰春台が政治、経済、社会、制度等を論じた経世書〕に曰く。「先祖を祭るに同姓にあらずんば、その神受けず」と。同姓は男兄弟の子なり。女兄弟の子共は同姓に非ず。

【文政二卯年（一八一九）昌平41歳】《地77》

同年二月、〔前記「7　論語読まずの論語知り」に続いての記載で〕

万病は惟一毒〔「万病一毒説」は吉益東洞の説〕、万法帰一、万道皆大極の一より起きて、また一に帰し、天地開闢して陰陽善悪あり。諸病諸宗、掛締めして格物致知〔事物を極めることで深い知に致る〕の教えあるがごとくにして、その元の一の性は、皆善なればなり。

ある人、予が一統記を見て、散財を許すの条において頭を傾げ、「善には進みがたく、悪には流れ易し。堅く戒めずんばあるべからず」と言う。

予答えて曰く。「然り。さりながら、予が一統記は、皆実事を以てこれを記す。

○　子曰、素レ隠行レ怪、吾ハ弗レ為レ之矣〔「中庸」白文第一一章〕

《「子曰く。隠れたるを素〔求〕め、怪しきを行う、吾は、これを為さず。」》

予、今、行いにおいて道を尽くすこと能わず。己れ尽くさざるの教えを成すとも、後世焉んぞ教えを受けんや。ただその大なる過ちなからんことを思い、信実を以て、後の信実にして受くるものに遺らんとす。

○　許由洗レ耳、巣父牽レ牛テ帰ル

《「許由、耳を洗う。巣父、牛を牽いて帰る。」》と。

〔（注）古代中国の話＝堯王から位を譲る話があり、これを聞いた許由が、耳が穢れたと思い、川で耳を洗っていると、これを見た巣父は、そのような穢れた水は牛に飲ませられないと、牛を連れて帰ったという故事〕

予、前に人の語るを聞いて、疑い思うは不実なりと。今、玄貞子〔吉田カヤ町の人〕の進めに依って史記の伯夷伝を観るに、太史公、実にあらざる事を疑う。

（注に、二子は屈せざるを以て高く為し来る。堯の求め見んことを反って辞して、これを逃す。）

今、虚を以て挙げば、反って後に謗りを受けん。

（堯の許由に天下を譲らんとすることは、高士伝に見うるる由。蒙求〔中国歴代の児童用教科書〕、許由一瓢の注にみえたり）

〔「許由一瓢」とは、前記の許由が水を手ですくって飲んでいて、人から瓢箪を贈られ、これを使うようになったが、木に掛けていると風で音がうるさいので捨ててしまったという話（『徒然草』第十八段参照）〕

あるいは、また曰く。「古書を著作する諸賢士も、必ずとして、その書に顕すがごとくには行わず。また、己れ行いがたきことは、なおこれを悲しんで人に示すこと急なるべし」と。

予また曰く。「聖人は格別、朱氏は庚申の年に至り、七十一歳簀〔死に際〕を易る（簀を易るは、死する時のことなり）の前三日、なお大学誠孝の章を修め、伯夷・淑斎〔兄弟二人は〕、命を捨て誠を尽くす。書して顕すよりも明らかなり。そのほか、賢者無にあらず。ただし、予、書を観ること狭ければ　これを求むるに頼りあらず。

今時の儒者は放蕩をなす者もあるは、皆諸人の知るところなり。

○　子思曰、夫微之顕　誠之不レ可レ掩、如此夫　〔「中庸」第一六章〕

《子思〔孔子の孫〕曰く、それ微の顕にして誠の掩うべからざる、かくの如きかな。》

〔見えにくいものが明らかになり、真実が隠せなくなる。〕

○孟子曰、聞二伯夷之風一ヲ者、頑夫モ廉ニ、懦夫モ有レ立レ志、聞二柳下惠之風一ヲモノハ、鄙夫モ寛ニ、薄夫モ敦シ　〔『孟子』尽心章句下一五〕

《孟子曰く、伯夷の風を聞く者は、頑夫〔欲深な者〕も廉に、懦夫〔意気地なしの者〕も志を立つることあり。柳下恵〔古代中国魯の賢人〕の風を聞く者は、鄙夫〔下品な者〕も寛に、薄夫〔薄情者〕も敦し。》

と、放盪〔思うままに振る舞う〕をなす。

儒の門に入る者は、学問を人のためになす。篤実の門に入る者は、必ず己れがためにするなり。もし信なきがごとき者は、少きより形勢に顕る。子を知る者は親なり。その親たる者、その子の信なき事を知らば、慎んでこの書を授くることなかれ。

如何、如何、と言わざるは、孔子も、これをいかんともすべからずと、のたまえり。

〔(注)「子曰く、之を如何、之を如何、と曰わざる者は、吾、如何ともする末きのみ」(『論語』衛霊公第一五の一六)、関心を持って何も聞かない者には、何も教えられない意〕

信なき者に教えをなすとも、何の益かあらん。また、その道を尽くすべきの人は、吾がごときの説を当てにはせず。もし今不道を賞すといえども、豈行なわんや。

○孟子、舜・禹・湯・文・武・周公〔古代中国の名君、政治家〕を称する条の注に曰く。

孟子ノ所レ称、各因二其一事一而言、非レ謂モ武王不レ能二執レ中立レ賢、湯却テ泄レ邇忘上レルト遠ヲ也。

人謂三各舉二其盛一亦非也　聖人亦無レ不レ盛　〔『孟子』離婁章句下二一等についての注〕

《孟子の称する所、各々その一事に因って言えり。武王は中を執り賢を立つること能わず。湯は却って邇きに泄れ、遠きを忘ると謂うに非ず。人の各々その盛んなることを挙ぐと謂うも、また非なり。聖人はまた盛んならざること無し。》

（我凡夫なれば、後、必ずかくの如きの注をするものはあらず。善事を述べ悪を隠して後の人に謗りせられんより、悪は悪にして懲らし、善は善にして勧めしめんと、欲するものなり。）

○誠者自成也、而道者自道也〔「中庸」第一四章〕
《誠は自ら成るなり。而して道は自ら道（導）くなり。》と。

ただ、その凡人にして信なるもの、これを熟覧せよ。ただし、予が為すところのごとく、後の人なせと言うにはあらず。予行い未熟にして、今これを悔るなれば、必ず予を以て手本とはなすべからず。後の子孫、少しなりとも勝らんことを思うて作れるなれば、志を厚く受けて、予が行状を賎しみ観て、必ず誤まらしむることなかれ。

【文政二卯年〔一八一九〕昌平41歳】《地86》

同三月

また或人、この集〔一統記〕のうち、道に語らかざるばかりを見て、取るに足らずとす。

予、事を評して曰く。この一統記は、道を示すのみにして著すにあらず。事実を洩らさず挙げて、後の証となさんとの志を記すなり。後の証とならば、また後の示しともなるべし。かつ、道に当たらざるの語といえども、その時に当って中庸を取るなり。

（今『徒然草』を観るに、吾が述ぶるところと合わず。兼公〔兼好〕賢者なれば、吾甚だ恥づ。しかし、兼好仏に依り、「鉄槌」〔青木宗胡作・江戸前期の「徒然草」注釈書〕曰く、儒釈の三つを兼備するかと。然れども、そのうち仏を好めるか、後は法師となられたり。

不偏、これを中という。孔子も時にあわず。中は末世といえども、かなうや。また、予が中庸は、己れが好める方によることもあらんがなれど、我が力の及ばざるところなれば、後、秀徹の〔秀でた〕者、擲つべきところはこれを擲て、その正を後世に残せ。我を知る者は、それ、ただこの書か。我を罪する者は、それただこの書か。）

また、聖賢の作す所といえども、時に当り、人に因って教えを成したまえり。

（○　顔淵問レ仁、子曰、克レ己復レ礼　〔「論語」顔淵第一二の一〕

《顔淵、仁を問う。子曰く、克己復礼》〔己に克ちて礼に復る（続きの「を仁と為す」が省略されている）〕

○　子張問レ仁　子曰　行二五者一　〔「論語」陽貨第一七の六〕

《子張、仁を問う。子曰く、五者を行うなり。》

〔（注）「論語」文では、「五者とは何か」を問われ、子は「恭寛信敏恵（恭しいこと、寛なこと、信のあること、機敏なこと、恵み深いこと）」を挙げている。〕

是その不足の所を示したもうなり。

○　季康子問レ政、孔子對曰、政者正也、子以セハレ正、孰敢不ンレ正ナラ　〔「論語」顔淵第一二の一七〕

《季康子、政を問う。孔子対曰く、政なるものは正なり。子、正を以てせば、孰敢えて正ならざらん。》

〔（注）「論語」文では、「子帥（ひき）いるに」となっている。前出（第四の8）〕

○　子路問レ政、子曰、先レ之労レ之　〔「論語」子路第一三の一〕

《子路、政を問う。子曰く　之〔民〕に先んじ〔率先し〕之を労う。》

○　仲弓為季氏之宰一、問フレ政、子曰、先二有司一、赦二小過一、挙二賢才一　〔「論語」子路第一三の二〕

《仲弓、季氏の宰〔取締役〕と為り、政を問う。子曰く、有司〔役人〕を先にし、小過を赦し、賢才を挙げよ。》

これ、その人により分に応じて、時にしたがって教えたもうの類なり。詩経〔中国最古の詩歌集「詩経」大雅・皇矣〕に「不識不知して帝の則に順う」とは、己れが智を以て事を定めず、その時に依って天理に合うように行うを、帝の則となされたるなり〕

すべて書は、一部を貫いて観ざれば、その用をなさず。また、孟子の序に程子〔中国宋代の儒学者〕の曰く、

学者、要レ識レ時ヲ

《学ぶ者、時を識るを要す。》と。

臨ミレ機ニ応シテレ変〔機に臨み変に応じて〕、少しは道に違うことありとも、早く事の修まるようにするも、また一つの助けと言うべし。

9　惻隠の心は仁の端

【文政二卯年〔一八一九〕昌平41歳】《地82》

同年三月、二川〔東海道二川宿〕へ行く。松音寺方丈〔住職〕、杉山村長慶寺へ往きて留主故、それより杉山越す。熊谷玄盛（元の名泰助。予家の門人なり）宅に賓す。

玄盛曰く、「施薬の病家を断わらん」と。予曰く「否」。玄盛言うに、「続かず」と。

予曰く。「吾子の治療、年増す由。増さざる前さえ続く。今増して続かざるの理あらんや。ただし、吾子断るを以てが故に増すや」。玄盛言う、「然らず」。

予曰く、「然らずんば、断わらざれ。善悪ともに口を開けば徳を失う。言うこと無くして治療を励まば、追々増さん。一旦の勝より始終の勝こそ善なるべし。一人一家にて差し引かんとは、その量少なし。療家中を一

くるめにして前年より増さば、これ損と言うべけんや。この大量のもののなす所なり。また軽卒の言葉をなすべからず。」

〔略〕

彼玄盛は、羞悪の心うすき故、重ねてこれに示して曰く。

○ 子曰、法語之言、能無ンレ従乎、改ヲレ之為レ貴ト、巽與之言、能無ンレ説乎、繹（タツヌルヲ）レ之為レ貴説而不繹、従而不レ改、吾末如之ヲ何也矣〔「論語」子罕第九の二四〕

《子曰く、法語の言は、能く従う無からんや。これを改むるを貴しと為す。巽与の言〔穏やかな助言〕は、能く説ぶ無からんや。これを繹ぬるを貴しと為す。説びて繹ねず、従いて改めざるは、吾これを如何ともする末きのみ。》

〔(注) 筋の通った親切な忠告には従った方がよい趣旨をいう。〕

「惻隠の心は仁の端なり。羞悪の心は義の端なり」〔「孟子」公孫丑章句上六〕、と。

仁・義・礼・智を行うに、信を以てせずんば、誠の五常の道にあらず。

惻隠、羞悪、辞譲、是非は、その仁・義・礼・智の端にして、未だ全き仁・義・礼・智とは言われざるなり。

その端とする惻隠、羞悪、辞譲、是非の心なき者は禽獣に異ならずと、聖人も仰せらる。

〔(注)「惻隠の心無きは、人に非ざるなり。羞悪の心無きは、人に非ざるなり。辞譲の心無きは、人に非ざるなり。是非の心無きは、人に非ざるなり」〔「孟子」公孫丑章句上六〕〕

吾子、病家の義、悪を論ずるにおいては、是非の心あって惻隠の心なく、予が言を受くるには辞譲の心あって羞悪の心なし。惻隠、羞悪、辞譲、是非ともに兼ね行なわざれば、人道全からず。人道の行い全からざれば、その家破滅の基なり。

今予、この所へ来るも、松音寺方を慕うのみならず、足下〔貴殿、玄盛〕この所業を始め、かなり行わるる由伝え聞きて、心悦ばしく楽しんで来るなれば、足下のためにならざる言を発すべけんか。予、もし誤りて不為〔為にならない〕の言をなすとも、足下吾に従うの徳を、天また感じたまうて、必ず報応なくんばあるべからずと、今ここに記す。予家、子孫たる者も、またこの心を失わざれ。

また、義ということ、常人取り違えることあり。一通りは義理をよくすることは、学ばざる者も皆義と心得て知る所なり。羞悪の心は義の端なりという。則ちは是非を別けて、人、非なる時これを擲たんに、またその惻隠の心あるべきなり。その惻隠の心なきは人道にあらずと、羞じ悪くむを義という。人その義ということを言うは、することを知らざる者多し。これ則ち、子を愛して甘味を多く与え、疳証〔疳の虫〕を患うて死せしむるがごとし。後人、必ず勤めて義と言うて、義を無み〔無視〕することなかれ。

【文政二卯年〔一八一九〕昌平41歳】《地91》

前日〔四月二日〕、遠州気賀村〔浜名湖北にあった姫街道気賀宿の村〕の商人、面に少なき腫物を発し来り、予に治を乞う。針して血をとる。その腫れ直に減らず。ミイニイ〔膏薬〕一枚を貼す。彼の者、孔方〔穴あき銭〕五十銅ばかり紙に包み、これを謝す。予辞するに、彼の者「是非修めよ」と言う故、予この内十二穴〔銭の方形の穴〕を取って余りを返しければ、塗師屋嘉吉、これを観て予に言う。「辞するなかれ、また、不足を請うことなかれ」。

予曰く。「この業、常人も針〔針治療〕すべし。医たる奇特〔特別優れていること〕なければ」と。

後これを考うに、塗師嘉吉の言、理に中れり。多きを辞するものは少なきを恨む。しかし、予は、貧窮にして少なきものを恨まず。壮年の頃、富みて少なきものを改めたることあり。また、多きを返したることは度々ありし。近来多少ともに言わず。医たる者は善悪ともに言わざるにしかず〔…した方がよい〕。

父宗碩は、善悪ともに言わず。出入等曖〔仲裁〕に連なるとも、唯それに与するのみ。「とかく衆評〔世評〕に随うべし」等と言って、決して理非を言わず。祖父は、是非を弁えたるよし。

10　菅谷周迪の措置

【文政二卯年〔一八一九〕昌平41歳】《地101》

五月、医療必用を撰す〔選ぶ〕。その述ぶるところ、先生古方の意を以て、傷寒の名並びに療法の趣きを説く。ことごとく国字を以てす。

予自ら思うに、かくのごとく見安からしむるは、古方の旨、あらまし座して先生の口授にあずかるがごとし。なおまた、近来国字を以て療法の頼りとするもの、出板〔出版〕数多あり。これによって民俗療法を知らば、医の職に害あるに似たり。然れども全く害をなさず。民俗もその療法を受くべきの大事を知らば、すなわち医事の助けたり。世の広大なること、我が小国だも、なおかくのごとし。

前月、松屋助太夫、半原村〔現新城市南部〕にて頓死〔急死〕。予同道たれば、これを療して治らざる処なり。然るに骸をその家に帰らしめて後、菅谷周迪これに灸すと聞いて、予思うようは、「菅谷甚だ卒爾〔軽率〕なり。往きて彼と論ぜんものを」と。

柾屋久右衛門さる者なれば、まずこれに語る。久右衛門者曰く。「御辺〔貴殿〕に談ぜざるは菅谷不実なるに似たり、然れども、全く好んでなしたるにあらず。孝子〔親孝行な子ども〕の為に素人集りて成す処なれば、吾に任せて言うなかれ」と。

予、即ち〔すぐに〕その意に随う。「蘧伯玉、五十にして四十九年の非を知る」〔「蘧伯玉年五十而知四十九年非」（劉安「淮南子」原道訓）〕、と。

この世上の広きを察すれば、前条何ぞ論ずるに足らんや。すべて腹の立つと言うは少量〔度量が狭い〕なり。然れども、事に依り、他の為に義の立たざる時においては、不レ得レ息〔息得ざる〕こともあれども、已れがため義の薄きは心にさえざるを大量〔度量が大きい〕と言う。

11　最愛の息子を亡くす

【文政三辰年〔一八二〇〕昌平42歳】《地109》

同年二月十一日、新作〔昌平の長男（文化元年生）十七歳〕新城において病死。

　法名　根應了善　庵主

右病証、同月五日より微悪寒、頭痛。葛根湯を与え、六日より水痘〔水ぼうそう〕の如き、面部、手足に発瘡す。悪寒止まって、また嘔く。しかして食不進。小半夏湯を投じ効なし。腹微満。大柴胡湯を以てす。翌日、右手攣〔痙攣〕引き、少し痺痛。然るに発瘡起張す。故、大力子湯を投じ、その夜渇き、水を好む。翌八日、瘡膿満ち熱実〔体温上昇〕す。柴白湯を投じること四貼〔服〕。その夜、食少し進む。夜半より渇きを増す。少し譫語〔うわごと〕す。暁に至って腹満、譫語益し強く、音唖〔発声不可〕し、食進まず。よって翌九日朝、菅谷周迪〔新城の医者〕を乞うて診せしむ。桃仁承気湯を与へ、白州散〔伯州散〕兼用す。下痢一行して唖〔発声〕常に復し、腹減らず。ただし、譫語止まらず、夜に至って甚だし。小柴胡湯を投じ、厚く覆うて微汗を得。少し安んじ、また暁より甚だし。また桃仁承気湯、加犀角〔犀のツノ〕、明けまでに三貼を服し尽くす。

　十日　阿部玄岑〔種痘伝授の浜名の医者〕を請待す。

また尺沢〔腕の曲部の、咳をとめるツボ〕を刺すに、膿のごときを混じって出血す。

下痢すといえども、なお同証〔同じ体の状態〕、譫語、鬼状をみるがごとく、十一日に至って譫語漸々〔段々〕薄く虚するがごとくにして、

終に十一日晩六ツ時卒〔死〕す。

（後、この証を右の両医そのほか中島壽伯、小林佑元と談ずるに、「真の水痘にもあらず。また本痘にては、かつてなし。いずれ悪毒内に攻り、その余りを発したるにてもあらんか」と言う。

予、よくこれを考えるに、前、彼十四歳春、阿部玄岑より伝わりて、これに種痘す。

〔(注)新作に対する種痘時期は、玄岑から伝授後すぐ、美津・仁輔に種痘するより前の、「文化十四年実施」ということになる」〕。

面部、手足に二、三粒を発痘す。後、右玄岑に告ぐるに、玄岑曰く。「少し最一度種で発せずんば、痘毒なきなり」。予その隙を得ずして再種に及ばざりしが、その毒滞って今混雑して発するや。しかし、この節流行の痘なく、また前に植えし時以てしといえども、起張貫膿〔疱瘡の盛りを過ぎること〕、自然の痘のごとくなれば、その毒残るべきにもあらず。天命の逃れざるところか。なれども、今発痘すといえども食進まざるは、いずれ難症なりとして、家内の患者診候粗にして今悔れども益なし。最初悪寒微なれば発汗するにも極まらず、また、下剤の証もみえず、なすべきようもなけれども、かく重なり見れば、他医にも見せ薬剤重く投ずべきに計らざるは、予の過ちなり。

後嗣の者、家内といえども粗診することなかれ。）

この民〔跡継ぎの新作。名は民、字は新作〕は、性鈍にして質直〔質朴〕なり。弟ら和にして順条なり。予の一統記を観ることあるや。「吾父、他人を称え、我儘と大同小異あり。実を得たり。他人の知るべきにあらず」と言う由。これ新城懇意の人皆、死の後、これを告ぐ。

12　新城の生活

（1）天王祭

【文政三辰年〔一八二〇〕昌平42歳】《地113》

同八月、新城天王ご祭礼、十三日上町能〔能楽〕なり。十四日下町狂言、十五日御遼〔練〕り〔ゆっくり行く行列〕、本町児子下町衆、橋向町笹踊りとて若者二十人ばかり浴衣、編笠にて御供。この者等、温飩の粉を紙に包み、懐中して見物者に塗ること例なり。

時に大手先〔大手門前広場〕にて、菅沼権右衛門殿〔菅沼藩主の下、代々家老職を勤めた者〕の中間〔武士の最下級で、足軽より下、小者（走り使い）より上の者〕子供衆を伴うてありけるが、彼の麺粉を塗れり。よって町廻り役竹下周次という仁〔人〕、これも同じく御輿し、供奉〔祭礼の行列に加わること〕の警固なりしが、十手を以て、彼の塗る笹踊りの者の眉間を打ち破る。彼の者悪口す。また重ねて打たんとするを町役人押し止め、右打たるる者を我が宅へ返す。

祭礼終って御役所へ達し、ご吟味のうえ、彼の者ども十七日の間、戸締め御尤あり。

（彼の竹下氏、予に心易ければ、後日来りて予が家に休らう折節、孟子を素読す。予、梁〔中国南北朝時代の国名〕の恵王のへんを開いて、竹下氏に呈す。

仲尼ノ曰、始作俑者、其無後乎　〔「孟子」梁恵王章句上四〕

《仲尼〔孔子の字名〕の曰く。始作俑者〔始めて俑（殉職者の代わりの人形）を作りし人〕、それ後〔後裔〕無からんか。》

孟子この語を引いて〔この語の次に〕、

為二其象一レ人而用一之也、如之何其レ使二斯民飢テ死一也

《その人に象て、これを用いしが為なり。これのごとくは何ぞや、それ斯く民をして飢えて死なしめんとは〔許されようか〕》、と。

これは、これ虐政にして、飢えて死せしむるに至るべきことを察して、王に諫む。

「今現在これを打つは、後の災いを免れずや」と言いければ、

竹下氏曰く。「然りといえども、菅氏は殿のご家来、その家来に障る。これを如何せん。」

予また曰く。「もし今打たずして供奉を止めさせ、町役人に預け、後日上へ訴えば、菅沼〔藩主〕へ忠は相立つべし。お役人方評定の上、打つべしに慮りたらば、その時打たば、彼何ぞ恨まんや。然るときは忠恕ともに全く神慮にも叶うべし」と言うに、彼の竹下氏も、尤とこそ聞かれける。祭事は悪穢〔けがれ〕を忌む。供奉の時は神のご家来なり。そのご家来にけが、あやまちありて如何ぞ。神慮安からんや。

今竹下氏、稽古役を勤むるも、神を貴んで、殿よりお差しなされたるなり。祭役の者を打つは、神へ恐れ、君へ不忠の第一たるべし。恐らくは今政をとるの役人も、道の正しきにあらず。なれども、ときの権柄〔権勢〕下、求めなすべきにあらざる所なれども、願わくは、皆人この理を思え。)

〔(注)享和三年〔一八〇三〕~文政四年〔一八二一〕三月の間は、新城藩主七代菅沼新八郎(定邦)の時代。代々の藩主は、能楽、茶等を愛好した。〕

《地115》

(2) 角力取り鉄玉で狂歌

【文政三辰年〔一八二〇〕昌平42歳】

同月十七日

○范浚〔中国宋代の理学家〕が心の箴に曰く。

茫々タル堪輿(天地の惣名なり)俯仰無垠、人ハ於其間眇然シテ有身、是身微カナルコト、大倉ノ

稊米、参ニシテ為二三才一　惟心爾
《茫々たる天地を俯仰すれば、果てなし。人その間において、眇然として身〔小さく〕あり。この身の微かなること大倉の稊米〔もち米〕のごとし。三才〔天・地・人〕の中にあって、ただ心のみ。》と。

今鉄玉とやらん言う角力取りの成り下り、庭野村において打ち殺されたるも、悪党の悲しさは、いずれ可愛と思う者もなく、犬死となって、跡弔うべき人も見えざれば、

貴も　心からなる人の身の　捨ればにわの芥たともなれ　只楽
狩り人の　魔除と聞し鉄玉も　自ら作る罪は守らん　同
鉄玉を　作すつっぱりとなし割に　びりしたもなき跡の片付　和泉林
昨日まで　鉄玉と云悪玉も　今朝は墓なく露の白玉
鉄玉の　名は墓なくぞ残りける　其身はもろき露の白玉
鉄玉や　きのうの嵐　今朝の露
誰か筒え　合せて見ても悪玉の　打落されし今朝の白露　京吾
磨ても　みがひて見ても悪玉の　光りは見えぬ死出の鉄玉
音にきく　名も鉄玉の無鉄砲　打れて庭野土にさび付　樽荘氏
古里の　迚も住居は神川の　そこの土にもなれぬ鉄玉　桐茂
鉄玉の　元は光りて今はさび　打砕かれて出る身の垢　紺忠
鉄玉も　角力のさびも取り置て　ふせたる筒に打れ粒すれ　谷木
当てもなく　身の綛りは無鉄砲　命を的に果す鉄玉
鉄玉の　身はあわれなる露の玉　風の行司に草角力哉

音なしに　どこから来り鉄玉か　ぱったり落た庭野真中　　歌川

〔（注）「庭野村」は、豊川を隔てて新城の東南部にあった村。「鉄玉」は「史料集成　江戸時代相撲名鑑下」（日外アソシエーツ・平成一三年）によれば、江戸番付で「鐵玉音吉　文化十四年一月西序の口十枚　同年十月西序の口筆頭」とある。「三州庭野村庄屋の記録」（庭野古書の会・平成一三年）四五頁には、鉄玉は博奕仲間の者にメッタ斬りされ、川原に葬られた旨の記載があるが、鉄玉がどれほどの悪行をしたのか、詳細は不明である。〕

（3）大根講で狂歌

【文政三辰年〔一八二〇〕昌平42歳】《地119》

同十二月、大根なきにつき、廻文以て貰いに出す。その文に曰く。

　私儀、年々不如意、殊に近頃の大雪にて諸作皆難渋仕り候につき、組合相談の上、大根講を相企て申し候。各様御苦労ながら御取り持ち、ご加入のほど願い上げ奉り候。

以上。

　門々をもらひにあるく節季候〔歳末の門付け芸人〕として大家方を銘々貰ひ来る

樽屋正左衛門より、替わりに粕一重来る。その添え書きに、

　大根の替り粕も　なら漬の　相手にならん酒の実の友

予また返礼、

　節季候を　ゆおうたるやの酒の粕　贈るは君の大き心根

　大根も　粕も漬ればくらひます　御ぜん名あるかうのもの哉

また返礼に、七味唐がらしを贈るとて、

大根と　七味の価如何計り　子ぢに組んだは辛き仕業か

翌己の大小、

冬春に　徳積人は　末半小丁の日亦たて又夏秋

右贈りければ、鉈屋吉左衛門方より、

過ぎし頃、乞うに任せ手製の大根を上しに、展蘊七味を下したもうを謝せんと思いて、

大根葉　はかりがら捧しを　其あひさつに七味著蘊きけ

予また返歌。

今日はご興歌贈り下され、忝く拝見。お執りして面白き御事に存じ奉り、早速ご返事申し上げたく存じ奉り候ところ、誠に月迫〔月末迫り〕、世事に苦められければ、

よおこひて〔夜を越えて〕時の空事計るとも　世にあふかり〔借り〕は節季〔年末〕ゆるさず

13　郷里へ帰るべきか

【文政三辰年〔一八二〇〕昌平42歳】《地116》

同年九月、氏神祭礼、郷里へ行く。親類集り、予に帰宅を進む。予不可。隆中〔昌平の従者〕を帰塾せしめ留主居とす。

【文政四巳年〔一八二一〕昌平43歳】《地122》

同年正月、元朔年礼〔年始の挨拶〕として川合に出、太吉の宅に集る者両三輩〔二、三人〕

川合出の　友集りて呑む酒は　目出太吉春の　初のことぶき

同月、郷里へ行く。親族集り帰省を請うに、母に不孝の名を以てす。予、この名、感に堪ゆる所なれども、財用不足を如何せん。しかし、今新城へ出て三年を経るといえども、その益あらざれば、甚だこれを愁う。前盛ん（虚説を以てするものは、一旦盛んにして後衰う。）なれば、後衰う。予未だ発せずんば、後繁栄たらんこともあらん。今帰って増益の理なければ、この上三年を見合わせらるべしと。本家逼塞〔八方ふさがり〕して約し、時を待てぞ暮しける。

14　神農講

【文政四巳年〔一八二一〕昌平43歳】《地125》

同五月朔日、神農講宿その序曰く。

　燮古氏〔盤古氏は中国神話で天地開闢の神〕起きてより、天皇・地皇・人皇を経、伏義〔古代中国の伝説上の皇帝〕の世に当りて亀卦〔易の象〕見れ。神農氏〔中国伝説上の皇帝で、医療と農耕の術を教えたとされる。医療と農業の神とされている。〕、草をなめて、よく毒を試み、人民の疾病を救い、また民に農耕を教う。故に王公大人〔高位高官〕より下つ方〔下層民〕万民に至るまで、この聖を仰ぎ、貴とまざるはなし。医を業とする者、何ぞ尊敬せざるべけんや。

　よって、隣国、市町、在郷、皆講会を結んで、この聖を祭る。この郷の先輩、この講を企てんこと心に得るといえども、未だ決定せず。然るに、天命じ時至って今、この二、三子決談して講を結び、永く後世に伝えて祭祀に備えんことを欲すと、然言う。

年号月日　取立主

新城下町　菅谷周迪

同上町　高垣昌平

〔菅沼昌平〕
同西新町　小林玄周
同東新町　中嶋壽伯

一　会掛金　七匁五分
　右積金、当座は宿へ預り、次へ渡す。後々は、後の相談を以て取り計らい申すべき事
一　雑用　一人前　青銅二十匹ずつ
一　会日　正、五、九月に、年に三度
一　会日より後会まで宿に当たり候は、月番行う事
一　会合の輩、身持ち悪しき、また病家へ不信切りの族これあり候は、相互に異見等差し加え、もし聞き入れなき者をば、仲間合、相除き申すべき事
一　拠なき義にて連中相分れ申し候輩は格別、もし我儘にて立退き候か、または相談にて相除き候程の科分これある者には、講金損致させ申すべき事
一　医師仲間へ相談もこれなく、他より出張いたし候族これあり候て、後に進物等使い来り候とも、一旦連中押付けにいたし候うえは、たとえ、いずれ人の親類縁者たりとも、連中へ組入れ申すまじく〔…してはならない〕候。かつまた、先達って医師中へ相談の上来り候とも、一、二か年の間は、見合わせ申すべく候。一、二か年相立ち候うえにて実体〔実直〕成る者に候わば、講会へ相加え同列致すべく候事
一　何事によらず、身分相立ち申さず候程のこと、これあり候節は、医師仲間へ相談いたし、その者の善非を考え、その上もっともなる義に候わば、加担致すべく候事
一　施薬は格別、かなり暮しながら束脩〔入門時に師匠に納める金銭・飲食物〕を行わざる者は　仲間合へ申し通し、治療致すまじく候事

右箇条書の通り連中相談の上、先輩医師方の趣意を以て取り極め申す所相違これなく候　以上。

一口　周迪　　一口　昌平
一口　玄周　　一口　壽伯

15　密かに博奕

【文政四巳年〔一八二一〕昌平43歳】《地127》

同年五月、ある人来りて予に言う。「御辺〔貴殿〕、博奕の宿をなして冨永屋慶助は損をなせりと、彼の老母これを罵ると予聞きて、然ることありや。」

予、この奕道において、多くは好まず。ただし、少き間、歌留太天正〔ポルトガルから伝来し、天正年間に流行したカルタ〕を好んでなせり。長となって後、少者〔若者〕に戒めの妨げにもならん。また勤業に隙あらざれば終にせざりしに、今この所にては閑隙にくらし、また、去春悴新作〔跡継ぎ〕を失い、心淋しき折から、人来りて勧める故に、かの天正を始めて慰めとなす。

ついては去る夏中、友多く来りて、これをなす。故に彼の来る人等に断わって暫くこれを禁ずるところ、また正月遊びの折からふと、なし始めて、春中度々これをなせり。

その上、今名古屋キンゴというもの流行して、面白きものなりと言う。然るに、カルタ天正は、始め極り次第、勝負高極りあるものなり。この名古屋金五というは、小さく始めても後は大勝負となるもの故、百文ケコロと（ケコロは百文にて分散するというようなものなり）いうものに取極め、時々これをなぐさみとしける。

かの慶助も、かのキンゴ好きなれば、ある日来りてこれをなす。度々来りては異見をも成して、大なる勝負は止めさせせんと思いしかども、

（一概に嫌いなものの、異見は恐れ多きが故に、反って聞かざるものなり。その同類にして、諫むる時は、深切に思うて克く聞き入る。

隣源作という者、去る冬より大金を損せし由。予、これを諫めて止めさせ、ただし、予家において小勝負なぐさみとなすべしと言うに、かの源作、予の言に従い終に大勝負を止め、予が方に度々来りて損をなす。

故に、予断わって曰く。足下〔貴殿〕、予の言に従う故に小勝負は許した。なさしむるところ度重なれば、損高多く、およそ小判に及ぶ。然るに、予家にてするところは、皆現金にあらず。得失簿に記し、これあり。もし、この上損亡相重なり、払いこれ無しにおいては、預り方へ渡すことならず。故に暫くこれを止む。

勘定あって後はともかくも、もしまた予家勘定なくして外にてなさば、予許さじと。故に、暫く賭の勝負を止む。もしこの勘定なかりせば、予はせずして損をなすべし。とかく異見ごとあれば損立つ。また損をせずして異見は不用なり。郷里においても、皆この類なり。

今予の財用不足は、かようなことも成るべからざるに、見聞するに臨んで、かく過つ中にも、ほかの義に損して諫めば、先の親族悦ぶべきに、かく悪しき道において損をなし、深切を尽くすといえども悦ぶべきにあらず。反ってこれを恨む。これ過ちの大なるものなり。

ただし、この慶助は、諫言を容れるべからざるなり。その子細は、過年予のもとに来りて、「素読をしたし」と言う。予言けるは、「足下、素読は、あらまし済みたり。この上は訳を知ることを要す。後来れ。予の知るところ狭し。」と言えども、「一書を説かん」と言うに、終に来らず。

あまつさえ、ある日、小童を集めて孟子を弁ずる折から、表を過ぐ。その聞きいる者をそしって通る由。己れが進まざるは己れが不徳、人の進むは称すべき処に反って志す者を誹謗するというは、誠に過ぎたるもの。道のためには大なる罪科の人なり。）

結局吾らが意は知らずして、却って小勝とあなどり、二度来らざるなり。

（前に塗師屋嘉吉来りて、「奕道を止めよ、もっとも御辺〔貴殿〕のなす所において大なる害はあらざれども、外評ある時不徳となる。必ず止めよ」と言う。

辱しと領掌〔了承〕すれども、彼の同類集って進むれば一概にも断りがたく、もっとも、これに集まるもの、りゃんこ〔両個・両差しの侍〕の衆が多ければ、異見等も憚りがましくもあり。また、この新城は、奕道の吟味厳しき中に、盤将〔囲碁・将棋〕においては、表にて恥じず恐れず、賭の勝負をなす。博奕、賭の諸勝負ご停止〔禁止〕の義は、盤将といえども、賭の義は同じからんか。

また、博奕の字は二字ともにヒロク、ヒロシと訓じて、右名古屋キンゴの類、チヨボイチ、丁半などの名が、カルタ天正奕の内には入らずや否や。また、悪道といえども、我が業として渡世致すにおいては苦しからずと言う人もあり。これまた一理なきにしもあらんや。

仏説にて殺生を第一に戒てあれども、弓矢・鉄砲・槍・長刀を拵う者にても、念仏さえ申せば仏果を得ると言えば、この職、科にはならんか。然れども、右打物師はお上のご用にも立つ、無くて叶わざる職なり。奕はお上のご用には立たずとも、飯田にては三保屋多十という奕者をお取立て、ご扶持拝領、お目あかし〔奉行配下の手先・岡っ引き〕仰せ付けたれば、この義如何や。然れども、今吾いかにもして弁をめぐらすとも、奕するところへ人来れば、もちろん羞悪の心あり。打物師等は、人にはすることはなきなり。これ自然の道理なり。

また、俗に石川五右衛門は、強家〔豪家・金持ち〕の財を盗んで貧乏の者に与えたるよし。この道なくて不可等と言う人もあり。奕は今強家〔豪家〕を負けにして取らんとしても、相手にならざれば詮方〔仕方〕なく、貧乏の人の身上〔財産〕あるだけにても、手前の口給〔口達者〕に不足は遠慮なく取るべきなれば、奕者に比すれば盗賊の科怪しきに似たり。ただし、これまで書のするところは、皆空言なり。誠に奕道は悪しきものなれども、その道を知ってからは、慎むといえども、折にふれては犯すことある故、稚き時親の教え第一なり。

繁花〔繁華〕にては諸芸の師範もあれば、その師に因って修行に隙なければ、右の悪業はなさざるもあれども、山家には諸芸の師範等もなく、学文のみにては退屈もすれば、五節句等の折には村中の子供等寄り合って皆かの奕道をなす故に、自然と長じて大勝負をなすの族もあるなり。

今吾郷里は、大勝負をする者は一人もあらざれども、如何してかは過つ者もあらんと、甚だこれを心配す。また、如何してか、この幼童に、かの奕道を学ばざらしめん〔学ばせない〕ことをと、その計りごとにこそ当惑せり。）

右にいうごとくなれば、予家へ来る者において、大なる害はあらず。今なす所の予の奕は、人のためには害なくして、己れがためには害あり。己がためにあらずして何ぞ好まんや。止めんこと近きにあり。

16　雨乞い

【文政四巳年〔一八二一〕昌平43歳】《地130》

同年五月十五日、菅沼様〔新城藩主は、文政四年三月に、菅沼定邦から菅沼定志に交代している〕御領分〔藩領〕残らず、野田海倉へ雨乞い。

同十六日、金胎寺、風呂ノ谷弁天へ雨乞い。

同十七日、雨降り、町内信心日待。

〔(注) 日待とは、日の出を待って夜明かしをすること。信仰に伴う行事〕

同六月、和泉忠兵衛という酒店の主（あるじ）、三十六狂歌仙（せん）を集めて張り込みとせんと、予の方へも色紙をよこす。その望みに任せて、

塩梅（あんばい）は　よくよくよくと　よくよくと
酒のみぞ知る　よくよくよくと

また

量なき酒みださず呑むときは　愁を活する薬なりけり

春　誰　仙
秋　勝　中
無量酒不乱　右応和泉亭主人需
是　輩　者
客　賢　筵（むしろ）

狂歌にも本歌にもなき歌人は
主の望みを何言はや　のぞまれて　いなともいわず
めくら蛇　三十一字に恥をかくなり
右名を云者の恥成と改む

名を云者の恥成と　設けるつひで
云も恥　ゆわぬも恥と思ふては
いっそ知らぬが　ましてこそあれ

先月〔五月〕十八日より未だ雨降らざる故、雨乞（あまご）いす。
十三日、北伊勢多度大神宮を奉迎（ほうげい）。即ち〔すぐに〕十四日の夜五ツ時

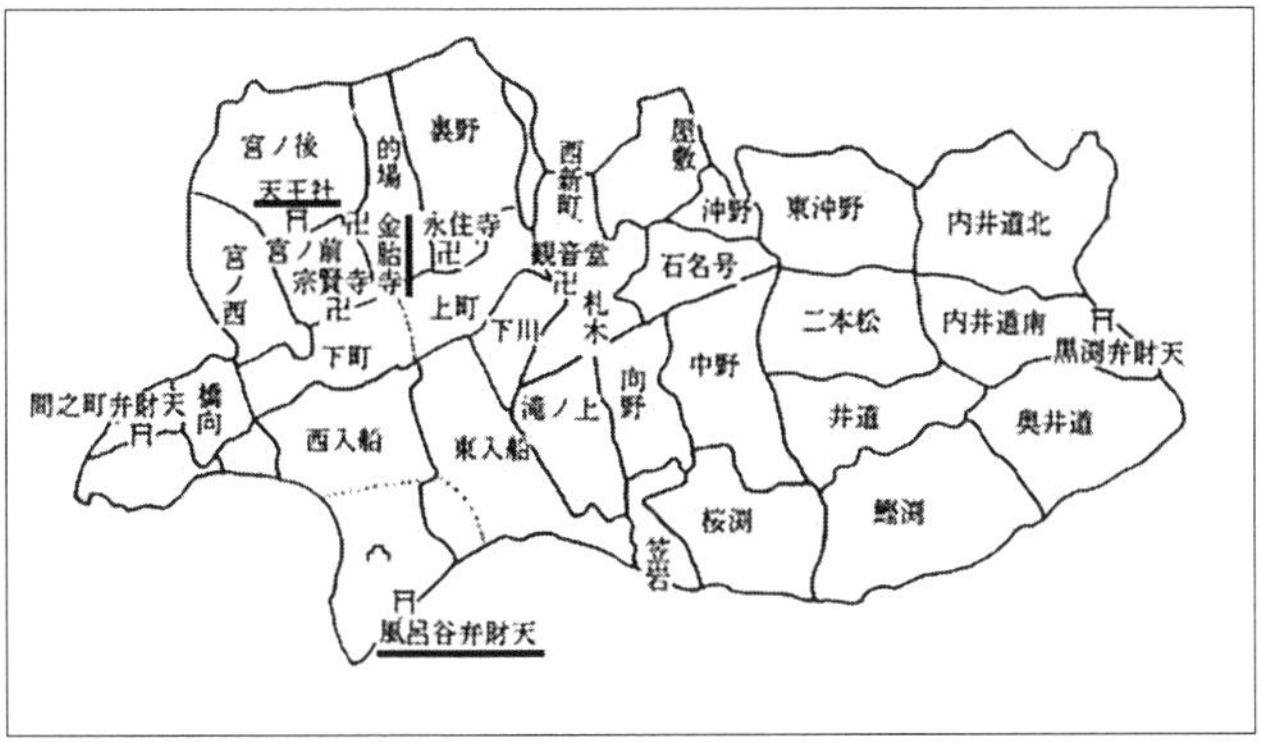

旧新城町内の地図（湯浅大司『雨乞に関する一考察』から）

雷雨、半時にして晴れ。

（御神は、「一目竜」とて眼の一つある竜神なりと言えり。故に世間にて「一目様」とも申す由。道中休足すれば、その所へ雨降り、その所へ降れば迎えし所にて降らざることもありとて、昼夜に限らず、食を終えるの暇も替わるがわるにして、滞りなく来る。この御神、騒ぐことを好み給うよしにて、若者中夜毎に、にわか〔即興の劇や踊り〕をなして供じける。）

喜雨〔日照り続きの後の雨〕

迎えより　にわかに雨を下さるる　神に馳走の喰逃げはなし

また、十四日より十八日まで、昼夜休み止めあって雨降りければ、皆人些か退屈の気色みえ、かつ、右信心七日の間なれば、この日、日待をぞしける。

（新城の日待世話番にて祭り当番ならざる者、唯一飯を食うばかりなり）

雨まちの　少し過れば又日待ち　唯々くうくう寂々の人

十九日より晴天

17 気象観察

（1）白毛降り

【文化十二亥年〔一八一五〕昌平37歳】《天161》

同年八月、大きさ馬尾のごとく長さ二、三寸より七、八寸までの白毛、信遠三濃尾の間に降る。

（2）流星

【文政四巳年〔一八二一〕昌平42歳】《地132》

同七月尽日〔月末日〕、晩六ツ時を少し過ぎる頃、光り物あり。大きさ月のごとく、西より東を指して飛び、その光輝、陰山を顕す。形流星のごとくにして、後砕けて五つとなり雷声を発し、その没する処を知らず。

（3）地震

【文政七申年〔一八二四〕昌平46歳】《地154》

同年正月十四日、地振〔地震〕三度とも七度とも言う。

同十五日、昼夜両度地振す。

同十六日、昼地振

同十七日、昼休み、夜七ツ時、二度振す。

同年春中、京都大地振、諸国山々へご祈祷仰せ付けられる由、聞き及ぶなり。

〔（注）国立天文台編纂「理科年表」〔二〇一九〕、宇佐美龍夫著「日本被害地震総覧」（東京大学出版会〔二〇〇三〕）、「日本の自然災害」国会資料編纂会編纂〕等には、該当の地震の記録はない。ただ、「下川邑誌」（昭和六三年〔一九八八〕）三四〇頁の巻末年表の「文政七年」には「正月大地震おこる」とある。隣町の「佐久間町史料編三上」（昭和四三年〔一九六八〕）四八七頁、「勝木家年々覚書」中「文政七年」にも「正月十四日大キナじしんユル十八日マテたびたびゆる也」との記載がある。

なお、京都大地震としては、文政一三年〔一八三〇〕七月二日の京都・畿内地震がある。翌年一月まで余震が六三〇回以上続いたという。このため、この年一二月には、天保に改元されている。〕

（4）豆降り

【文政十一子年〔一八二八〕昌平50歳】《地174》

正月二十二日、遠〔州〕浦川より振草までの内、天曇り、雪に交じり大小豆降る。大豆と称するもの、形皂角子〔木の実〕のごとくにして平たく、大豆色にして奥剛なり。その小豆と言うものは、形丸く少し長く、色赤黒く小豆と大いに異なり、その名をなす事いぶかし。

（5）天候予知法

【天保五年午〔一八三四〕昌平56歳】《人72》〔この項後掲の第七の1参照〕

同年六月、土用中、去冬の騒動一件につき、赤坂桜屋に逗留〔滞在〕。村々役人中同居して話すに、土用は雲登ること年々定まりし故に、俗に土用登りという。天気替わらんとする時は、西風あって後雨降る。もし西風なくしてすぐに雨降れば、大荒れ、大水出る由。この前子年の洪水も、西風無くして然りと言う。

第六　郷里での生活

1　早朝の火事と帰郷

【文政五午年〔一八二二〕昌平44歳】《地136》

同年正月四日、早朝、設楽本家の下の座敷六畳敷より出火。床落ち、縁の下に入れ置きたるハザなる〔稲干し架け場（はざ）のナル棒〕焼く。同所戸箱半分より下を焼き、勝手まで床下焼ける。しかし、人都合よく打ち消し、上は一向破損せず。戸障子四、五本、行燈一張痛〔傷〕む。そのほか諸道具損失なし。右かたがた近隣心労を掛け、申し訳これなきについて、本宅へ帰る。

2　折々の俳諧

【文政六未年〔一八二三〕昌平45歳】《地145》

同年二月、大杉山東泉寺〔中設楽村の寺。明治初年廃却〕へ、タラ芽を贈る。住持〔住職〕競夢謝して曰く。

聊な木の芽なりしと玉われど　ひとり菜には　あまりたらふく

予また返歌。

誠只小平ながら捧げたら　謝することばの大杉の山

【文政七申(さる)年〔一八二四〕昌平46歳】《地154》

同年正月、大小〔原文どおり〕

正月ノ初ノ始二春五マ八九ツワ霜(シマ)ダテマヒヤ極メ大

三味線デ四カケルトコへ六ツノ波(ハナ)七閏フ(ト)十シノ祝ヒゴト小

〔（注）江戸時代の暦は、旧暦（太陰太陽暦）を使用していた。旧暦では、一年は三百五十四日で、十九年七回閏月(うるうづき)を置き、その時は一年は十三か月あった。大の月は三十日、小の月は二十九日で、二十八日や三十一日はなかった。大の月、小の月の配置は毎年変わったので、その覚え方として、いろいろな工夫が生まれた。

右の第一行は「一、二、五、八、九、十一、十二月は大」、第二行は「三、四、六、七、閏八、十月は小」を表している。なお、旧暦では、一～三月が春、四～六月が夏、七～九月が秋、十～十二月が冬であった。〕

癸未(みずのとひつじ)〔昨年〕の翌春、原田氏の息女姉妹一所に婚事成る。よって詩に「兄弟既に翕(あい)〔合〕り、和楽且耽(かったのし)」〔「中庸」第一五章〕ということを思い出して、その意を祝句(いわいく)に述ぶる。

姉妹よく　あふ縁(えにし)のむすび初め

萬歳謡(うた)ふ春の花聟(むこ)

【天保五午(うま)年〔一八三四〕昌平56歳】《人75》

同五年十一月、多賀観音院〔近江の多賀大社内観音院（明治の廃仏毀釈で廃却）〕休賀法印〔天台宗布教の坊人〕、宿す。

（諱名を一桂と言って、元林蔵方に泊りしに、近年林蔵不如意故、当時予家に宿かす。）

一盃を進めんとして、東泉寺住僧を呼て請伴(しょうばん)とす。狂歌を呈じ（東泉住僧、狂名間貫という）、その詠(うた)に曰く。

久々の君に近江の嬉しさわ

多賀いに無事を述てよろこぶ　　間貫

休賀法印　前書して曰く。

尚古堂小旅宿せしに、早くもこの頃暮行く年をおしみ、月凄く何とやらん物淋しく、徒然に侍りし折から、間貫先生来り給うて、早くに打ち絶えめかりしことを狂歌し、送り給ひつるに、その道に我うときことを恥入りて、とりあえず侍りぬ。

狂歌をば詠じて三河　挨拶わ
何と設楽と　思ひけるかな

嬉しさや　絶えて久しき雪にぬれ　　一桂
足引の山路を来ても尋ねてう　君なつかしく思ひ出して

観音院　大酒はせじと仰せければ、主じ

観音は　酒を聖至とおおせしは
心弥陀さぬ仏菩薩かな

3　猪狩りと殺生

【文政六未年〔一八二三〕昌平45歳】《地146》

同年四月、猪羅る〔競る〕につき、信心日待。翌朝狩りせんと言うに、林蔵は、「信心の序で殺生せんこと、理に当たらず」と言う。

予曰く。「苦しからず。諸災消除を願うて信心する時は、殺生せんこと全し。宜しからざる猪も羅せざるは、信心にも狩りにも及ばずに、彼れ羅るによって信心して、その災を遁れんとす。その上狩りしてその根を絶たんこと、息〔生く〕ことを得ざるものにして何の罹れか、これあらん。汝狩りを好かざるを以て悪しとす。汝、何ぞ諸災消除の信心ある時において、よく漁をなす。この好める品によって免す王法にあらず。」、と。即ち千里に服す。

孟子の曰く、「矢人ハ、豈不仁於函（ヨロヒを作る人なり）人ヨリ哉、矢人、惟恐不傷人、函人ハ惟恐傷人巫匠（棺槨を作る人）モ亦然。故ニ術ハ不可不慎也」〔「孟子」公孫丑章句上七〕《矢人〔矢を作る人〕は豈函人〔鎧等の製作人〕より不仁ならんや。矢人はただ人を傷つけざらんことを恐れ、函人はただ人を傷つけんことを恐る。巫匠もまた然り。故に術〔技〕は慎まざるべからず。》、と。

〔（注）矢職人は作った矢が人を傷つけないのでは困る。鎧職人は、矢で傷がつくのでは困る。棺職人も同様で、それぞれの技（職業）で仁、不仁が分かれてしまうので、その選択は慎重でなければならない、という。〕

これ、もと性は善にして、儒子の井に入らんとするを見て、惻隠の心あるは一なり〔注〕。ただ、それぞれの勤まる所によって、志を異にするなり。今川氏も無益の殺生を禁じたもう。また釈家の祖師（開祖）方も、化鳥夭怪を退治したもう。小魚といえども、逃口なしは生を亡す。これ無益の仕業なり。大獣たりとも悪業をなす者、その罪を責めて真に帰さしむ。また悪人を斬りてその罪を責む。我が国の王法にして儒仏神皆一なり。

〔（注）孟子は、「人皆、人に忍びざるの心あり」。今、幼子が井戸に落ち込もうとするのを見れば、誰でも「かわいそうに」と放っておけずに助けようとする。これは人間らしい惻隠（思いやり）の心があるからだとする（「孟子」公孫丑章句上六）。〕

同月、猪大群発向して諸作を荒らす。よって毎夜六返宛村中を廻る。于時、汁市組分れて廻りたし旨願いにつき、右信心の夜より分れたるところ、終に夜廻りせずして臥せり。

故に、この方より汁市に麦作仕付けこれあるとも、役目へ願い出るに、汁市組夜廻りをせざれば、この方、夜廻り勤めがたき段申し出る。よって汁市組、役目所へ召し出され、吟味の上、一言申し訳相立たず、誤まり入りて一統す。

4　持山と持たざる者〔関連した記載をまとめたもの〕

【天明六午年〔一七八六〕昌平8歳】《天55》

天明六午年四月八日、七良平宥定〔昌平の祖父〕、行年六十四にて卒す。

号　浄雲慈清　居士　　葬　板屋家敷

（懺法〔仏教の懺悔の儀式〕一座、米九俵、酒一石、金二両三分、銭三〆、〆入用、金一両三分二朱、銭十七〆、薬、香奠、この代、諸道具増、またお家流を書く。弟子の大略、加賀野弥八、同岩太郎、月文八、同清之丞、御園繁助、三ツ瀬軍二郎、村弥四郎、伴二郎、愛二郎、善二郎、惠兵衛、弥八。

ある人曰く。「御辺〔貴殿〕よく書せり。世を去るの日、その手ばかりも残らざることを愁う」と。宥定が曰く。「金銭は遣う時は減る、而して死すれば跡に残る。則ち世の宝なり。吾手は、壮年より老に至って使えども減らず。吾が宝なれば未来へ持参すべし」と。これ、当所亀三郎の話に聞けり）

また樹木を植え、

（私に言う。この時まで、近村一統人皆、樹木を植えることを知らず。七郎平のよく植えるを見て、先を争ってこれを植える。故に今諸所に多くこれあり。）

これ後世を救うの良術と謂つべし。

【文政六未年（一八二三）昌平45歳】《地148》

同年四月二十五日、柴山の口始まり〔山地に採取目的で入ることを解禁すること〕、中設楽村役人重左衛門言わく。「昔年より村中山の口始まりを待つことなれども、今手前山ばかりにて、馬草、薪をとりて、入会の場所において一向執らざる者は構わず、苅るとも然るべく」と言う。

（今より二十五、六年前、別所村東八十吉という者、精分〔精力〕者にて三人前の働きをなす。時に、山の口前、苅下より場にはあらずと言って、苅山にて田柴をとる。当村よりこれをとがめて、「入合にあらずと言うは、年中苅山をかりて、入合の場へ出ることなかれ」と。彼の八十吉も、「苅山ばかりにては不足、入合へも出るなれば、理に服し、明年より苅らざりし」と言えり。沢山あって、柴・薪、手前山にてとる者は、山の口を待たずともよきやうなものなれども、そこが村つき合いというもの。少々は兼ね合いで仲睦まじくするがよきなり。

また、入合の義、場所定まりたることなし。苅所にてなく訛りたる所、また杉・檜木ある下草、いずれ地主捨て置きたる所にては、馬草肥やしを苅るなり。薪も、杉・檜木は言うに及ばず、そのほか上木または悪木たりとも大木は伐らず、ただ鉈にて伐るなり。斧大切等にて伐るべき木をば皆地主に貰うて、伐山に薪を積み置きをせず、積み置かんと思う者は皆地主へ貰うて伐るべき古法なり。全体誠の入合というにもあらず。山地少なき所なれば、有る者が細かしく言うては、無き者のすぎ合い〔生業〕ができぬ故、表向きにてぬすむなり。地主も知りつつぬすますなり。また地主方にても杉・檜木を植えるにも苅山を拵うにも、大体見合いあるべし。あまり欲深くして小前難渋せば、反って長久ならざる基と心得べきなり。）

予言う。「もっとも書付、証拠等もあらず。格別小前非道をなす時、当り山に成るべくと言うとも、一理なきにあらざれども、それでは小前立ち行かざる故、他より口入内済と成るべき事なり。今山持、口開き前に苅るとも、ほかを止めさえせねば、いずれも構えものはあるまじけれど、反って村中不和の基なる故に、とくと小前談し合い然るべく」と言って、信心日待の序を以てこれを評儀するに、他より預りたる苅山にて苅って、入合の場所へ入らざるは、前日より苅るとも然るべくと言う者もあれども、昔より定法なれば、移り替る世の習いとは言いながら、また納まりの宜しからざることもあるべくなれば、「まず田柴ばかり持々の苅山にて前日よりとりて、馬草は口開きを待って採るべし」と、村中相談決定して、その趣、加賀野、別所へも申し遣わす。

〔別所方忠兵衛言わく。頭の中にも手前勝手を言う人もあるに、予が中庸を用いたるとて悦ぶ故、

予、忠兵衛に語って曰く。「山の口の義、古より定りたることなれば、一人にても古例にかけては不承知なる者あっては、この相談決定せざることなり。然れども、今は皆人気〔人の意識〕替り、昔は苅山これなき者村半分より多かるべし。今は皆工面して求め、あるいは他人より預りてなりとも、一、二か所ずつは皆所持して、一向苅山持たざる者二人か三人ならではなき故、皆この相談をよしと心得たるなり。

今を手前一人にても不承知の所、助け申し立つる時は、随分言い分立つべきなれども、一人、二人抜け出て言うことある時は、また何に依ってか差し支えることあるもの故、まずは人並みとなって、また苅山の一か所も預かる思案が増すなるべし。」と言うに、忠兵衛、その意にもたがう。

「銭宝は弥陀の光」〔阿弥陀の光も金次第〕ということあり。今忠兵衛の言い分を山持いう時は、先例を替えることはならざるなり。忠兵衛は、貧窮にして綿密〔真面目〕に暮す者故に、古例の通りにして、山なくて住めるようにしたしと思うなり。なれども、人とりあえず、故に、予中をとって、とり極めるところなり。

しかも、山持より先例をいい出したる時は、今少々廻りよく苅山の一枚や二枚持ちたるとて、打ちけすことはならぬなり。また先例替りても苦しからずということなれば　入合は止めて、当り山にするともできねばならぬ理になる故、山持より言え、急度〔必ず〕立つなり。無き者の悲しさは、忠兵衛本理を言うて

通らざるなり。なれどもまた、無き者は有る者に随うか、曲がりても、これを本理と思うがよきなり。

また、山持より言う時は、今馬草ともに口開き前に苅るというとも通るべきなり。即ち重左衛門の言うところなり。なれども重左衛門は、予が言うことをもっともとして、即ち古のとり極めにしたるなり。また何が故に口開き前に苅るとも相談調うと言うなれば、今預りてなりとも、苅山持ちたる者多く、山の口もただ二、三人のために開くのみにして、皆口開きなしに苅りたき心持ちなり。

なれども、外人も苅山にて多く苅りたるうえに、また荒山にて苅られては、二、三人の山なき者の大難渋。これらのところ、長たる者、とくと勘え不仁あるべからざることなり。

また世は運車のごとく廻りものなれば、今山持たる者の子孫になくて、今なき者の子孫に山持もできるなれば、有る者無き人の胸を思いやり、無き者有る者の心を察して、あいみ互いたるべし。また己れが我謾に理を拵えなくて、つらきは去ることとなれども、有って不自由するは馬鹿なこと等という義、甚だ心得悪しきことなり。

今吾思うに、無くてつらきよりは、有りて不自由するは何分安心なることかな。かくのごときの心掛け、子孫を思う時は、来世に至って格別難渋はあるまじきの理なり。ただ財宝を積みて子孫を賑わさんとして道に依らざる族、反ってそれを滅却するもの粗く、これを観るなり。

君王無道にして人民亡び、人民亡びて君王独り立たんや。君愛憐を垂れて民国恩を謝す。これ事理兼備の道なり。後生の者深く悟って　その是を失うことなかれ。）

5　昌平塾の学則

【文政七年申〔一八二四〕昌平46歳】《地156》

同年、門人温佑、先年舎弟〔弟分〕死去につき破門。今また再入生得る故、学掟〔定め〕を記す。

一　古文進学解並びに、

一　夙起〔早起き〕、流水に洗手、看経〔経典黙読〕、払除〔掃除〕の後、向食事

一　読書は、朝食するや否や直に始め申すべき事。また学頭〔学校長〕に従い、少者〔若者〕は四ツ飯の後素読。なお余力の折々、復読怠るべからざる事

一　毎日払除〔掃除〕の時丁寧たるべきこと。並びに十日に一度座敷より庭まで皆払う。そのうえ雑巾使うことは、勝手まで残らず。戸・障子、諸道具等は三十日を期とし、四季を。かくしては不浄場洗うこと。いずれも学頭より差図たるべし。もし懈怠〔怠る〕の義これあり、丁寧ならざることあらば、学頭たる者の罪科たるべし。

一　争論、仇噺、悪業等、相互に見聞に及べば、主人に訴え、その科の軽重に従って過料を行うべきこと

一　諸道具使い捨てに致さざる事

一　他人の道具並びに草履、はきものの類、はき散らし候ものこれあるは、その品により罪に行うべき事

一　仁義に欠けたる行いはもちろん、言い争いに至るまで、道によらず、また業に叶わざる義申し出す者は、随身〔随行〕離るること。仮い常の言語においても、負けおしみとぞ口論いたし候ものは、その科恥ずべきこと故、十日の間、庭にて食に向い申すべき事

右箇条に外れたる過ちある時は、その事により、その趣きに従って、その科を定むべきなり。
また主人の身において過ちごとある時は、他の先生によって、これを正すべきものなり。

右箇条の通り、塾中の諾を得て記す。

月　日　　　　朴素塾　執事

6　喜びも悲しみも

（1）元服祝い

【文化十酉年〔一八一三〕昌平35歳】《天142》

正月、森山酒屋亀太郎、元服

　此日題詩賀故人　君将話我自相親
　亀齢束髪蓬来下　紫気長看好月輪
束髪の齢もながき亀太郎　千秋楽〔興行最終日〕の酒盛りの山

〔（注）森山酒店（湯浅家）は、そもそも宝永二年酉〔一七〇五〕に、昌平の先祖（七良兵衛春国）が湯浅家初代四良兵衛を見込んで森山に店を出させ、娘を嫁がせた間柄であり、また、昌平自身湯浅武八（三代目）の世話で享和元年〔一八〇一〕シキと結婚しており、関係性は濃かった。〕

（2）草津まで湯治旅行

【文政八酉年〔一八二五〕昌平47歳】《地160》

同八月七日、森山五代湯浅武八死　若名亀太郎

六月下旬上州〔上野国＝今の群馬県〕草津へ入湯帰路、信州小室在耳取村〔今の長野県小諸市耳取町〕丸山惣左衛門（同人は川合吉蔵娘サトの嫁する所なり）方にて死す。火葬して骨を持参し、モリ山坂の廟所に葬る。

　法名　鶴眞良寿　居士

同九月二十四日、同人妻キサ柳瀬にて溺死す。

〔（注）森山酒店では、文政二年〔一八一九〕から同四年にかけて、亀太郎の母と父四郎兵衛（四代目）、祖父武八（三代目）が、相次いで死亡している。頼みの綱は亀太郎（五代目武八）であったが、同人の病死により、その妻キサまで死亡し、一人娘（重〔シゲ〕八歳）が残された。

家業（酒造業）存続のため、先祖を共通にする古戸村伝十の弟千次（成人後「利兵衛（利平）」）が招かれ、「武八」を名乗った。同人には昌平の長女美津が嫁いでいる。この「武八」が「議定論日記」の著者である（拙著『江戸の裁判』参照）〕

7 妻の死別と再婚

妻思儀死亡

【文政八酉年〔一八二五〕昌平47歳】《地160》

同七月三日、昌平妻思儀〔結婚時の記載は「思義」〕死

法名　明円臺光　大姉

後妻カノ来る

【文政九戌年〔一八二六〕昌平48歳】《地165》

同十月十日、昌平後妻カノ来る。

当国西尾城主松平和泉守様御内　鈴木門右衛門娘なり。

8　井道（山田用水）の修繕・再作

【文政十一年子（一八二八）昌平50歳】《地175》

同七月朔日〔一日〕、大水、井塞〔井堰＝水を引くため川水をせき止めた所〕大損し、仮り普請〔工事〕、井口より筧〔懸け樋〕にてとる。職人手間、素人手間、合わせて二百二十三工。

そのほか、奈根、粟代、古戸辺り、井塞残らず破損。天龍川通り家数多流れる。

才川瀬尻〔現在の浜松市天竜区龍山町内〕の親玉達、諸道具、帳面等皆失う由。中部町〔天竜川と大千瀬川の合流点〕残らず水入り、諸道具失う。田畑、川通り皆荒れる。

右井塞、文化丑〔二〕年〔一八〇五〕相初め子〔文政十一年（一八二八）〕春でき、当年まで入用金〆二百八十両三分七十二貫三百丁五十文。

金六両二分と七十一〆六百三十二文、卯〔文化四年〕年より子〔文化十三年〕まで〆。

内訳　十か年間、入用金〆仲間中惣〔総〕高にて出金

（この内、五両二分二朱文ほど他人出金、十一両二朱文ほど予家出金）

金百両丑・寅両年〔文化二、三年〕分、井道入用高〆

先子〔文化十三年〕八月、大水にて破損場多きにつき、仲間中出金なりかねる故、水年貢取極め、予家より出金、野地買入金合わせて四十両二分なり。

卯〔文化四年〔一八〇七〕〕より子〔文政十一年〔一八二八〕〕まで田堀入用二十二か年分、〆金三十二両四十五文目九分二厘。

文化子〔文化十三〕年〔一八一六〕より当子〔文政十一〕年〔一八二八〕まで、十三年分入用〆金百一両七百十八文。

一か年につき金七両二朱文ずつ、
米上り高一か年二十五俵卯年亥共に〆
右入用金引きて金二両一分二朱文宛
予家出金高百八十三両に割、金一両の利足七分八厘宛に当る。
右当年にあたりて破却、予老年に及び血気衰え、再造難し。

予少きより酒用いず。飯田にて修行の時、先生好酒故、任免少々これを用いる。家に帰った後、更に用いざるところ、文化午〔七〕年病気の後、寒気を恐るる故少々宛これを用いる。

文政己卯年〔文政二年〕新城出張より後、専らこれを用い、酒家〔酒飲み〕の名を得たり。およそ一か年の入用金三両に余れり。故、当月三日より禁酒して災難を凌ぎ、過ちを悔い、よってかくのごとく慎むこと、後およそ二十か年たるべし。

予、寛政十一未年〔一七九九〕より杉植え始め、当年まで二十七、八年に及ぶ。もっとも、この上二十か年を過ぎ、都合四十七、八年にては杉伐り始め、またまた梅久保山杉木売れる時節、右普請〔工事〕相始めば永く相続すべし。後嗣の志を得る者、これを続けよ。ただし、今の所は井道高く、道筋破損しやすし。蒔〔牧〕の橋場、あるいは月川キンダ渕の口に塞を入れて、昔の橋場に橋を渡し、橋に付けて大道通りとらば、後の破損少なかるべし。後の者、これを深く考え　またその道委しき者に尋ねて費えを厭うべし。

また時節を見合い、これを成就し、そのうえ、今の井道を再作し村まで水を引く。空〔場所〕の家の所より三つに分け、一つを直に予家へとり車をかけ、一つはのりざ子向きへとり、一つは西向きへとり、各家の斬を廻らさば、万一火事の時の要心たるべし。その時塞を入れれば、少し下げて塞ぐべし。今の所はスナゴ渕の尻故、少水にては洲を置くなれども、大水にては渕へ落ち込み、水のうねり塞ぐまですすみ、底よりまくる。下大岩の所は、大岩へつかへて水うねる。その少し上にて塞ぎて然るべし。いずれ大木を入れ、小たぎを二方さめて付け小太木の尻へ、また大木を横に入れて、その上に重なりを置かば、なお丈夫なり。

塞は、筋かいにすること悪し。筋かいは、水うねり渕をもたず。塞は真横にすべし。また川の曲り目になすこと悪しなり。

曲り目も水うねる。井道を掘るに費えの多く見ゆれども、掘出したる土を捨て、元山の内に井土手を付けるようにすべし。費えを厭い引土にて土手をつきては、新土の境より崩るるなり（これは村までとる時の事なり）。

粂蔵苅山側久保沢尻は、岩山故、堀崩れ安し。崩るる時は古田を損す故、筧〔懸け樋〕にすべし。また浜の落との所、外貝津の尻も、樋となすべし。

右の条々深く考え、もしよく予の志を嗣ぐ者あらば、予の亡霊の晦迷〔暗さと迷い〕を開くに便ならんや。

【文政十二丑年〔一八二九〕昌平51歳】《人2》

同年春中、井塞。ただし、去る七月水損より二十か年の間酒宴を止めれば、新田の揚りを貰うべしと思いしところ、ある仁〔人〕進めるによって、旧冬〔前年末の冬〕より始め春に至らば、大黒にても取立つるべきと言う人もあるにつき、まず石塞にせんと、去冬、黒鍬〔土木作業人〕手間二百二十工、賃〔賃〕金八両二分。また正月二十九日より始め三月八日までに、あらまし成就する。

山田用水完成記念の碑「水路竣功の碑　発起菅沼黙郎」とある（中設楽から月に向かう旧道の分岐点近くにある。）。菅沼黙郎は、菅沼昌平の孫にあたり、明治18年（1885年）、隣村加賀野までの用水路を完成させた。

（この時まで工数四百十四工、旧冬として賃金十三両二分二朱文）

同十六日出水にて石塞崩れ、力及ばずに禁酒も守りかね、普請〔工事〕如何と思案当惑する折から、ふと心づき、氏神の林売払い五十両の金を貸さば、永く水料に揚る所の米高、村入用に差し出すべしと。人を以て村中相談に及ぶところ、村中応ぜず。ただ二十両を見舞う。利足に及ばず、時節を以て返金すべしとの事なり。

予、よくこれを考えるに、五十金余りも相掛かるべき普請〔工事〕に二十斤借り、残るところ如何かせん。なおまた我一人の業によって氏神社中を伐ること恐れ多く、二十斤無利足にて使わんこと、思いよらざる所なり。

また、二十金借るべきほどのことなれば、去冬書付にする村金、予一人の効によってできたる所なれば、使うて返さずとも、いずれかあって否と言う者あるべからざることなれども、右のごとく書付取り替わせ、堅く控えおくほどのことなれば如何。二十金を借るべきか。ただ五十金に及わば、年々村入用の足しにもならんかと思うのみ。相談決まらざるは借るに及ばずと、持山三十両余り足らずんば講を取り立てんと、先ず大体にして普請〔工事〕を取り掛かるところに、またまた四月の出水にて井口損し、この時、

（杣大工、黒鍬工数〆二百半工、賃金〆十両一分金にして――）

蒦〔枠〕を組み立つるに、間もなく五月の出水にて、この蒦、根切り崩れ失せ、誠に茫然たる心地。しかしながら、井口の戸井残り、塞には洲を盛りたるにつき、跡普請〔工事〕

（黒鍬千六十工、春と手伝四十五、六工、大工六十五、六工、杣手間七十四工、人足百六十六工半、加賀野、別所、市場、寄近、二田、月、見舞手間〆二百工程、都合工数一千六百十四工、入用金〆五十一両一分、飯料共〆五十九両二分にして）

六月上旬までに水かかり、同月下旬までに全く成就す。ただし、右入用、去冬とは去年の部まで書入れ、

今の半分は当暮れの所まで書入れする。見る者二重に見るべからざれ。
然れども暮れの謝儀多き故、大借にも成らず。大黒講の沙汰も見合い、翌子〔文政十一年〕の春に至っては、またまた心ゆるみ、酒宴も少々これを催す。しかし、闌〔たけなわ〕はならざるのみ。

9　祭りの後始末

【文政十二丑年〔一八二九〕昌平51歳】《人5》

同年五月、盛山〔森山〕酒屋において、若者集り歌サヘモン〔左衛門（盆踊り歌）か〕を興業せり。

時に薗目方助九郎という者、酒酔いの余り、寄近方善次郎という者と口論に及び、終に組合若者大勢集り、助九郎を打つ。頭に疵つき、(仙)の焼印ある下駄の歯を打ち欠き、血の飛び付きたるを助九郎兄次平見つけ、持ち帰りて、善次郎（(仙)は善次郎者家の印なり）を相手どり出入〔もめごと〕に及ぶ。

月村平六という者内済〔示談〕口入、善次郎より誤まり証文差し出させ事済致させたき旨、双方掛け合えるところ、善次郎不承知につき、右善次郎に組合紋右衛門という者、同じく世話に立ち入る。全体右助九郎酒乱にて、前年たびたび人を打つ事これあるにつき、為出〔なしとげ〕がたきよしにつき、済口〔内済成立〕ばかり証文にて、その座にて貰い返す筈。助九郎方は予引き請け、善次郎方は紋右衛門引き請けにて、明朝立合い、済口致るべくとの引合いにて、めいめい私宅まで帰る。

翌朝寄り合い、紋右衛門言い様は、「善次郎方は何分とり計らいすれども、夜前若者寄り合い致し、たとい善次郎証文出すとも若者にて為出せずと、決定致すにつき、了簡に及ばず」とのこと故、いずれも破談す。

然るところ、下田村名主覚左衛門、またまた口入。「かようの喧嘩等できるも両庄屋の不取締なれば、双方より書付両庄屋まで差し出し、その上仲直りさせたき」旨。もっとも右覚左衛門は、名主の名前にては参らず、ただ世話人の分にて参りたる由。「次平方〔池場村〕へ相談に及ぶところ、次平返答には、助九郎は前々昌平方にて世話に成りたること故、ともかくも昌平方へご相談下されるべき」旨申すにつき、覚左衛門、予の家まで参り、右の段相話さる。

予勘考するに、「右覚左衛門、平六と相談これなき由。もっとも隣郷名主の口入なれば、平六が言い分立たずとも苦しからざる事なれども、御辺〔貴殿〕、名主の二字これなく参らるること、平六憤り計り難し。それはともあれ、右助九郎、村中ハチブに遭いし時予口入にて内済後、右助九郎我儘いたす時、我ら何方までも罷り出で、村中へご苦労掛けまじくと引請け出しにつき差し出しおく上は、右助九郎の我儘働く節は、予が方へ言い来るべき事なるに、沙汰なしにて打ち捨てする訳、これあるべからず。

しかし、喧嘩の場所は、その心付け無きも若気の至りと了簡すれども、今済口〔内済成立〕に及び、予の方へ沙汰なしの上、当人善次郎は済ますとも若者挙げて済まさずとは、得ざるその意をこの段若者へ申し聞かされ、若者不調法の段誤まり来らば、貴辺〔貴殿〕の思召にて済口致すべく、もしまた誤まりこれなき旨を申さば、右引請け書付、印形削り返さるべき」、と申し遣わすところ、

良き日限あって後、若者より返答、紋右衛門を以て申し来るは、「右平六認める処の書付、若者の顔に掛かる儀〔事〕ならば出せず」という事の由、言い来る。「右書付は、紋右衛門一見の上相談取り結びし事、御辺〔貴殿〕ご存知の段如何」と申すところに、紋右衛門申すに、「決して若者の顔に掛かる儀なし」と言う。然れば、「その許ら、吟味不足の所なり。なれども、かようの論永くは無益。一両寺の知識を頼み貰いにするも然るべく」と申し遣わす。

この段、次平へ申し談じたるよし。次平の答には、「予の方へ相談の上返答致すべし」との答の由。右次平は、予が方へは申し来らず。等閑にするは打たれ損にしておくべしとの旨と見ゆ。

故、そのまま打ち捨ておくなり。しかし、怨みを残しおく事、打ちたる者の心中穏やかならざる事に思わ

るるなり。なれども、右助九郎のこれまで人を打ち、その折々酒代あるいは書付差し出し事済〔解決〕といえども、人体に疵付け徳を損したる報い、なくんばあるべからざるなり。

〔(注)「次平」は、池場村名主で、財力、知識に優れ、振草郷中の有力者であった。前記第三の「2　結婚」の項参照〕

10　変死事件の処理

【文政十二丑年〔一八二九〕昌平51歳】《人12》

同七月五日の夜、本郷・別所方兵十娘、人に殺さる。

翌朝、鎌鼬〔注1〕と披露し、旦那寺〔家の所属寺〕へ「病死に相違なし」と言って、恩田道伯〔道白は兵十組合なるを以て〕、寺へ届けに来る由。

（この辺に、俗に「鎌イタチに食われたり」という事あり。その症、忽然として倒れ、漆工の漆の木を横に、鎌の如き曲れる刃を以て切り目を付け、その横にそぎたるごとく疵付ける。その疵、膝頭より以下なり、必ず上部にあらず。朝か暮方に倒れ、多分日中にはなし。いずれ瘴霊のなす所か。この女、刃を以て脇腹をえぐりたる疵あり。全く鎌鼬にあらず。）

竜洞〔当時別所村にあった寺〕方丈〔住職〕、早速引導〔仏道に導き入れる〕に応ぜざる段〔処〕、これを聞く。

同七日、人を以て道伯へ申し遣わすは、「兵十娘変死の由、風聞あるに、医師仲間にも相談もなく病死の届け、何言ぞや」。

その夜、道伯来り、「右兵十並びに組合貧窮故、有体〔ありのまま〕にて物入〔出費〕を恐るる故、内分〔表沙汰にしないでおく〕に頼む」とのこと故、ともかく隣村役人並びに隣寺、医師仲間打ち寄せ、とくと相談取り極め、手抜きこれなきよう然るべくと言い遣わすところ、すぐさま寄近名主を以て、取締日名地董作〔注2〕に窺〔伺〕う。「親さえ得心ならば、故障人これありとも、内分にて苦しからず」との下知〔指図〕を以て、寺へ引導頼みに来る。

和尚応ぜず、右取締役の下知、その意を得ず。

〔(注1)鎌鼬とは「体を物にぶつけても触れてもいないのに、鎌で切ったような切り傷ができる現象。厳冬時小さな旋風の中心に生じた真空に人体が触れて起こるといわれる。かつてはイタチのような魔獣の仕業とされた。」(大辞林)。本件は、厳冬時ではなく、真夏時に起きている。〕

〔(注2)「取締役日名地董作」は、隣郷浦川村の名主で、先祖が大坂の陣で手柄を立てて苗字帯刀を許されたと主張する郷士であった。地域取締役として、この地方の警察的な役割を果たしていた。天保四年に発生した振草商人と百姓が対立した議定論騒動でも、間に入り争いを息子董蔵の名で示談を成立させている。しかし、天保十一年〔一八四〇〕には息子が亡くなり、翌年には董作も死亡し、その後、年貢の取り過ぎ、不正蓄財等があったとして、ついには村民全員から訴えられる訴訟沙汰になり、自称郷士の日名地家の権勢は、明治維新を待つまでもなく消滅した。〕

同九月、川角名主新右衛門来り、「本郷の儀〔事〕気の毒。助九郎の事並びに変死一件も、予と相談にて事済いたしたき」旨、申し来る。

予、「窺いの上ならでは立ち合わず、しかし、今本郷狂言前故、この節窺わば狂言の障りこれあるべき故、差し控える」と言って返す。

後、予これを考えるに、我の役目ならば、理非明白ならざれば済まさざる所なれども、医の道、治術のみ。政事には掛かわらざる故に、寺へ、「もっとも早日数も立ちたることなれば、変事あるべからざるに、引導然るべくなされ」と相進め、川角新右衛門方へ行って、窺いの儀差し控え、変死人につき毛頭故障これなし、ただし、本郷の事、立合い相談は断の段、申し達す。
（もっとも、右助九郎事につき、予の引請け等と言い来るとも、右の理を以て断るべし。また、本郷の儀、入合故、不取締につき寄近組頭半平方にて取締引請けの書付、入合村の役人連印にて浦川まで差し出すべき旨、春己未より言い付けらる。

その儀、未だ決定せず遅滞し、右書付差し出さず狂言等いたす義、お上へ対し恐れ入りたる義なり。予窺いを以てせば、狂言差し留まるは必定故、これを遠慮す。かつ、右狂言中、赤坂御陣屋より同心衆〔警備の役人ら〕参られたると披露す。

右取締、書付も差し上げず、公儀よりの役人参らるる筈あらず。予見物せば、この義不承しては置かざる所なり。故に、終に狂言見物に行かず。仕舞の日、大切の幕に行って舞台の様子を窺うに、ご用の挑燈を掛けたる桟敷、寺院桟敷の上にあり。公儀の役人お越しの祭礼に平人の桟敷高く掛かる等、一向訳の立たざる義。同心衆と称する者も、真の者とは思わざるなり。かようの礼義もわからずして取締役等とは、覚束なき〔頼りない〕ことに思わるるなり。）

11　伊勢お蔭参り

【文政十三寅年〔一八三〇〕昌平52歳】《人18》

同年九月二十四日、お蔭入用、銭百丁五十文出す。

同年三月上旬より伊勢お蔭参り。四国阿州〔阿波国〕より始まり、五、六、七月、大群集。道中筋諸所、摂待並びに施行、駕篭――馬飾り。結構大家の主人六尺をなすその出立、美麗を尽くす。大野辺りより始め、邌り〔列を作ってゆっくり進む〕流れ行きて来り。

七月三日、長奈根送り来り、蕎麦最中故、暫時休み。寄近、別所、下田、川角、設楽五ヶ村もやひ〔催合い〕、同二十四日より毎日まで、ねり歩行、同日足込村へ送る。

〔(注)江戸時代には六十年に一度お陰参りがあり、明和のお陰参りから数えて文政十三年の翌年がそれにあたるとされていた。ところが、一年前の春三月、阿波の国から伊勢参宮の人が増え始め、大流行となった。奉公人も子供も無断で家を飛び出して参宮に向かい、別名「抜け参り」とも呼ばれた。約半年余りの間に約四百三十万人もの人出があったと言われている。〕

12 家塾での子弟教育

(1) 祖父七郎平の代 《天55》

天明六午年〔一七八六〕四月八日、七良平宥定、行年六十四にて卒す。

同日 朝、大霜降。

宥定能書〔達筆な人〕筆子〔手習子〕の面々

(御薗伝右衛門 悴 繁助、三ツ瀬粂右衛門 悴 軍次郎・後医名玄盛、カキノ村弥兵衛、月清之丞、カカノ弥八、同岩太郎、村弥兵衛・若名□四郎、愛次八・後世惣二、川内長之助・後割七左衛門

右の外数人□細改、凡三十余人なるよし)

(2) 父宗碩の代 《天63》

寛政十一未〔一七九九〕五月十日、晩六ツ時、徳宗碩、行年四十六歳にして、翻胃〔食べた物を吐き戻す〕を患ること前年よりして卒す。

号　貫道宗碩　居士

（筆子の有増(あらまし)　金二郎、久二郎、岩之助、政二郎、荒二郎、銀二郎、粂丸、政吉、清吉、八二郎、辰(たつ)之助、カカノ熊二郎、月和吉、カキノ竹二郎、同八太郎）

（3）昌平の代　《天93以下》

享和四甲子(きのえね)年〔一八〇四〕正月、年号文化とお改め、昌平医業行わる。

同月、村岩之助弟竹次郎、手習来(きた)る。

文化三寅(とら)年〔一八〇六〕正月、村伊重、手習に来る。

文化五辰(たつ)年〔一八〇八〕正月、村春之助手習に来る。

文化十一戌(いぬ)年〔一八一四〕正月、三ツ瀬久吉、月作弥、手習に来る。

文化十二亥(い)年〔一八一五〕正月、月紋次郎、手習に来る。隣兵次郎、手本遣(つか)わす。

文政九戌(いぬ)年〔一八二六〕　前に別所方幸蔵悴(せがれ)伝之丞、予家に来(きた)りて手習す――。

文政十三年〔一八二九〕十一月より小間物清次良倅儀平次、市場助左衛門末子・和助、上小田弥三次倅・文之助、澤口源蔵倅・兵助、万野斧次郎倅・和吉、手習に来る。

天保九戌(いぬ)年〔一八三八〕正月、柿野堂平八弥、秋太郎、尾崎栄吉、手習に来る。月林〔村〕林次郎、別所まで来る。

13　菅沼家の家計

【文政十二丑(うし)年〔一八二九〕昌平51歳】《人14》

同年、謝礼金　六十八両二分
人数合せて　六百四十八人
家数　〆三百八十四軒
貼〔薬包〕数　〆一万六千五十五貼
一貼付、二分五厘六毛に当る。
〔右は、医療収入の部〕

【天保六未年（一八三五）昌平57歳】《人84》
同年九月まで、借金三百二十七両二分
内金百六十二両　山地永代買入
金九両一分一朱也　杉木年季立買
金百五両一分二朱也　証文貸金
金二十五両一分三朱也　年賦金貸
金九両二朱也　村横帳貸
金十八両三分三朱也　諸方横帳貸
金三十両ほど　当座加地子〔名主が取る小作料〕その外貸
金三十両余　薬種残高
金三十五両余　永福隠徳貸
右我、中庸を知らず、前非を悔い、一休〔和尚〕の教えを思い出し、祝い直して、
（一休、後生をも願いすぐるも、いてぬこと、もし極楽を通り過ぎたら）

隠徳を積みすごしたる布袋腹
一ツとこに貝を福の神かな
（我、生得正直を元として、人のおだてにのるの質なり。もっとも、敵となって来る者には負くることは嫌いなれども、味方にして勧むる者には流れ安し。普請〔工事〕等も、我より思い立てしは別所の普請のみ。そのほか先の家造作せしは、祖母モト、暗きをきらい、大家住居にせんことを望みし故なり。井普請は半右衛門の勧めにまかせ、今本家の普請は、悴も好む由を告ぐる者あって始めたるなり。

酒も元来下戸なるを人の進めに付けて、按ずるに、我より薄き身上〔財産〕にても、一生呑んで安く暮らす者もあれば、その人の徳に依るべしと思い、二十年来これを用い、大に財を減らしたり。

その内、去冬より法印〔中設楽村上ノ平に住む「心明坊」という僧〕を差し置き、この法印奢にて隔日に呼ぶ。呼ばれて大分呑み費やす代銭三十四貫七百外金一両ほど、現金買また酒一石六計、疱瘡祝、嫁取入用口五計余、節季薬礼、人に振舞いして、およそ代金十三両二分。今よりこれを約〔節約〕せば、後嗣を助ける基ならんと心に欲すといえども、晩年の僻〔癖〕は直しがたし。）

我が代

杉木売価金　合せて千十八両二分
田畑加地子〔名主が取る小作料〕　およそ合せて三百両
謝儀徳用　およそ合せて五百五十両
三口合せて　金千八百六十八両二分

使　方

金二百八十両一朱と一文目九分　井道入用〆
金三十三両三朱と一匁二分五厘　田堀入用

金二十二両一分三朱と三匁二分三厘　上ノ平池並びに田堀入用
金三十五両　別所普請入用
金百三十三両二分二朱也　当家普請入用
金二十五両　飯田・京都学文雑用
同十両余　仁輔分借前入用
金八十五両三分余　道具買入用
金十四両一朱也　奉加火事見舞外
　これは心当りより、少し付け落しあるべし
他に施し入用
〆金六百三十九両一分
　引て金九百三十四両一分
吾代三十七年に割　一ヶ年分金二十五両余に当る。
杉植込み合せて二万五千本余
　この植賃　合せて百八十二貫二百八十八文
金にして、およそ十六両三分也　（ただし一本七文也　苗代共に）
この伐り払賃　およそ金三十七両

第七　名主後見として

1　議定論騒動への関与

【天保四巳年〔一八三三〕昌平55歳】《人41》

同十二月十三日、本郷、粟代辺り商人、議定書認め、月村次郎八方にこれあるところ、留主にて村方へ取り出し、粟代、小林、平山、月、布川、設楽、柿野、加賀野、下田、足込、右村々小前残らず、柳瀬河原に寄り集まる。既に商家を打ち破らんする勢い。

赤坂御陣屋〔赤坂役所〕初役大塚弥市良殿、奈根村までご出役〔出張〕、同月二十六日、浦川村日名地董蔵殿取扱い〔仲裁〕、一旦事済。

〔(注)天保四年十二月、振草郷商人が作成した取引議定書（産物売却、借金等についての自由規制）に対し百姓が反発し、七、八百人が別所・寄近村の間にある柳瀬川原に押し寄せ怒号をあげ撤回を求め、一揆寸前の騒ぎとなった。名主らが調整し、日名地董作・董蔵親子の仲裁で一旦は示談が成立したが、破談となり、中泉代官所赤坂出張陣屋（赤坂役所）が入っての和解勧告でも収まらず、江戸表の裁判にまで発展した。最終の裁決が下るまでに五年を要する争いだった。その顛末は、商人の代表湯浅武八が書いた「議定論日記」に詳しい（拙著『江戸の裁判』参照）〕

同、今年諸作豊かなれども、米不作。信州至って凶作の由。

当所金一両につき五斗四升替え故、右のごとき騒動、所々にあり。近くは海老、門谷、新城、吉田〔現豊橋市〕、岡崎、そのほか遠州辺り、皆騒ぎ立つ由。

【天保五年午〔一八三四〕昌平56歳】《人69》

同四月十三日、売人一件につき御召状。村に役人お差し越しにつき罷り出ずる。村々一組限り御差紙〔呼出状〕遣わさる由、仰せ渡される。同十九日帰村。雑用金一分三朱文取替え。

同五月二十二日、商人一件、前月二十九日、月、設楽、布川、寄近、下田、奈根、足込、一組限り惣代〔代表〕一人宛お召し出し。去冬日名地董蔵取り扱いの趣き〔示談〕を以て事済の積り、御利解〔赤坂役所元締関根藤左衛門の和解勧告〕仰せ聞かされ、組合惣代承知の上、小前可成丈利解申し聞かさるべき旨お請書、来る六月十八日まで小前取調べ内済致すべき旨書付差し上げ、帰村。雑用金一両二分三朱文取替え。

同六月、土用中、去冬の騒動一件につき、赤坂桜屋に逗留〔滞在〕。村々役人中同居して話すに、土用は雲登ること年々定まりし故に、俗に土用登りという。天気替わらんとする時は、西風あって後雨降る。もし西風なくしてすぐに雨降れば、大荒れ、大水出る由。この前子年の洪水も、西風無くして然りと言う。

〔（注）赤坂役所のある東海道赤坂宿には、郷宿（公事宿）として桜屋と岡田屋があった。桜屋は脇本陣で、その主人庄左衛門は管内の名主代表（郡中代）でもあり、公事宿として代官支配を実質補助する役割を担っていた。宿泊者は、主に僧侶、名主、商人らであった。岡田屋は、その他百姓の宿泊所だった。〕

同月十七日より商人一件、小前同道、村々役人差し添え。御役所へ罷り出で事済致すべきのところ、惣代の者、小前不承知の由申し立て、事済に相成らず。

小前より八月五日までお日延願い奉り、七月十三日帰村。雑用金一両二分二朱文取替え。

小前にては江戸へ御箱訴〔評定所門前の目安箱に訴状を出すこと〕に罷り出でたる由。

同月、「抜参夢物語」〔伊勢参りについて書かれた和綴本〕を写す。

戯作がましくみゆれども、正道を以て記す。是道子先生の作なり。観る者これを味わうべきなり。

同八月四日、商人一件につき、七か村小前惣代一同、赤坂表へ罷り出で、同月二十一日まで逗留〔滞在〕するところ、小前にて出府する〔江戸へ出る〕の故、糺の御利解仰せ聞かせらるといえども、有無のお請け仕らざる故、惣代の者残し置き、村役人中帰村相願い、帰る。雑用金一両一分取替え。

右惣代の者、仮病、あるいは親の病気と言い、追々立ち帰る由。御役所を無ヵ代〔蔑ろ〕に致し方、恐れ入ることなり。

右ご吟味方関根藤左衛門〔中泉代官所赤坂出張陣屋の元締（代官は江戸在住で、手附の元締が赤坂役所を取り仕切っていた。）〕殿、病気につき、お差し延ばしに相成る趣きなり。

【天保六未年〔一八三五〕昌平57歳】《人79》

同五月上旬、吉田へ往かんとして、門人譲策に言い置きけるは、「留主中、山ノ口〔山地に採取目的で入ることを解禁すること〕相談あるべし、必ずこれ立ち会うことなかれ。」と。

その子細は、去る商人一件につき、御箱訴〔幕府への直訴〕に出でてより、小前にて月二、三度宛の日待をなす。右日待、予家並びに中設楽名主重左衛門とを省きし故、「我ら両人立ち会わざるは山ノ口相談調うべからずこそ思うなり」と言うて発足〔出発〕し、

（前に重左衛門と談ずるに、右山ノ口相談を断るべし。ただし、我ら両人話さざれば、我ら持山へ入ることなるべからずというては小前立ちがたき段、願い出ずべく、然れば時節柄、小前難渋すべき故に、無談にて木草を取るとも許すべしと。ただこの一件、村役人をあるが甲斐なしにすれば、済口〔内済成立〕の時、小前より誤まり書付を取らずに置かざる所なり。その節の文言に入るべきのみと談じ置きしなり。）

彼の地の用談済んで立ち帰り、他村の評を聞けば、山ノ口相談不調。もし我ら両人の持山へ入らざる者、小

作残らず、揚げてほかの拵〔稼ぎ〕をなすべしと、村方寄り寄り相談致せし由。仮にも不届なる事を許ろうものかな。

我らこれまで無慈悲のことをなさず。たといなすとも、左様の話合いなすべき筋にあらず。加地子〔名主が取る小作料〕等三十五年も掛けざる者もあり、また、ほかの拵という事、あり得べからず。我ら持地〔私有地〕の内、田方は余所村へも作すべし。本畑〔古くからある畑〕の内、皆手作するとも、村代役仲間の者の分まで借りて使えば、三百人手間あり。不足は、本郷そのほか近在村々を頼んでも、百人や二百人はあるべし。さのみ困る訳にもあらず。ただ、小前の内三、五輩は、小作せずんば、ただ一か年も立ち行かざる者もあるべし。さようのことには一円〔全く〕心付かず。ただ大勢を頼むのみにして何の訳も知らず、仇口〔無駄口〕のみを尽くすものかな。「小人〔小人物〕言は取るに足りず」と、聖賢の教え、尊とむべきことにこそあれ。

同月、吉田宿安形讃岐方にて、信州の吉凶を占わせしむるに、小事には吉、大事なら凶。ただし、変爻〔易占〕の意は、心がけの内、三と一を得べしと。

〔(注)「安形讃岐」(名は貴林、通称貞助、清蛾)は、金毘羅神社の神官を勤め、陰陽道宗家の土御門家の配下にあって「三河国陰陽道取締取締役」を名乗り、占いで人気があった。吉田宿の東海道筋(今の豊橋市役所近く)にあり、当時は相当賑わっていた。〕

また右帰路、豊川稲荷大明神へ参詣し、御鬮をとるに九十九番大吉。

【天保七申年〔一八三六〕昌平58歳】《人89》

同二月二日、商人一件、お呼び出し。

同三月中旬、商人一件、ご吟味のところ、龍谷寺〔振草郷の北方・旧冨山村にあった下田村長養院の末寺〕借住補水〔正しくは「保水」〕という僧、故障〔差し支え〕言い立てる故相済まず、ご出役これある由仰せ渡され、帰村。

（右補水僧、出入〔訴訟〕を好み、十か年以前、檀家助六、柳右衛門という者と出入す。右補水は和尚の由─。身として平僧。寺に住む事、可睡斎〔静岡県袋井市にある曹洞宗寺院で三河・遠州・駿河・伊豆一帯の寺院を支配していた〕より法度の由。そのうえ禄所無披露につき、本山長養院〔下田村〕まで閉門仰せ付けらる。右補水、不居の体にて差し置くところ、この度数ある出入故障、また助六を相手取り村役人に出訴致させる故、助六、可睡斎まで願い出る。宗判〔檀家と認定し宗門改帳に判を押す権利〕長養院へ取り上げるよう仰せ渡され、その趣き赤坂御役所へ、使いの僧を以て仰せ遣わされる。御役所にても、補水の判にては相添えぬ段、村方へ仰せ渡さるといえども、補水承引せず。当所の小前並びに能登瀬村を引き連れ、江戸表へ出立したるよし。去る午年の御箱訴も、今において何の御沙法〔作法〕もなし。）

同十月上旬、売人一件、いよいよ江戸お差し出しに相成り〔老中首座大久保加賀守忠真の登城時の駕籠の前に直訴〔駕籠訴〕したところ、取り上げられ〕、商人惣代〔代表〕武八、差添足込村名主八太夫、出府〔江戸へ出る〕。小前方惣代月重次郎、新八、幸右衛門。

同月、お年貢初納序で、お値段四か所平均相場増高ご免〔許可〕願い、郡中一同惣代、出府。

同十一月、加茂郡〔現在の愛知県豊田市辺り〕騒動。江戸御奉行所より御留役、赤坂まで発駕〔駕篭で来る〕。ご吟味の上、頭取八人とう丸〔唐丸＝罪人を搬送する竹製の丸篭〕にて江戸へお引き取りに相成り、内四人赤坂牢において溢死〔縊死＝首つり自殺〕。

〔（注）加茂郡騒動とは、天保七年（一八三六）九月、三河国加茂郡（現豊田市周辺）一帯で、凶作と米価高騰が原因で起きた百姓一揆。百姓一万人以上が参加し、次々と庄屋打ち壊し等が広がっていった三河地方最大規模の騒動で、「加茂一揆」とも呼ばれ、「世直し」の声が上がったことでも有名。岡崎藩の鉄砲隊が出て鎮圧された。〕

2　大風雨・市場の大火

【天保七申年〔一八三六〕昌平58歳】《人92》

同八月十三日、大風雨。市場政次郎より出火、酒屋まで十一軒焼失。花田より浜居場まで十四軒吹き潰し。残る家屋、甚左衛門、米吉、条蔵、五右衛門、新右衛門の家のみ。別所にて磯吉跡宮蔵家吹き潰し。

〔(注) 名古屋気象台監修『愛知県災害誌』(愛知県・昭和四五年〔一九七〇〕) 一〇一頁には、八月十三日に暴風雨があり、「台風が知多半島から渥美湾付近を北東進したのであろう」とし、三河の被害状況として「山間部でも家屋の被害は大きかった。八名郡日吉村(現新城市)では全壊家屋一〇軒、半壊多数」と記載されている。〕

同十五日、出立。御役所までご注進〔急ぎの報告〕す。

同二十一日、平岡熊太郎〔中泉代官〕様〔赤坂役所〕御手代岡嶋善蔵殿ご出役。焼場所ご見分、二十三日ご帰陣。並びに粟代組合、風損書き上げ、畑方、小前帳差し上げる。十五歳より六十歳までの男女麦作を仕付け中、六十日の間急夫食〔食糧配給〕願い書、差し上げる。そのほかの村々は、風届致さず。吹潰しの者一軒につき金二分宛、小屋掛け料として拝借仰せ付けられ、焼失の者へは、その儀これなし。

3　江戸・上州への旅日記

〔(注) この時は江戸・勘定奉行所(幕府の財政と民政を預かる部署)の御白州で、振草郷中の議定論訴訟が係属中であった(拙著『江戸の裁判』参照)。昌平(議定論の中では「月村名主七郎兵衛」を名乗っている)は、江戸へ出る。以下に、天保八年一月から翌年一月までの間の関連記述全部を示す。〕

【天保八酉年〔一八三七〕昌平59歳】《人97以下》

同年正月上旬、米相場追々引上げ、金一両につき米二斗八升。冬に同じといえども売物少なし。稈、大野にて両に十四貫二百匁、大豆四斗。

同二月中、少々引下げ。また三月下旬より大上げ。

同二月五日、出府〔江戸へ行く〕門出

六日、阿多古石上村〔天竜川二俣より西方にあった村〕、山本屋百助泊り。

七日、雨、逗留〔滞在〕。

　春雨や　脚半あぶりつ　旅籠り

八日、雨はれて　音もぬくとし　春の風

同日朝、石神出立。途中にて、

　うしとみし〔憂しと見し〕きのうはまだし　今日はまた　遠く成りぬる　古郷の道

同夜、掛川子しか子や泊り。大井川留り。

九日、家山〔大井川島田の上流〕桶越〔桶に乗って川越えする〕廻る。高熊〔静岡県島田市〕にて板筏にて越し、鍋島へ移る。川口村八右衛門に泊る。この所内分の由。

（金谷と島田に見付けられれば、大いにゆすられ金銭をとらるる由。心得べし）

〔（注）金谷宿は大井川右岸（京都方面）の宿場町。上流には家山、高熊がある。対岸は島田宿、鍋島となる。渡船、架橋が軍略上禁じられており、庶民は肩車で、大名は蓮台で川越えをした。増水による川止めが長いと、両岸の宿場町は大賑わいであったが、その分、旅人の負担は大きかった。指定場所以外の川越えは禁じられていたが、上流の家山などで内密に川越えが行われていた。歌にいう「越すに越されぬ大井川」の実情であった。（『ふるさと百話』〔静岡新聞社・昭和四八年〔一九七三〕・五八頁〕）〕。

十日、藤枝へ出て、マリコ〔鞠子（丸子）〕宿万屋泊り。雨降り安部川出水。
十一、十二、十三、十四日まで逗留。
十五日、辰の中刻〔八時前後〕、川ノ口、開くべくとて、

　今日もまた　今日もマリコのとろろ汁
　　すすひで呑て　辰の中刻

朝より、また雨降り。川端まで行きしに越さず。川上へ廻り内証〔内密〕にて越し、府中へ移り、雨多く、
さった〔薩埵〕坂にて草臥ければ、

　労れては、妙智力〔不思議な力〕をも祈るべし
　　薩陀峠にかかる身なれば

その夜、由井温飩や泊り
十六日、沼津武蔵屋泊り。
十七日、湯元福注屋泊り、夜中入湯。
十八日、藤澤中村屋泊り。
同日、小田原の先、坂川の上、飯泉観音参詣。
御鬮をとる。三十四番吉
　（また発足の時、勇右衛門の易吉、また江戸において易するところ吉）

右鬮をとるの所、謂は、
朋友田中退中、江戸に住居す。金座〔幕府の金貨鋳造所・御金改役〕後藤三右衛門は、信州飯田大横町若松屋出生の人、退中少時〔幼少時〕朋友たれば、この後藤の金を廻す由、聞き及ぶ。よって、去る未年、法印〔中設楽村に居住し、昌平と懇意の「心明坊」という僧〕言うところの信州の金、間違いもあらば、すぐに東都〔江戸〕

まで立ち越し、右退中に談ぜんものをと心掛けたるところ、親類これを止める故延引したりしが、旧冬幸便〔都合よい便り〕に退中方へ問い合わせするに、「いずれ自身出府の上ならでは相分からず」とのこと故、今発足してここに至る。先吉凶を試さんとして取るところ吉なれば、心召かして出府。

退中に談ずるに、後藤は、この節、上の首尾宜しからず。ご用金多く仰せ付けらるるにつき、できがたく、ほかにて借り入るるは当所にある質物ならではできがたき故、新城鉈屋の持地田取町を借りるものならば、安利の借り入れ、何方にてもできる由。

（古、退中妻は本因坊女なるよし。故、大家に親し。）

後帰って赤坂出勤の序で、新城塗師屋嘉吉（黒川清左衛門方木地屋文右衛門倅）者心易ければ、彼を頼み置き、ご用相勤め帰りがけ、豊川にてまた御鬮を取るに五十七番吉。それより帰りがけ新城に泊りぬ。じかに会う所できざる故に、借財年賦木を立て逼塞せんと、落着して帰る。我今までかようの鬮等は好まざることとなるに、今貧に逼り物に迷うや。ただし、

「東海道名所図会」　背景には、「月日は百代の過客にして、行きかふ年もまた旅人なり」と、芭蕉の「奥の細道」序文が綴られている。

神の教えなしにもあらざらん。

借入れ金できざる方が、子孫のためには善からんや。もっとも家に災難なければ、悪しきにはあらず。ただ吾心のさびしきのみなれば、愁いとするには不足なり。

十九日、川崎下の藤屋泊り、上宿

同日、大坂騒動。〔後の項に記載〕

二十日、江戸神田橋外松永町紀伊国屋利八〔公事宿〕泊り。

二十一日、逗留。

二十二日、本銀町四丁目田中退中泊り。

二十三日、同家逗留。

二十四日、紀伊国屋まで帰る。二十六日同家。

二十七日、同家。

同日、新城町永田屋六兵衛、鳳来寺岩本院座敷より落ちて死ぬ。

　法名　懸峯洞崖　信士

二十九日、田中に泊り。

三月朔日〔一日〕、紀伊国屋まで帰る。

同月八日、江戸出立。日光海道〔街道〕越ヶ谷宿橘屋泊り。

九日、栗橋宿吉田屋泊り。

十日、館林〔群馬県南東部の藩〕城下、足利町米屋彦兵衛泊り。

十一日、真鍋氏〔昌平の妹里津の嫁ぎ先。以前浜松藩士であったが、藩主の陸奥棚倉転封に伴い転居し、さらに藩主井上正春の上野国館林転封により、当時館林に居住していた。〕泊り。十二日、十三日逗留十四日、出立。川又より江戸本所まで船、関宿へ上り、片旅篭〔一晩泊まりで朝食または夕食のみの宿泊〕百文。
それより夜船、新川口にて夜明け。江戸橋まで小舟
十五日、紀伊国屋泊り。十六日逗留
十七日、江戸出立。程ヶ谷宿錦屋泊り。不宜
十八日、大磯椛屋長吉泊り。
十九日、畑〔宿〕駿河屋泊り。
二十日、沼津武蔵屋泊り。二十一日冨士川出水、逗留
二十一日、冨士川出水、逗留。路金〔旅費〕払底なれば、
春雨や　草は燃んとしける野に　我袖ぬらす　旅の大空
二十二日、冨士川不明、吉原宿注吉屋泊り。
夕方晴ければ、
白妙の冨士を向に見はらして　気も吉原と落付にけり
二十三日、府中、鹿島屋泊り。
二十四日、日坂〔現在の掛川市〕一室屋泊り。不宜
二十五日、掛川、升屋源右衛門泊り。
二十六日、舞坂、万石屋林蔵泊り。
二十七日、吉田三ツ石幾蔵泊り。
二十八日、二十九日逗留
同二十九日、吉田カヤ町、本間長元養子壽格死（元玄貞という。）
法名　釈善怙

晦日、赤坂桜屋泊り。
卯〔陰暦四〕月朔日〔一日〕、新城、三原屋泊り。
二日、川合、菓子屋泊り。
同日、二田、米次郎死
　法名　白巖洞雲　禅定門
三日、帰着

天保の申〔天保七年〕の飢饉の酉〔同八年〕の春至りても、雑穀の価高ければとて、皆人松の皮を食いけるを、心得違いのなきようにと、上の役を勤めらるる奥野氏〔奥野卯源太＝中泉代官平岡熊太郎（江戸詰め）の元締〕の板行〔印刷文書の発行〕して下民へ給えるを感じて、

　甘はだの苦みわ酢てよ辛らっきり　塩さして食え松の上皮

　春中飢饉につき、飢助けの食物、山菜の類は言うに及ばず、そのほか松皮餅、タラの根の皮餅、草薢〔やまいも〕、蕨、マンジシャ、玉紫〔ラッキョウ〕の葉は、干して粉にして立粉にすれば粘り出るよし。松の内皮は、餅にしても脂くさくして食がたきよし。外皮は、匂いなければ極細末にして散らし〔粉末〕にしても食うべき。また、黍に交じりて団子にしてもよけれど、奥野宇源太殿〔前記中泉代官の元締〕お触れ遅き故、はや麦作採場穀豊か故、試みず。

この節、白米一升代二百八十四文
搗麦、金一歩付き、六升替え、
稈〔麦など茎が中空の植物〕、同一斗二升八合

四月に入っては天気続き、少々緩む。
同月十日、大水。当村、別所、本郷、下田、足込、大々辺降る。後また天気順能。追々諸穀下値に成る。しか

し、米価一升二百五十文位

同月下旬、売人一件、江戸において内済。双方帰村。小前方負、商人勝利

五月七日、川合大原保兵衛 倅 惣助死

法名　天巌秀性　庵主

同月十八日、赤坂より御差紙到来。売人一件、双方、同二十八日中泉御役所〔現静岡県磐田市〕まで罷り出ずべく仰せ渡される。

同月、去冬の願う所の安石代〔年貢の減額〕金一両につき、平し六斗一升に御下知〔指図〕相済む。

同五月二十五日、下津具村政右衛門死

法名　心翁大円　居士

同月晦日、中泉着。小前惣代〔代表〕重次郎同道し、売人方惣代武八同日着。差添下田名主覚左衛門

六月二日、お呼び出し。双方江戸まで差し出す所の願書の写し、差し上げるべき旨仰せ渡される。

同月中、中泉井筒屋〔郷宿〕平三郎方逗留。寺谷用水〔天正十六年〔一五八八〕に開削されたという天竜川の支流を利用した灌漑用水〕払底につき、近村役人中、度々寄り合いあるに、一名主歳少なきにして弁舌を能くす。この者薬店に勤めたるや、少しく薬能を知れり。「医者学ばずして療をなすべし」と言う。

予聞きて、不仁の至り。粗語がましく〔雑に〕覚ゆれば、

なまなかに探るまじきは漆桶　しらぬに勝ることのは〔言葉〕わなし

〔(注)中泉役所の前には、郷宿(公事宿)として井筒屋と松田屋、廉屋があったが、百姓方は井筒屋に、商人方は松田屋に宿泊した。井筒屋の主人森平三郎は、俳諧、石品(陶器類)、浄瑠璃で「東海道人物志」にも名が載るほどの多趣味な風流人であった。当時、見付宿及び近くの中泉村では俳諧、狂歌が流行っていた〔「磐田市史通史編中巻近世」第五節参照)〕

同七月、売人一件、内済。双方証文取り替せいたし、ご吟味下げ願い奉り、帰村

（ただし、新八、未だ江戸より帰らず。帰村次第、二度罷り出すべきように仰せ渡されるなり）

同月、中泉逗留中、相良〔掛川の東方、現御前崎市〕にある新野村、五嶋乙平と言える仁〔人〕と交じわり深きに、別れを告げんとて、

床しさの君を井筒に留めつつ　かへるもつらき秋のかりか子〔雁が音〕

同七月、去る申〔天保七年〕のお年貢納めず、お触。右は旧冬安石代願い相かない畑方破免〔年貢の大幅減〕相願うところ、銀取定免〔年貢減免の特例措置〕につき相叶わざる故、また二十か年季拝借願い致すといえども、これまた相叶わざるにつき、当月二十六日までに皆済致すべき旨仰せ渡される。

同八月五日、風吹く。

同月、小川八左衛門持地、江戸八町堀を借らんと頼むに、また日増相談調うべくところに、右八町堀に八左衛門出店。問屋三河屋八三郎、板柿捌かざるにつき、右地面質物として多分借り入れたるにつき破談。

同月十四日、また風吹き、家屋少々破損。稲にはさほど当たらず。然れども風最も。

新城相場の米三斗代二百六文

麦八斗、稈四拾五、六貫替、小豆百文位

風後は、米　麦　七斗少々貫

稈三十貫替　小豆百五十文位

同月、またまた風吹く。

同月二十八日、出立にて組合粟代新五右衛門方平兵衛お年貢不納、年延べ相願うところ相叶わず。再応〔再び〕

拝借願い書差し上げる。

同九月五日、古戸村武兵衛死

法名　泰岳良秋　庵主

同月十五日、二田八左良死

法名　慈相嶺雲　善男

同月二十七日までに不納お年貢、下通り相納まる。

同月、商人一件、中泉御役所まで、新八並び商人お呼出し。御代官様、すぐに御吟味下げ願い書お聞き済みに相成り、御請書差し上げる。その文言に曰く。

差し上げ申す一札の事

一　当御代官所三州設楽郡月村外六ヶ村小前の惣代〔代表〕月村百姓新八外二人より、同郡寄近村太三郎外三十人までに相掛かり候ところ産物売買一件、追々御吟味中、双方掛合いの上熟談いたし、以来右一件につき、お願い筋毛頭ござなく候あいだ〔ございませんので〕、御吟味下げ成し下されたき段お願い申し上げ候ところ、再応お糺〔取調べ〕の上、お伺い成し下し候ところ、双方申し分なく御吟味下げ相願い候うえは、願いの通りお下げ成し下され、かつ、新八御支配御役所御吟味中、御老中様までお駕籠訴〔駕籠に乗った幕府重職者に対し直訴すること〕いたし候は不埒〔不届き〕につき、急度〔必ず〕仰せ付けられ候ところ、御吟味を相願い候につき御宥免〔大目にみる〕を以て急度お叱り置かれ候段、内藤隼人〔勘定奉行内藤隼人正矩佳〕様御下知〔指図〕の趣き仰せ渡され、一同承知畏れ奉り候。よって御請証文差し上げ候ところ件のごとし。

天保八酉年九月

三州設楽郡月村
外六ヶ村小前惣代

月村　新八

一件引合差添兼組頭　重次郎

勘三郎

右同所同郡中設楽村
外九ヶ村売買代人代　武　八
同　紋右衛門
差添下田村名主　覚左衛門

平岡熊太郎様
御役所

同年、金四両二分三百文也、井道入用
同年十一月、金三分二朱、辰巳三分粉成部屋作り入用
同年、白米五斗、三ツ石半左衛門へ火事見舞
同年、上ノ平外トン田借り分共に、籾七石三斗
同年、籾、糯、三石二斗。
同年、新田常成り
　麦　十七俵　稈　六叺
　蕎麦　二俵　大豆　六斗
　莨　三十斤余　柿　二十六重半　ただし三十四かへ
　束脩〔入塾〕金　三十四両
　以貼数〔空欄〕
　一貼に付〔空欄〕
　右およそ治療家四百五十家　内二百五十家来る。
同年十二月二十四日より仁輔〔昌平二男〕、別所において傷寒患う。
　翌戌正月八日頃より追々全快す。

【天保九年戊〔一八三八〕昌平60歳】《人111》

同正月、仁輔、病気につき、旧冬より別所に越す。
今月十五日帰る。

同月十五日、月要吉死
法名　観田縄喜　庵主

同月十九日、柿野幸右衛門死
法名　仙林全洞　信士

同月二十日、新八へ御差紙。その子細は、
去冬、江戸雑用払わずして立ち帰り、飛脚到来しても、小前より雑用差し出さざる故立ち帰り、江戸郷宿〔公事宿〕中村屋幸助、平岡様お屋敷まで願い出、御用状赤坂到着。すぐ様お召出し仰せ付けらるといえども、金子調わず、お日延願い上げ、冬越し立ち帰りたるに、今またお呼出し御催促これありといえども、小前出金せず。

二月に至り、新八、重次郎両人、取替えして出金の積りのところ、金子調いかね、日限切りたるにつき、出府致すべき旨仰せ渡され、三月上旬新八出府す。

右商人一件、重次郎頭取がましく聞こえける故、厚く異見せしに、不可として惣代に罷り立つ。論には負け、雑用まで冠り面目を失いしこと、笑止千万なり。

（元、かの重次郎殺生を好む。予、前年異見せしに不可なれども、その後は仕合せよく子孫繁栄する故、よき運なりと思いしに、今度かようのことに先に立ち、外聞を失うことは、全く殺生の報いたるべし。）

〔（注）重次郎は、昌平の又従弟子にあたり、少年期を菅沼家で過ごしていたこともあり、厳しく意見などをしている。〕

4　「大塩平八郎の乱」に思う

〔（注）昌平は、江戸出府の旅行中に起きた事件（大塩平八郎の乱）を、その当日の日記に記しているが、これは、覚書きに基づいて、後で整理して書いたものである。大塩平八郎は陽明学者で、朱子学の立場にある昌平とは考え方が違ったが、同じ儒学者として、相当な衝撃を受けたのであろう。〕

【天保八酉年〔一八三七〕昌平59歳】《人101》

同日、大坂騒動。大将は跡部山城守様組与力〔奉行所役人〕大塩平八郎、同格之助、瀬田濟之助、小泉円次郎、同心近藤梶五郎、庄司儀左衛門、渡邉良右衛門、河合五左衛門、吉見九郎右衛門、吹田村神主宮脇志摩守、馬口村質や幸衛門、大塩弟子大井正次郎、大西与五郎、同良之進、御城番遠藤但馬守様与力大井岩五郎、御弓奉行上田五兵衛、徂竹ノ上萬太郎、そのほか門弟大勢一味の由。

その濫觴〔事の始まり〕は、飢饉につき、大坂金持ち鴻ノ池を始め大家まで救金差し出すべき旨申し聞けるといえども、右金持ち衆、町奉行へ賄賂を遣い、多くを差し出さざるに付けて、右騒動に及ぶ由。祈人これある故、町奉行をば打ち洩せし由。然れども、大家残らず石火矢にて打ち潰し、そのほか大坂三分通り、放火乱妨に及ぶといえども、

右大塩、これまで仁義を尽くし大坂市中においても用いられし故、この節の騒動に及ぶ事、小前の者恨まざる由。百姓ごときの一揆とは大きに相違なり。

（右大塩、学文の達者、軍学兵術の先生たるよし。近国の英雄不賞翫〔尊敬せざる〕はなし。右大塩、摂・河・泉・播四か国〔摂津・河内・和泉・播磨の国〕の百姓へ触書残し、その写し別に写し置き、赤坂宿岡田屋隠居彦作という人へ話すに、これも同じく、大塩才智を以て何の故、かようの不仁をなすや。謾気とも言う

人もあるよし。かほどの仁人にも堪忍の及ばざる故か。かようの失をしだし、諸大名方にも可惜思召方もあるべきなれど、王法なれば、その罪逃れがたく、切腹あるいは召し捕らるる事、哀れとも言うべきか。）

右大塩の使いたる投げほうらく〔焙烙火矢〕というもの、玉の如きものを人家へ投入すると、すぐさま破けて出火する由。正雪〔由井正雪＝慶安四年〔一六五一〕、幕府転覆計画（慶安事件）の首謀者〕が地雷火のごときともいう。

〔（注）大塩の挙兵時の参加者は、幸田成友著「大塩平八郎」（『幸田成友著作集』中央公論社・昭和四七年）によれば、昌平の右記載と大きな違いはない。元大坂東町奉行所与力大塩平八郎の乱は、半日で鎮圧されたが、幕府に大きな衝撃を与えた。天保の飢饉の中で、生田万の乱なども起き、徳川幕府は、これらを契機に衰退に向かっていった。〕

5 種痘法問答〔前出の第四の「15　三河で初めての種痘」参照〕

「一統記」にみる種痘法問答以前の疱瘡・種痘関係記事全部抜粋　（　）内は昌平の年齢

文化十三年〔一八一六〕五月（昌平38歳）、種痘方法、遠州浜名阿部玄岑より伝う。《天164》

文化十四年〔一八一七〕春（39歳）、新作〔昌平長男〕に種痘す（文政三年の項参照）

文化十五年〔一八一八〕二月（40歳）、美津並に仁輔に種痘す。両人共に面部手足に五、七十粒を発、順快す。《地27》　（以上は、本書第四の15「三河で初めての種痘」参照）

文政二年〔一八一九〕（41歳）、森山武八抱之職人、信州浪合木挽粂蔵弟三右衛門、カキノ山にて疱瘡にて死す。入道伏所山に葬る。《地63》

文政三年〔一八二〇〕二月十一日（42歳）、新作〔昌平長男〕新城に於て病死。前彼れ十四歳春、阿部玄岑より伝わりて之に種痘す。面部、手足に二、三粒を発痘す。《地109》（本書第五の11「最愛の息子を亡くす」参照）

文政八年〔一八二五〕十二月二十二日（47歳）、〔昌平〕末子銀四郎、長沼利右衛門へ養子して、二歳にして夭死（ようし）〔若死〕疱瘡にて死《地162》

天保三年〔一八三二〕二月（54歳）より疱瘡（ほうそう）流行。ただし、去冬（きょとう）〔去年の冬〕より奈根、川内、足込、加賀野にて始まり、この節、本郷、下田、月村、専ら行わる。《人30》

同年　三月、柿野、別所、痘〔種痘〕行わる。《人28》

天保六年〔一八三五〕三月（57歳）疱瘡（ほうそう）流行。順痘にして当村四十七、八人残らず済む。内、作平子千代作四才、伝吉男子三才、杉右衛門男子四才、縫之助女子二才、藤作女子二才、以上五人死失（ししつ）。《人77》

【天保九戊（いぬ）年〔一八三八〕昌平60歳】《人117》

同八月、川合大黒講へ往く。道連れ原田助弥（すけや）なる者、予に問うて曰く。「医に古方（こほう）、後世（ごせい）の説ありといえども、いずれが是（ぜ）なるや。」

予答えて曰く。「何（いずれ）にても修業勝（すぐ）れる方が是なるべし。然（しか）れども、今、古方（こほう）流行して、後世（ごせい）は疾医（しつい）〔内科医〕にあらず等と、後世（ごせい）の書は見たこともなくして後世（ごせい）を賤（いや）しむの族（やから）もあるなり。

〔（注）江戸時代の漢方医学では、当初、中国の宗・明時代の「陰陽五行説」を基にしていたが、観念的でありすぎるとして、江戸中期以降、漢時代の「傷寒論」等を基本にした実証的な古方学が唱えられ、これが主流となっていった。前者を「後世派」、後者を「古方派」と区別していた。〕

僧法の祖師方は、八宗〔天台宗、真言宗、日蓮宗、曹洞宗、臨済宗、浄土宗、浄土真宗、時宗〕を兼学して、そのうち我が心に叶うを是として一宗を立ちたるなれども、今僧達は、他宗は知らずして、我が宗ばかりを貴み高慢顔をするは、これ祖師の真似をするのみなり。医もその通り、皆師家の真似なり。

然れども、今源氏盛んの世にして、平家の武士は役に立たずのように思う者もあるべし。平家の武士にも源氏の武士より勝れたる者もあるべけれども、皆隠れて顕れず。源氏の武士は劣れる者も、なかなか立派に見えるなり。かくのごとく考える時は、いずれを是とし、いずれを非とせん。もっとも今、古方といえども後世方を取り交じり使い、後世といえども古方を取り交じり使いて、何方も気性を立て、一方のみを使う者は少なし。然れば、いずれを賤しむべきにもあらねども、皆己れが流儀を貴んで他流を賤しむは、道心〔正しい道を求める心〕にあらず。人心をして聖人の賤しむ所なり。」

助弥また曰く。「今種痘の方、流行す。今年また、自然の痘また流行す。種痘は則ち便〔役立つもの〕なるや。」

予答えて曰く。「然るなり。」

助弥また曰く。「然らば、その便なるの理を聞かん」と。

予答えるに、「僊んで〔優れたものに〕種痘必順弁という物あ

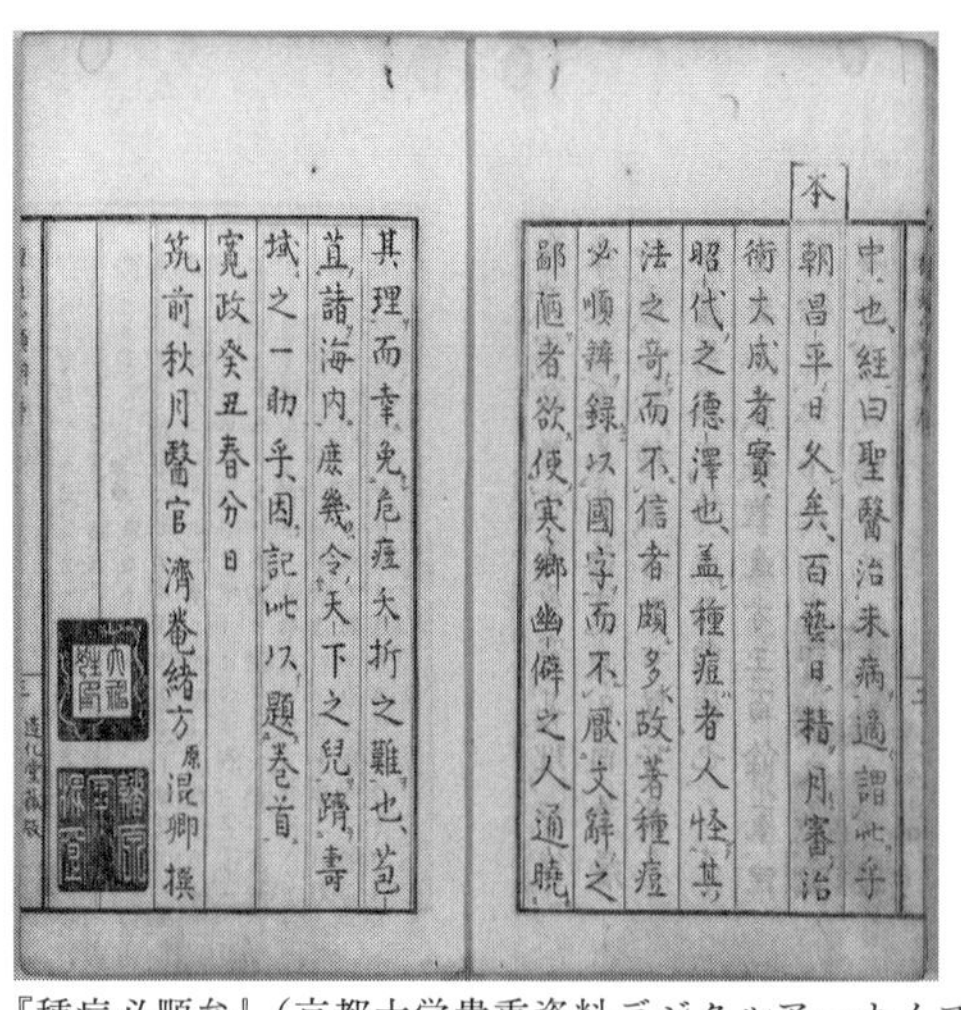
中也、経曰聖醫治未病、適謂此乎
朝昌平日久矣、百藝日精月審、治
術大成者實
昭代之徳澤也、盖種痘者人怪其
法之奇而不信者頗多、故著種痘
必順辨録、以國字而不厭文辭之
鄙陋者欲使実郷幽僻之人通曉
其理、而幸免危痘夭折之難也、苞
苴諸海内、庶幾令天下之兒躋壽
域之一助乎、因記此以題巻首
寛政癸丑春分日
筑前秋月醫官 濟菴緒方 原 混卿 撰

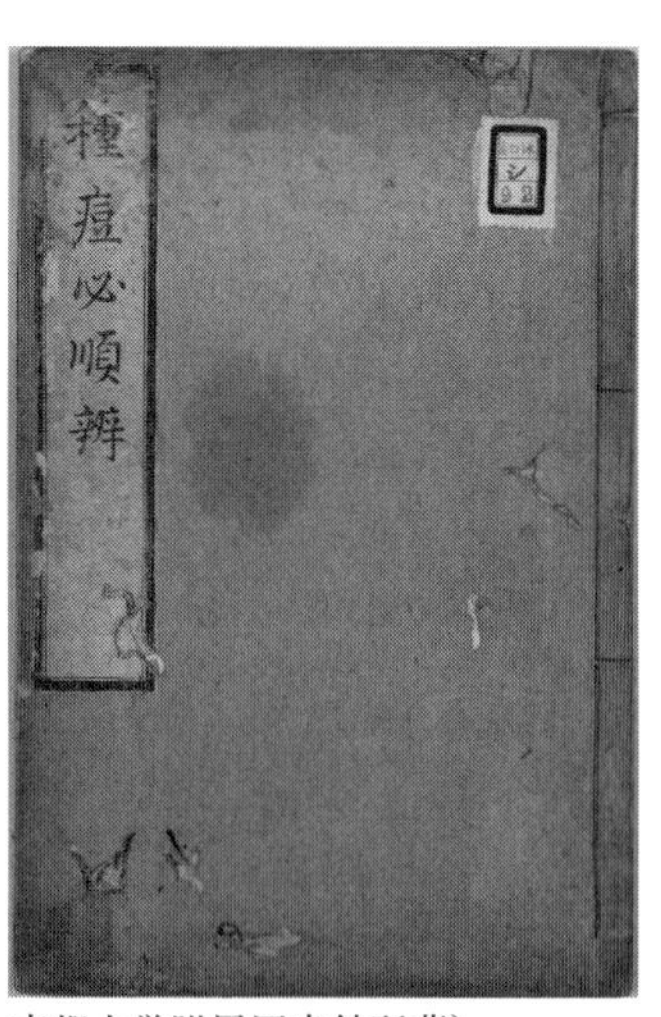

『種痘必順弁』（京都大学貴重資料デジタルアーカイブ、京都大学附属図書館所蔵）

り。尋ね観るべし。」と言う。

〔(注)「種痘必順弁」は、筑前(福岡県)秋月藩医緒方春朔(混卿は別号)が、寛政二年〔一七九〇〕に国内で初めてシナ式の人痘接種を実施し、寛政五年〔一七九三〕に著した書である。〕

助弥曰く。「我俗にして、その書を観るに由なし。願わくは口説を聴かん。」と。

予、また甚だ断るに忍びずして説く。「必順弁に曰く。苗を投じて七日にして熱を発す。然らば、自然なる者も、七日以て最も痘気を受くべし。痘気を受けて後、寒風実なり。暑湿の災いあれば、必ず重し。種痘する時は、その愁いを除く。また病身の児には決して種痘せず。無病の者に植えて後諸災を避けば、定めて軽し。

予の子、嫡より三人〔新作、美津、仁輔〕に植える。皆軽し。後また三男謙治〔幼名三助〕に植え、誤って蛔虫を去らずして植え、故に重し。然れども跡なし。その妹モト、右謙治の痘気を得て自然にして発痘す。謙治より数少なかりしが、跡つれり。

吾師浜名阿部玄岑、種痘施すこと、およそ六百児、内三人死す。その死する者、多病故に断るといえども、その親強く「もし死すとも眠れず」と。故に施して命を抛つと。これ種痘業にあらず、自ら死に至らしむ。則ち天命なり。」

その時助弥は、暫く思案して、「天命の有無、何を以て知るや。」

予、答える言〔言葉〕はなく、「ただ必順の理を以てするは天命のある者、種痘を受くるや自然の者、また天命存するものもあり。その論に至っては、予が力に及ばず。天に向かい問うべし」と、笑って別れる。

(後、これを考えるに、種痘全しといえども、天命は聖ならずんば計れず。計れざるは術を失なわん。ただ必順の理を以て助けずんばあるべからず。道心を以てせば助けあらず、ここに至って弁〔弁解〕を果たさず。君子の明〔明解〕を待つのみ。)

〔【注】　昌平は、「一統記」の中で二、三度、「天命の逃れざるところか」という言葉を使っている。ここでは議論を深めないで終わっているが、いわゆる天命説に関係する。昌平の師吉益南涯の父吉益東洞は、その医説を述べた中で、「死生は命なり、天より之を作す。……医も之を救うこと能わず」（同人著『医断』の「死生」）とし、死生は天命であり、「医の與らざる所なり」と言った。これが天命説である。この説に対しては、天命を持ち出すのは医術の未熟さの言い逃れにされる、医業の放棄だ等との批判が巻き起こり、江戸時代最大の医学論争になった。ただ、東洞は、先の言葉に続けて、「人事を尽くして天命を待つ。いやしくも人事これを尽くさずして、豈命に委ねるを得んや」と言い、医者として行うべき治療の規準・方法に従って全力を尽くせば恥じることはない、という趣旨を述べている。

　こうした議論は、引き続き現代の医療でも問われている（芸備医学会『東洞全集』（思文閣出版・一九八〇年）四四四頁、大塚敬節『吉益東洞の天命説』（日本医史学雑誌一六巻三号・一九七〇年）一六七頁、青木歳幸『江戸時代の医学』（吉川弘文館・二〇一二年）八五頁）〕

第八　隠居後の思索

【天保九戊（いぬ）年〔一八三八〕昌平60歳】《人123》
今歳（ことし）までに〆（しめ）、家督、悴（せがれ）仁輔に譲る。

1　丈夫な子の育て方《人123》

一　子共に寒中衣（ころも）を焙（あぶ）りて着せるは、宜（よろ）しからざるなり。その子は反（かえ）って不丈夫なり。無病の児に冷衣を服せしむれば、直（じき）に温（あたた）むべし。寒中川を渡りて裾（すそ）のかかげをおろせば、必ず足熱す。乞食の吸風呂は体に水をそそぎて後火に入ると言い伝へたるも、馬鹿らしく聞こゆれども、少しは道の助けにもなるべきか。

2　いろは歌に潜む真理《人124》

一　厠〔かわや＝便所〕の内に散紙（ちり）を置くは、宜しからざるなり。その故如何なれば、当てにして、もし無き時は大いに労す。万事（ばんじ）物を便り〔頼り〕にするは甚だ宜しからざるなり。中にも己れが命の百年なることを頼んで、後を苦ましむるものあり。これ人欲（じんよく）の致す所なり。ただ、我が身は仮りの宿りと心得て、物毎（ものごと）約を守り、子孫長久を祈らば、これ代々不易（ふえき）〔不変〕の道たるべし。

諸行無常（しょぎょうむじょう）
是生滅法（ぜしょうめっぽう）
生滅滅已（しょうめつめっい）
寂滅為楽（じゃくめついらく）

イロハニホヘトチリヌルヲ
色　匂　散
ワカヨタレソツネナラム
我　世　誰　常
ウ井ノオクヤマケフコエテ
有為奥山今越
アサキユメミシエヒモセス
浅　夢　不　酔

〔（注）右の記載では、下段右行に四十七のカナ文字を重複なく書き表した「いろは歌」、その左行に対応する漢字表現が交互に書かれている。その漢字表現を読み下せば、「色は匂へど散りぬるを、我が世たれぞ常ならむ、有為の奥山今日越えて浅き夢見し、酔ひもせす」となる。最上段の言葉は、「諸行は無常にして、是れ生滅の法なり、生滅滅し終わりて、寂滅楽をなす」と読める。

明治に入って、真言宗の僧侶管学応は、その著「弘法大師と日本文明」の中で、右の「いろは歌」が涅槃経四句偈（げ）の「諸行無常、是生滅法、生滅滅已、寂滅為楽」（無常偈（げ））に照応する意味を明らかにした。福沢諭吉は、著「福翁百話」で、これを紹介し、身近な「いろは歌」にも奥深い仏法哲理が込められているものだと解説している（同書七十章「高尚の理は卑近の所に在り」）。昌平は、早くから、「いろは歌」の奥深さを知っていた。〕

3　食べ物のうまさ　《人131》

一　食物の美きは、よくその身体を養う。また、その多きときは、反って害をなす。蕎麦、饂飩、とろろ汁、茶飯、雑印飯の類、人々得て好むなれども、三度も続く時は飽くなり。常の飯は美ならざるが故に、年中にても飽かざるなり。

猫のよく鼠を食う。寒中大地に死にたる氷鼠を食えば、腹脹〔腹がふくれる〕忽ち死す。人鰒を（〔略〕）食うてよえるがごとし。口その毒たることを知らざる牛馬は、肉食をせず、山野に放って毒草を食わず。これその美味を食わざるものには、天その毒を与えず（香気にて知って食わず）。猫の類には厚味を与えて、その毒を知ることを与えず。

人は万物の霊にして及ばざる所なければ、これに与うるに、仁、義、礼、智の道を以てす。故に万事、仁義に欠けたることを望むは、猫の毒を知らずして厚味を好むに異ならざるなり。

4　博奕を好むことなかれ　《人132》

博奕は、素より好まず。幼い頃、可留多、天正宝引の類を習うては見たれども、いずれも損する時は、その顔色よからず。己れ負ける時はなおさら、己れ勝ちたる時は人の顔よからず。故に予は好まず。然れども、なすことを知りたる上は、人の進めにまかせ、無拠なす時は、始め捨て物としてかかるなれども、損すれば心よからず。我また勝って他人の負ける時は、その心のよからざる色を見て感に堪ゆ。結局、前に進めに応ぜざるの不義理よりはまされり。知らざる者には進めもせざるなり。少き者、義理にてなせるうちに、図らずも好きになる者もあり。好きになれば家財を破滅す。後の少き者、必ず好むことなかれ。

碁、将棋は、不能の者に教えるために作れる由にきけば、掛けをなして励ますも苦しからずや。射は、弓勢を強くするために、戦国には皮を射て矢通りのよきを手柄とす。今は、専ら中りを主とす。故に、割を射ることは先生の免さざる所。神事には置き〔止め〕をなして奉納並びに雑用料とするなり。

○ 博奕と言うものだも〔でさえ〕ありとは、何んにもせずと、ぶらりとしている者に示して、その奕にだも〔でさえ〕志なきかと、はげましたもうなり。奕をせよと言うにはあらず。

○ 太上感応篇抜書〔十二世紀南宋初期の頃の道教の勧善書〕

太上曰。禍福無門、唯人自召　善悪之報、如影随形

《太上曰く。禍福は門なし、ただ人が自ら招くなり。善悪の報いは、影のごとく形に随う。》

（以下　略）

5　道に背く者　《人134》

一　俗言に紺屋、鍛冶、酒屋の類、物を損するを以て罪ありとす。また、越中国立山にその地獄ありという。極楽という所この地にあらず。ただ悪を懲らし、善を勧めんがための方便とこそ思えり。紺屋、酒屋、鍛冶といえども、よく正道を守り、強欲を離れ慈悲の志あらば、何の罪かこれあらん。出家、頓世は、後世菩提をのみ弔うて至極結構なるものなれども、強欲にして道に背くの族は、反って紺屋、酒屋、鍛冶の正直なる者よりも劣れり。かつ、勤め方によっては、医者は反って害あらんや。農家に越える事はあらじ。

予は、父医の後なればこそ、その道に従って医事たれども、子孫、医を好まず、農ならんと欲する者あらば、父と予の業を捨てるとも、遠慮すべからざれとなり。また医を学ばんと欲するの孫あらば、前に予の著

す所の医療必用を熟覧すべし。《人135》

6　父の最後を思い出す

子曰く。古語にも、

○人而無レ恒者、以不レ可レ作二巫医一〔『論語』子路第一三の二二〕

《人にして恒無ければ、以て巫医と作すべからず。》〔変わらぬ徳（良心）がなければ医者になってはいけない。〕と。

これを観れば、巫医〔まじない師や医者〕は慎まざるべからざるなり。

（吾村に時疫〔流行病〕にもあらず、疝〔腹痛〕にもあらず、打撲にもあらず、フラフラ煩う者あり。近村の巫をしてこれを占わしむるに、地につき口論せし。相手の生霊ありという故に、また論となり、人、口入して済む。

　黒川小作り村〔小造村〕幸蔵という者、病めり。溝渕〔村〕医元吉、これを療して「傷寒なり」と言う。後、発黄す。栗代玄仙をして治せしむ。玄仙曰く「黄疸なり」と。幸蔵癒て後、元吉を拒む。玄仙は、傷寒の発黄なることを知らずして言を誤まる。また朋友の好みを欠く。右両条宜しからざるなり。本文夫子〔孔子〕の戒めたまう所か。）

予、かく善悪ともに有体に述べ遣わす。謂れは、父宗碩翻胃〔食べた物を吐き戻す〕を患いて世を去りたもう。真の翻胃にあらず。その初気結〔気力の鬱結〕の証〔症〕を患う。

　（父自方〔自分の方法〕は三和散、竹内先生の方は外台〔外台秘（中国臨床医学書）〕の厚朴〔生薬〕――）

漸く変じて

（「万病回春」〔中国明代の名医龔廷賢著〕に曰く。

「思則気結、又曰由テ七情大過、而動五臓ノ火、而痰益盛脾胃、漸衰為翻胃」

《思うに則ち気結、また曰く、七情〔喜・怒・思・憂・悲・恐・驚〕の大過に由って五臓の火を動じ、痰ますます盛んになり、脾胃漸く衰え翻胃となる。》）

翻胃をなす。

（この時に至って、「茯苓飲寛中散彡付半夏生姜」〔漢方薬〕の類を選び用ゆといえども、験〔効果〕なし）

時に従弟子半右衛門、臥床に寄って、父に言えらく〔言ったことには〕、「もし落命も許らず。遺言あらば我に語れ。また望みあらば包まず言え。何事にても吾身、命に掛けて計らわん。」と言うに、父その言に従って、「嫁を頼む」とのみ言って、ほか望みの言なし。

7 書き残す筆に心は有馬山〔前項の続き〕《人136》

後、予、医を学ぶに及んで、回春〔前記の「万病回春」〕の語によって、これを考えるに、もし憂思悲哀によって鬱結やあらんかと。後悔むれども詮〔仕方〕なし。

また、予不道の行いあるごとに、父その身を慎むことは、予をして誉名をなさしめんと、言わずして自身の行いを残したまえりと、心に得るといえども、己れに勝の力を尽くさず。

今この父の心中を察する時は、胸中気塞す。

予、この行い不全して罪を父に受く。並びに、父たる者、その子の憂心〔心配〕を救うの愛、なきにしもあらず。また憂思積みて病を生じ、子孫断絶せば、何ぞ孝と言うべけんや。

故に、予少しく道をゆるめて、後嗣の気散〔気楽さ〕を求む。

もし、予これを許すところにおいて、先人罪することあらば、その罪を予に受けん。また予、これを堅く誡むる所において後嗣行わざるところあらば、罪を予に受くべし。後の孝子〔親によく仕える子〕、必ずこれを肝に銘じて、放心〔安心〕することなかれ。

書き残す筆に心は有馬山　否とみそなは何のたわごと

右この条々、予一代の人事得失の雑談、聊かその隠れなきものなり。

文王〔中国周朝の王〕は、その文くるを尊んで、周公これに諡す〔称号を与える〕。盗跖〔古代中国の伝説の大盗賊の頭〕とは、その悪を賤しんで後に名付けたるなり。

予の名、後に誉れあらざることは必然か。後の子孫、深く思うて、誉名を後世に残せと云々。

于時何の何年幾日　迪吉惠何歳而卒す

法名は、自然朴素、と好めり。

8　遺言《人137》

ここに遺言あり。三ツ瀬の家、先代より仏供えの飯を貧家の児にとらす。仏者も施餓鬼を行って、供物を大地に投げて禽獣に食しむ。餓鬼に施すの礼が余りも左こそありたきと思えど、吾代散財、先代に増すことを得ずんば、素なき礼を残さば、祖を辱しむに似たりと遠慮せり。嗣の子、余慶〔祖先の善行により子孫が得る幸運〕を行ってこれを施せ。

三ツ瀬の今代丹右衛門、散財予に過ぎたり。しかも今に尽くさざる嗣の子、農を専らにして植木せば、後また永続せんこと必せり。

予の後嗣これを思う。もし財の費えをなすとも、予に対し孝たらん孝子に何ぞ悪報あるべけんや。雲裡〔渡辺雲裡坊＝江戸時代中期、桑名の俳人〕雅近俳諧問答に、「曾子の俳諧は、仁義五常〔仁・義・礼・智・信〕を守り、信を専らにす」と。その謂、仰ぎ尊かるべきなり。

然るに、曾子の言を引いて、

人之将死、其言也善　〔「論語」泰伯第八の四〕

《人の将に死なんとするや、その言や善し。》

死後に臨んでは我なきの故に、その言、善なりと言えり。

予思うに、蓋し〔もしかすると〕言い違えり。鳥の才なきは悲しむべけれども、君子たる者、何ぞ死期〔臨終〕に至ってこれを愁えんや。将に死すときには、その言を善くせよ、と読んで然るべし。

左なくては、夫子〔孔子〕の、

可二以人而不一レ如レ鳥乎　〔「詩経」小雅・緡蛮〕

《人を以て鳥にしかざるべけんや》〔人と生れながら鳥に及ばないでよかろうか〕

の語に違え、曾子、どうして夫子〔孔子〕の言に背むかんや。

【参考】　孔子の「論語」泰伯第八の四

曾子有疾。孟敬子問之。曾子言曰、鳥之将死、其鳴也哀。人之将死、其言也善。君子之所貴乎道者三。動容貌、斯遠暴慢矣、正顔色、斯近信矣、出辞気、斯遠鄙倍矣。籩豆之事、則有司存。

【読み下し文】

曾子、疾あり。孟敬子これを問う。曾子言いて曰く。鳥の将に死なんとする、その鳴くや哀し。人の将に死なんとする、その言や善し。

君子の道に貴ぶ所の者は三。容貌を動かしては斯に暴慢を遠ざく。顔色を正しては斯に信に近づく。辞気〔言葉〕を出だせば斯に鄙倍〔背理〕を遠ざく。笾豆〔お供えを盛る祭器〕の事は、則ち有司〔係の役人〕存す。

【意訳】

鳥の死に際の鳴き声は実に哀しい。人が将に死を前にして言うことには、切々と信実味がこもっている。人の上に立つ者に大事なことは三つ。一に態度に傲慢さが見られない、二に顔色に嘘がなく信頼を置かれる、三に言葉遣いが道理にかなっている。この三つがあれば、後の形式的な礼儀のことは下の者に任せておけばよい。

于時　弘化三丙午年閏五月廿八日
迪吉惠行年六十八歳而卒
法名　自然朴素　居士

〔坂柿一統記　最末尾貼付の付箋〕《人139》（注）弘化三年は一八四六年

【補遺】歪められた真実——飯田の仇討事件

1　田中退中は、昌平が信州飯田で修学した頃からの朋友だった。昌平が新城に出た頃には、菅谷周迪ら医者仲間と一緒に過ごしている。天保八年には、江戸で昌平と再会もしている。

昌平の知る退中は、①「飯田本町一丁目北国屋平左衛門悴」で、「妻は本因坊女」。少年期の朋友には「飯田大横町若松屋出生」、後の「金座後藤三右衛門」がいたというのである。

この後藤三右衛門は、幕府の御金改役となって貨幣鋳造に携わり、天保の改革では、「水野の三羽烏〔鳥居耀蔵、渋川敬直、後藤三右衛門〕」と言われるまでに上り詰めた歴史上の重要人物である（弘化二年、水野忠邦の失脚とともに、斬首に処せられている）。

この退中が、後年、信州飯田で仇討により殺されたという話がある。飯田の郷土史で有名な「飯田の仇討事件」である。

2　その郷土史によれば、仇討ちされた人物は、「飯田本町一丁目北国屋平右衛門の二男に生まれ、長じて蘭方医学修業のため江戸に出て、囲碁を好み交際術に長けていたので、囲碁名人・林元美の門に入り、やがて、師匠の娘はると結婚し、飯田の若松屋出身の三右衛門を銀座の後藤家に世話した」というのである（資料③⑤⑦②）。この人物は、右にみた昌平の朋友退中の人物像と一致する。

その仇討事件の内容は、次のようなものだった。その人物が新城で町医者をしていた頃、同じく町医者だった菅谷周迪の妻種と密通し、周迪が病死すると毒殺だったとの噂が立ち、いたたまれず種を連れて、妻子とともに飯田へと逃げ延びた。だが、嘉永三年五月、兄の敵として追う周迪の弟菅谷正助（正輔）が、飯田の家を探し出して襲い、その人物を殺害し、妻はるは傷を負い、種は逃げ、正助は自害した、というのである。仇討の場面は、小説等にもリアルに描写されている（資料②④⑥⑦）。

3　この郷土史で、兄の仇として殺害された人物は、右にみた昌平の朋友「田中退中」だというのも、一見、矛盾はなさそうにみえる。

昭和四八年頃、長野地方検察庁検事正だった長戸寛美は、右の「飯田の仇討」について興味を持ち、郷土史家の話を聞き、判決書等を調べた結果で、法務省関連雑誌「研修」に、事件の顛末を紹介している。そこでも、殺害されたのは「北国屋の倅」で「囲碁名人の娘と結婚」した「田中退仲」であることを前提にしている。

しかし、ここでの「退中（退仲）」は、本当に昌平の朋友「田中退中」だったのか。

4　結論からいえば、仇討にあった「田中退仲」は、昌平の朋友「田中退中」とは別人である。

（1）仇討事件があったのは嘉永三年〔一八五〇〕五月二十六日である（資料①、③、⑦）。

（2）田中退中は、旅回りの医者として、座光寺村（現飯田市）で文化八年〔一八一一〕から逗留していたとの記録がある（資料⑪）。新城でも医者をしていたが（資料⑩）、それは昌平が新城にいた文化十五年〔一八一八〕年頃である。嘉永三年までは三〇年以上が経過している。

（3）仇討事件を実際に調べた飯田藩寺社方日記（資料③）には、そもそも仇討を決行した正助については、「年齢三十許りの男参り退仲を脇差にて及殺害」と記述されている。

（4）その正助が決行前に飯田役人宛に書いたという書状（資料①）には、「私兄去弘化辰出府仕り候留守中（略）嫁たね義泰中と密通」とあり、また、「去る未年正月廿六日兄義死去」と記されている。密通があったのは、「弘化辰」つまり弘化元年であり、嘉永三年において「去る未年」は「弘化四年〔一八四七〕」のことである。

（5）新城の寺（永住寺）の過去帳によれば、天保の時代の医者に菅谷文竜、菅谷小輔がおり、前者は、天保十四年末に改元した後の弘化元年〔一八四三〕十二月二十七日に亡くなり、後者は、仇討事件の日の翌日である嘉永三年五月二十七日死亡となっている（資料⑩）。仇討の正助が葬（ほうむ）られたという飯田・西教寺の正助の墓には、「正輔」と刻字されている（資料⑦）、

（6）新城においては、初代の菅谷周迪は既に寛政元年〔一七八九〕に死亡しており、菅谷家では「周迪」の名は、その後も代々使用されている（資料⑩）。

（7）判決書（嘉永三年十一月二十一日付け）には「退仲」の苗字の記載はないが（資料⑦）、右の飯田藩の書面（資料①、③）には「田中泰中」とあるところ、新城では天保・弘化年間において、「杉原」姓であるが、「泰仲」を名乗る医者がいた（資料⑩）。

5　以上の事実を総合考慮すれば、「飯田の仇討」事件は、弘化（弘化は四年間で、その後「嘉永」に改元されている）の頃の密通によるものであり、殺害されたのは、昌平の朋友「田中退中」ではない（資料⑨⑩）。事件は、菅谷小輔（正助、正輔）が起こしたものであり（資料⑩）、殺害されたのは、昌平の朋友退中とは別人の「泰仲」であったと認められる。

飯田の仇討事件では、退仲（泰仲）の出自や経歴、家族関係等が、いかにも田中退中と同一人物であるかのようになっているが、殺された人物（判決書中にいう「退仲」）は、何らかの経緯で「田中退中」の死を知り、これになりすましていた可能性が高い。仇討事件を調べる飯田藩では、地元で有名な生家であり、犯行地とも近いことから、身元調査をしっかりすれば、「北国屋の倅（せがれ）」の「退中」でないことはすぐ分かったはずである。酷似した事情を鵜呑みにして、「北国屋の倅（せがれ）」の「田中退中」と思い込んで判決を出したとも推察される。

もし資料④「夢空幻」のように、退中が金座後藤三右衛門の軍師として蔭で活躍していたとしたならば、弘化二年〔一八四五〕水野忠邦の失脚とともに、三左衛門が斬首、飯田藩主堀親害は老中職を御役御免、一万石減封となった直後である。この時代背景から大胆に推測すれば、あるいは、三右衛門の傍らで参謀的な役割を担った退中も、その家族も、連座制により闇で処分されていた可能性もある。この事件は、幕府寺社奉行により吟味され判決が出されている（資料③）。好都合な偽物の登場で、「退中」として仕立て上げ、表向き体よく処理されたとも考えられないではない。

右にみた事実が正しいとすれば、このままでは、田中退中にとって密通、毒殺の汚名がかけられたままで、不名誉な人物評価が歴史上残ってしまう。昌平にとっても、この人違い事件は大いに悲しむべきことである。

【参考史料・文献】

① 「仲ノ町・熊谷家文書」耳目抄十三（飯田藩士の覚書（飯田市美術博物館所蔵））
② 江見水陰『飯田の仇討』（現代大衆文学全集第二巻・平凡社・昭和三年〔一九二八〕）一五一頁、同（長野県文学全集第三巻・郷土出版社・昭和六三年〔一九八八〕）
③ 小林郊人『後藤三右衛門と田中退仲』（『信濃』三（一一）二〇。昭和九年〔一九三四年〕三八六～三八八頁
④ 堀和久『夢空幻―金座御金改役・後藤三右衛門の生涯』（講談社・昭和一〇年〔一九三五年〕）
⑤ 小林郊人『後藤三右衛門』（信濃郷土出版社・昭和一〇年〔一九三五〕）
⑥ 小林郊人編『下伊那医業史（信濃名医伝）』（甲陽書房・昭和二八年〔一九五三〕）中「九　蘭方医退仲殺し」
⑦ 長戸寛美『飯田の仇討』（法務総合研究所「研修」一七九号・昭和三八年〔一九六三〕）三頁。筆者は、当時長野地方検察庁検事正であった。
⑧ 村沢武夫『蘭学を学んだ郷土人』（伊那史学会「伊那」一六二号・昭和四四年〔一九六九〕）三頁

⑨ 大原紋三郎『新城歴史ばなし』（新城市郷土研究会・昭和六三年〔一九八八〕）中の「町医師菅谷周迪」（七二頁）、「悲願、飯田の仇討」（一二四頁）

⑩ 新城医師会史編纂委員会編『新城医師会史』（新城医師会・平成三年〔一九九一〕）中の「第二章　医師会前史」、内務省衛生局編「日本医籍」（忠愛社・明治二二年〔一八八九〕）一五八頁

⑪ 飯田市下伊那医師会史編纂委員会『翠流飯田下伊那医師会のあゆみ』（飯田下伊那医師会・平成一二年〔二〇〇〇〕）

（別表1）　東栄町の江戸時代の石数及び戸数、人口とその後の人口の推移表

		（1）幕府公式帳簿		（2）天保8年〔1837〕飢饉につき拝借金願い書の記載				（3）昭和60年〔1985〕12月31日東栄町役場調				（4）平成31年〔2019〕4月1日東栄町役場調	
地区	村名	元禄9年〔1696〕石数	天保2年〔1831〕石数	石数	戸数（戸）	人口（人）	拝借金（両）	集落名		戸数（戸）	人口（人）	世帯数（世帯）	人口（人）
御殿	月	210.263	220.469	210.450	110	637	35	月		105	342	251	528
	中設楽	38.933	38.933	38.933	21	104	8	中設楽		192	577		
本郷	寄近	164.588	164.588	164.588	61	293	20	本郷	寄近	404	1224	366	807
	別所	235.433	241.099	236.079	88	429	30		別所	34	105		
	三ツ瀬	90.395	90.395	90.395	44	226	10		三ツ瀬	17	40		
									加久保	15	47		
下川	下田	242.092	242.042	228.242	87	367	38	下田	市場	176	592	276	665
									下田	119	422		
	川角	65.131	62.131	62.131	24	116	10	川角		33	125		
園	足込	276.473	283.866	276.473	65	321	30	足込		65	214	158	313
	御園	136.389	136.572	136.572	50	255	15	御園		58	178		
	西薗目	119.790	120.461	120.461	62	316	18	西薗目		43	135		
	東薗目	101.873	107.570	102.142	52	171	13	東薗目		43	135		
三輪	畑村	68.502	71.025	70.497	37	178	8	三輪	畑	126	392	249	494
	奈根村	244.892	248.199	238.822	127	736	29		奈根	134	442		
振草	小林村	45.572	49.072	113.949	42	223	20	小林		36	111	165	388
	粟代上	255.797	252.297	142.143	30	180	18	上粟代		61	204		
	粟代下			93.454	31	174	16	下粟代		44	169		
	古戸	304.619	304.619	304.619	94	516	42	古戸		100	328		
	合計			2629.950	1,025	5,242	360	合計		1,805	5,782	1,465	3,195
現新城市	池場	45.941	47.396										
遠州	浦川	467.235	517.340										

（注）

1　明治になって、振草郷中から他町に移った池場村、平山村、神田村等は、表中から除いている。ただし、関係の深かった池場村、隣郷（遠州）浦川村の石高は、参考までに掲載した。

2　表中の（1）は、江戸幕府が元禄9年と天保2年の2回、全国の石高を調査させ、郷帳の改訂を行い、賦課、統制、掌握の基礎資料とした公式帳簿（内閣文庫所蔵史籍叢刊第55号「天保郷帳（一）」及び同第56号「天保郷帳（二）附元祿郷帳」（1984年汲古書院刊）から、抜粋したものである。

　同（2）（3）は、「東栄町誌（自然・民俗・通史編）」1022頁表7による。この表と同様のものが下川史編纂委員会編集「下川邑誌」（昭和63年11月発行）巻末第一表「東栄町150年の戸数、人口推移表」にもある。これらの表は天保8年5月の「赤坂御役所宛に出された飢饉の救済を願う文書」を基に作成したというが、両者の表の記載には5箇所に数値の違いがある。元資料の所在が不明であるので、後に作成されたものを掲げることにした。

　（4）は、平成31年の東栄町役場調べの統計結果に基づき、地区別人口の推移を書き加えたものである。なお、天保8年の村別の石高は、願い書によくあるように、幕府帳簿より全般的に小さい数値で申告されている。それにしても、小林村だけ、天保2年より2倍強の石高になっているのが目立つ。

3　石高は年間の米の生産量を示すものであるが、幕府帳簿で元禄9年と天保2年を比較すると、約150年近くが経過しているものの、石高が増えている村はなく、減っているか、あるいは、全く同じ石数を維持したままの村の方が多い。幕府の徴税には山林にかかる役永（雑税）等もあり、石数だけで判断できない面もあるだろうが、不明な部分が多い。

（別表2）**奥三河（振草郷）及び近隣地域における文政の頃の医者**

村	時代	医者の氏名	人的関係	入門等
月村	宝暦～	原田松立		宝暦9年（1759年）、京都・吉益家（東洞）入門「255　原田松立　三州月村之人」
月村（中設楽住）	安永～寛政	菅沼宗碩	昌平の父	安永3年（1774年）、浜松城主井上河内守家中　石井梁太（療太）（2年）師事
	文化～天保	**菅沼昌平**		文化4年（1807）、京都・吉益家（南涯）入門「1077　菅沼正平　三河設楽郡設楽村」
別所村	文化、文政頃	恩田道伯		不明
	天保	菅沼仁輔	昌平の子	天保3年（1856）、備前（岡山）の漢方・蘭方医　難波立愿（立達、抱節）に入門
下田村	文化、文政頃	伊藤良助	昌平の竹内塾中の朋友	その後の入門先不明
川角村	宝暦頃？	竹内玄撮	父	「吉益家門人録（三）」の末尾に「奥田本にのみ存する者」として「73 竹内玄撮　　遠州掛川人」とあり
	享和～	竹内玄碩	子	新城藩御触書留帳の享和年間（1801～1803年）の頃、「竹内玄碩」の名前あり
	文化	竹内玄洞	昌平の師	入門先等不明
	文政	竹内玄同	玄洞の子	入門先等不明
奈根村	寛政～文政	杉山半迪	宗碩、昌平の師	入門先等不明
	文政	杉山玄碩	半迪の子	入門先不明
浦川村	寛保2	三輪順利		入門先等不明 寛保2年（1742）「遠州豊田郡浦川村指出明細帳」に「医師三人」として記載あり（「佐久間町史料編三下140頁）
		三輪泉竜		
		熊谷雲竜		
	文化～天保	三輪見竜	昌平の竹内塾中の朋友	昌平と同時期の文化4年（1807年）、吉益家（東洞）入門「1078　三輪見龍　遠州豊田郡浦川村」『新城医師会史』には「難波包節に種痘を学んだ者」として名前が挙げられている。
川合村	寛政	菅沼順益（周節）	昌平の叔父	尾張・住吉町（今の名古屋市中区）医者村上見膳に師事した後、水戸田中順貞に入門
能登瀬村	文政	鈴木元貞（蘭学）		蘭学塾門人
		生田三省（蘭学）		華岡塾門人（新城へ出張）
新城	宝暦～寛政	菅谷周迪		宝暦12年（1762年）、京都・吉益家（東洞）入門「241　菅谷周迪　三州新城之人」
	享和～文化	杉原春庵	死後の空家を昌平借宅	寛政8年（1796年）、京都・吉益家（南涯）入門「397　杉原春庵　三州新城」
	享和元年	城所隆敬		入門先不明
		杉原春庵		入門先不明
		旗野玄華		入門先不明
	享和	簗瀬元桀		入門先不明
		菅谷正作	初代菅谷周迪の弟	入門先不明
		竹内玄碩	川角村の項参照	入門先不明
		菅谷周賢		入門先不明
	文化	稲垣　淳蔵		文化7年（1810年）、京都・吉益家（南涯）入門「1263　稲垣淳蔵　三州八名郡御薗村」
		田中　春庵（蘭学）		文化12年（1815年）蘭学・京都・小森玄良塾入門
	文化、文政	田中退中		信州飯田「本山良純」塾で学んだ菅沼昌平の友人。
	文政年間	高垣（菅沼）昌平		菅沼昌平、4年間新城に出張
		小林玄問		入門先不明
		高田河内		入門先不明
		中島寿伯		入門先不明
		菅谷周迪（二、三代目）		入門先不明

（注）「東栄町誌」、「新城医師会史」、田崎哲郎編「三河地方知識人史料」同著「日本の江戸時代の地方の医者について」等を基に作成（浦川村は、上記該当欄の資料を参照）

（別表3）**年　表**

和暦	西暦	十二支	昌平年齢	坂柿一統記にみる菅沼家の出来事	幕府等の出来事
天正3年	1575	亥			長篠の戦い
天正6年	1578	戌		流浪人・菅沼新五左衛門　中設楽村定着	
天正18年	1590	寅			太閤検地
慶長5年	1600	子			関ヶ原の戦い
慶長8年	1603	卯			徳川家康、江戸幕府開く
延宝3年	1675	卯		検地・5代目菅沼與兵衛竿請	
元禄4年	1691	未			松尾芭蕉、新城・鳳来寺に来る
明和4年	1767	亥		お鍬祭り	
安永3年	1774				杉田玄白、「解体新書」を刊行
安永8年	1779	亥	1	6月　昌平出生	
寛政4年	1792	子	14	中設楽村花祭り始まる（古戸から伝来）	
寛政11年	1799	未	21	父宗碩死去	
享和元年	1801	酉	23	昌平、思義と結婚	
享和2年	1802	戌	24	信州飯田の蘭方医本山良純に入塾 8月　東都（江戸）狩野春智家に滞留	
享和3年	1803	亥	25	同退塾、医業始める	
文化元年	1804	子	26	長男新作出生	華岡青洲、乳がん手術
文化2年	1805	丑	27	昌平傷寒病患う。山田用水開設着手	
文化4年	1807	卯	29	京都の漢方医・吉益南涯へ短期入門 6月　富士参詣	
文化6年	1809	巳	31	長女美津出生	十返舎一九「東海道膝栗毛」刊行
文化9年	1812	申	34	次男仁輔出生	
文化13年	1816	子	38	種痘方法、遠州浜名阿部玄岑より伝授	
文化14年	1817	丑	39	長男新作に種痘実施、9月新城借宅契約	
文政元年	1818	寅	40	長女美津、次男仁輔に種痘実施 新城で医業開始　6月茶式初体験	
文政3年	1820	辰	42	長男新作病死（満18歳）、新城天王祭記述	
文政4年	1821	巳	43	郷里から帰宅催促	
文政5年	1822	午	44	正月、中設楽で火事、帰郷	
文政6年	1823	未	45	三男三助（謙治）出生	
文政8年	1825	酉	47	妻思儀死亡	異国船打払令
文政9年	1826	戌	48	カノ　（西尾城主松平和泉守御内　鈴木門右衛門娘）と再婚	
文政11年	1828	子	50	四男勝之進出生、夭死	シーボルト事件
文政12年	1829	丑	51	変死事件、若者喧嘩の後処理	
文政13年	1830	寅	52	3月　伊勢お蔭参り大流行	12月10日天保に改元
天保4年	1833	巳	55	年末に議定論騒動勃発	天保の飢饉始まる（～天保8年）
天保5年	1834	午	56	三男謙治のため花祭立願	
天保7年	1836	申	58	11月　議定論江戸の裁判始まる	9月三河加茂郡で百姓一揆
天保8年	1837	酉	59	1月昌平江戸へ出発 4月帰宅 9月議定論終結	2月大塩平八郎の乱 幕府、江戸に御救い小屋設置 6月生田万の乱、米モリソン号事件
天保9年	1838	戌	60	昌平隠居。家督を仁輔に譲る。	5月佐渡一国一揆
天保10年	1839	亥	61		5月蛮社の獄（蘭学者弾圧事件）
天保11年	1840	子	62		中国アヘン戦争（～1842年）
天保12年	1841	丑	63		天保の改革、異国船打払令撤回
天保14年	1843	卯	65		閏9月　老中水野忠邦罷免
弘化3年	1846	午	68	閏5月　昌平死去	
嘉永3年	1850	戌		飯田の仇討事件	
嘉永6	1853	丑			ペリー黒船来航
慶応3	1867	卯			王政復古の大号令、明治維新

【参考資料】菅沼家のルーツ探索

菅沼家の資料「設楽坂柿　菅沼家系譜　家紋　釘抜　桔梗
三陽富永庄月邑中設楽菅沼昌平　記す」
と書かれた表紙の裏面には、後に菅沼家の先祖について調査して書かれた次のような記載がある。
なお、菅沼家の墓石の家紋は、丸に釘抜紋　である。

一　此の書は菅沼家所蔵の家譜より写す。
二　先祖菅沼新五左衛門源定之とある。これは元亀、天正年間の人と思はれる。
三　参考として寛政重修諸家譜をみると

（1）井道菅沼
定行—定家—定盛—定勝—三照—定房　改定之　新五左衛門
定房が坂柿祖とすれば年代が三十年違ふ。

（2）田峯菅沼
定継—定氏—定吉—定俊—定政—定勝—定之　新三左衛門
これは武蔵国埼玉上唐子に住し年代も相違あり。

（3）新城菅沼
定實—定之　左馬助　新五左衛門
徳川年代の人なり。

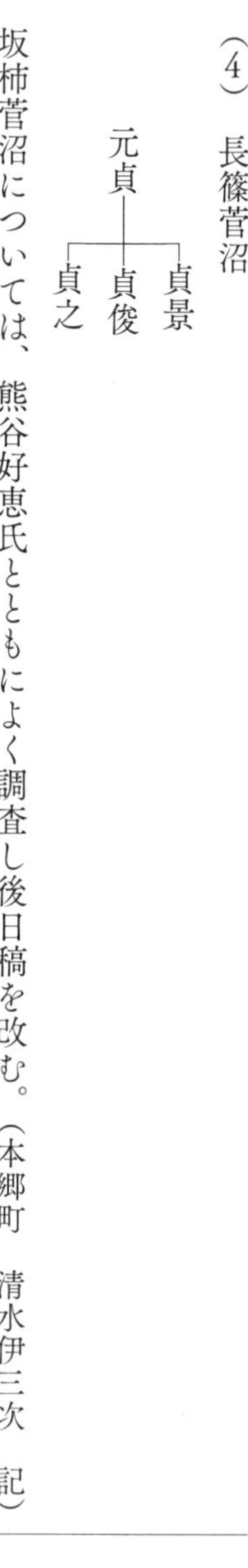

（4）　長篠萱沼

元貞──貞景
　　　├貞俊
　　　└貞之

坂柿萱沼については、熊谷好恵氏とともによく調査し後日稿を改む。（本郷町　清水伊三次　記）

右の調査結果は、ガリ版刷りで作成され、「本郷町」とあるところから、昭和三十年四月（東栄町合併）までに作成されたものと考えられる。その後の稿は見い出せない。

戦国時代の三河山間部（今でいう奥三河）では、作手の奥平氏、田峯、長篠の菅沼氏（いわゆる山家三方衆（やまがさんぼうしゅう））の勢力が強大であった。三氏は元々姻戚関係にあったが、南下する武田勢についたり離反したりしていた。長篠の合戦後は、断絶したり徳川勢の地から逃亡するものもあり、一族は雲散霧消していった。中設楽村の菅沼氏については、武田側について敗北した田峯の菅沼氏との関係があるのではないかと思われるが、菅沼氏の系譜についてまとめられた『北設楽郡史　原始―中世』（昭和五七年復刻版）四〇六頁以下を見ても、その関係は明らかでない。

（別表4） 菅沼家系譜

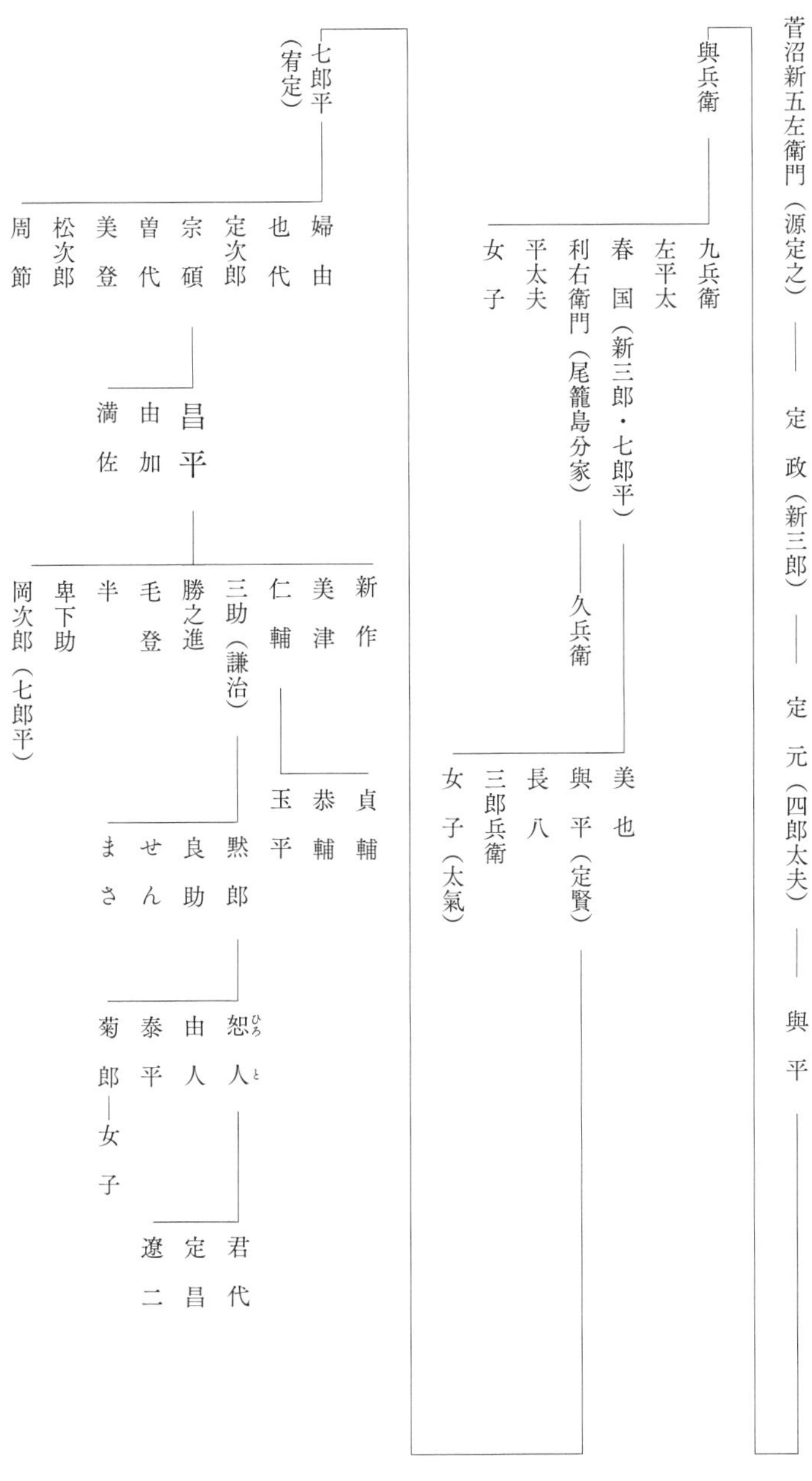
菅沼新五左衛門（源定之）
定政（新三郎）
定元（四郎太夫）
與平
與兵衛
九兵衛
左平太
春国（新三郎・七郎平）
利右衛門（尾籠島分家）
久兵衛
平太夫
女子
美也
與平（定賢）
長八
三郎兵衛
女子（太氣）
七郎平（宥定）
婦由
也代
定次郎
宗碩
曽代
美登
松次郎
周節
昌平
由加
満佐
新作
美津
仁輔
三助（謙治）
勝之進
毛登
半
卑下助
岡次郎（七郎平）
貞輔
恭輔
玉平
黙郎
良助
せん
まさ
恕人（ひろと）
由人
泰平
菊郎
女子
君代
定昌
遼二

(別表5)**「坂柿一統記」中における「論語」、「孟子」等からの主な引用句**

No.	章　　句	ページ
1	一以て、これを貫く〔論語〕	50
2	知るを知ると為し、知らざるを知らずと為す〔論語〕	54
3	書曰く、その善ありとせば　その善喪う〔書経〕	78
4	三年、父の道を改めざるを孝というべし〔論語〕	88
5	屈原放たれて江潭に遊ぶ、漁夫に答えて曰く、世を挙げて皆濁れり〔楚辞〕	94
6	鬼神の徳たる、それ盛んなるかな〔中庸〕	103
7	善を責むるは朋友の道なり〔孟子〕	105
8	道同じからざれば、相為に謀らず〔論語〕	105
9	爾(なんじ)は爾たり、我は我たり〔論語〕	105
10	克己復礼(己に克ちて礼に復(かえ)る)〔論語〕	119
11	曲れば全し、枉(かがま)れば直し〔孟子〕	122
12	渾々(こんこん)として濁ることなかれ。皎々として清きことなかれ。…〔貞観政要〕	123
13	聖人の教えは、粛ならずして成り、その政は厳ならずして治まる。 その因る所のもの本なり〔孝経〕	123
14	君子は、貞にして諒ならず〔論語〕	124
15	その身正しければ、令せずして行われ、その身正しからざれば、令すといえども 従われず〔論語〕	126
16	政とは正なり。子師いるに正を以てすれば、孰(たれ)か敢えて正しからざらん〔論語〕	127
17	苟(いやしく)も子の不欲ならば、これを賞すといえども窃まざらん〔論語〕	127
18	子、善を欲すれば、民善ならん。君子の徳は風なり。小人の徳は草なり〔論語〕	127
19	物に本末あり、事に終始あり。先後する所を知れば、則ち道に近し〔大学〕	127
20	人と恭〔うやうや〕しくして礼あらば、四海の内、皆兄弟なり〔論語〕	132
21	その声を聞きては、その肉を食らうに忍びず。この以(ゆえ)に、君子は庖厨〔厨房〕を 遠ざくるなり〔孟子〕	134
22	釣りして網せず、弋〔よく=鳥をとる矢道具〕すれども宿を射ず〔論語〕	135
23	朝(あした)に道を聞かば、夕べに死すとも可なり〔論語〕	143
24	六十にして耳順(したが)う〔論語〕	144
25	善人は不善人の師なり。不善人は善人の資なり〔老子〕。	145
26	聲聞(せいぶん)情に過ぐるは、君子、これを恥ず〔孟子〕	159
27	詩三百〔多く〕誦し、これを授くるに政を以ってして達せず〔論語〕	162
28	君子は道を憂え、貧しきを憂えず〔論語〕	163
29	人として恒(つね)なくんば、以って巫医〔ふい:巫女や医者〕を作(な)すべからず〔論語〕	164, 249
30	天の作(な)せる災いは、なお避くべし。自ら作せる災いは道〔逃〕がれるべからず〔書経〕	166
31	隠れたるを素〔求〕め、怪しきを行う、吾はこれを為さず〔中庸〕	171
32	許由、耳を洗う、巣父、牛を牽いて帰る〔史記正義の故事〕	171
33	誠は自ら成るなり。而して道は自ら道びくなり。〔中庸〕	174
34	蘧伯玉(きょうはくぎょく)、五十にして四十九年の非(ひ)を知る	179
35	人の将(まさ)に死なんとするや、その言や善し〔論語〕	252

【主な参考文献】

一　坂柿一統記関係

1　武陽隠士『世事見聞録』（岩波文庫・平成二二年〔二〇一〇〕）
2　原田清「お鍬様」（昭和一二年〔一九三七〕・設楽民俗研究会『設楽』四〇三頁、同「山村喫茶民俗」（同『設楽』五二四頁）
3　豊橋市立商業学校編輯『東三河産業功労者伝』（昭和一八年〔一九四三〕）中の「23　菅沼黙郎」の項
4　近藤恒次「三河文献綜覧」（豊橋文化協会・昭和二九年〔一九五四〕八五頁
5　布川清司「日本における市民的不服従の伝統―近世・三河の『議定論』から」（『思想の科学』一二四号・昭和四六年〔一九七一〕二頁以下、同『近世民衆の倫理的エネルギー―濃尾・尾三民衆の思想と行動』（風媒社、昭和五一年〔一九七六〕二〇八頁以下。
6　『角川日本姓歴史人物大辞典23愛知県』（角川書店・平成三年〔一九九一〕）中の「東栄町」の項（三一七頁）
7　谷口央「天正期三河国太閤検地の実態―豊臣政権下における三河国の位置づけ」（『安城市誌研究』二号・安城市・平成一三年〔二〇〇一〕・四七頁）
8　東栄町編『東栄町誌「自然・民俗・通史編」』（平成一九年〔二〇〇七〕）一一四八～一一五五頁
9　佐々木德人『奥三河に種痘を広めた菅沼昌平』（愛知教育文化振興会発行『教育と文化』平成二二年〔二〇一〇〕・九四号）
10　伊藤正英『江戸中期の「山の民」―『坂柿一統記』に見る民衆像』（愛知県歴史教育協議会「あいち歴史教育」No.15・平成二三年〔二〇一一〕・六二頁）
11　柳田国男没後五〇年記念企画展『民俗の宝庫〈三遠南信〉の発見と発信』（飯田市美術博物館・平成二四年〔二〇一二〕）
12　金田新也『東栄町の歴史』（東栄町文化協会創立二十周年記念『東栄の文化』（東栄町文化協会・平成二五年〔二〇一三〕）所収
13　山本正名「江戸の裁判―花祭の里の天保騒動記『議定論日記』」（風媒社・平成三〇年〔二〇一八〕）

二　振草郷・月・中設楽の歴史、民俗・花祭関係

1　『御殿村誌』（中設楽尋常高等小学校・大正七年〔一九一八〕編（平成一二年復刻）・東栄町図書室（のき山学校）蔵）
2　早川孝太郎『花祭』前編（国書刊行会・昭和五年〔一九三〇〕）
3　北設楽郡史編纂委員会編『北設楽郡史―歴史編・近世』（北設楽郡史編纂委員会・昭和四五年〔一九七〇〕）
4　北設楽花祭保存会『中世の神事芸能　花祭の伝承』（昭和五五年〔一九八〇〕）
5　藤田佳久「奥三河・東栄町における入会出郷の形成と生きている「化石の村」」（『愛知大学綜合郷土研究所紀要』第三六輯、愛知大学、平成三年〔一九九一〕所収）
6　下川史編纂委員会編「下川邑誌」（東栄町下川区・昭和六三年〔一九八八〕）
7　福田アジオ編『中設楽の民俗―愛知県北設楽郡東栄町中設楽』（神奈川大学大学院歴史民俗資料学研究科・平成二一年〔二〇〇九〕）
8　中村茂子『奥三河の花祭』（岩田書院・平成一五年〔二〇〇三〕）

三　江戸時代の医療・医師関係

1　土屋重朗『静岡県の医史と医家伝』（戸田書店・昭和四八年〔一九七三〕）
2　田﨑哲郎『奥三河の村の知識人』（愛知大学綜合郷土研究所紀要・平成二年〔一九九〇〕）
3　新城医師会史編纂委員会編『新城医師会史』（新城医師会・平成三年〔一九九一〕）中の「第二章　医師会前史」
4　日本医師会編『医界風土記』（思文閣出版・平成六年〔一九九四〕）
5　『新城医師会史補遺』（新城医師会・平成七年〔一九九五〕）
6　酒井シズ『病が語る日本史』（講談社・平成一四年〔二〇〇二〕）
7　田﨑哲郎『三河地方知識人史料』（愛知大学綜合郷土研究所・平成一五年〔二〇〇三〕）
8　新村拓編『日本医療史』（吉川弘文館・平成一八年〔二〇〇六〕）
9　青木歳幸『江戸時代の医学―名医たちの三〇〇年』（吉川弘文館・平成二四年〔二〇一二〕）
10　田﨑哲郎『牛痘種痘法の普及―ヨーロッパからアジア・日本へ』（岩田書院・平成二四年〔二〇一二〕）中の「日本の江戸

時代の地方の医者について」
11 日本大学医学部同窓会編『醫の肖像』（櫻醫社・平成二九年〔二〇一七〕）
12 愛知県史編さん委員会「愛知県史　通史編5　近世2」（愛知県・平成三一年〔二〇一九〕）
13 香西豊子『種痘という〈衛生〉―近世日本における予防接種の歴史』（東京大学出版会・平成三一年〔二〇一九〕）

四　漢方の医薬・生薬関係

1 松田邦夫『万病回春解説』（創元社・平成元年〔一九八九〕）
2 大塚敬節外『漢方診療医典』（南山堂・平成一三年〔二〇〇一〕）
3 羽生和子『江戸時代、漢方薬の歴史』（清文堂出版・平成二二年〔二〇一〇〕）
4 嶋田豊監修『ＮＨＫきょうの健康　漢方薬事典〔改訂版〕』（主婦と生活社・平成二八年〔二〇一六〕）
5 花輪壽彦『漢方薬・生薬の教科書』（新星出版社・平成二七年〔二〇一五〕）

五　儒学関係

1 貝塚茂樹『論語』（講談社現代新書・昭三九年〔一九六四〕）
2 土健次郎『朱熹　論語集注（1〜4）』（平凡社・平成二七年〔二〇一五〕）
3 井波律子『完訳　論語』（岩波書店・平成二八年〔二〇一六〕）
4 金谷治訳注『論語』（岩波文庫・平成三〇年〔二〇一八〕）
5 加地伸行『論語』（角川ソフィア文庫・令和元年〔二〇一九〕）
6 赤塚忠『新釈漢文大系第二巻　大学・中庸』（明治書院・平成二二年〔二〇一〇〕）
7 金谷治訳注『大学・中庸』（岩波文庫・平成三〇年〔二〇一八〕）
8 赤塚忠『新釈漢文大系第二巻　大学・中庸』（明治書院・平成二二年〔二〇一〇〕）
9 貝塚茂樹『孟子』（講談社学術文庫・平成二八年〔二〇一六〕）
10 小林勝久訳注『孟子』上・下（岩波文庫・令和元年〔二〇一九〕）

11　金谷治訳注『荘子』（岩波文庫・平成九年〔一九九七〕）

六　雨乞関係

1　榊原淳一郎『新城領内雨乞日記（新城郷土研究資料）』（愛知県図書館蔵・昭和三九年〔一九六四〕）

2　湯浅大司『雨乞に関する一考察』（「愛知史学―日本史・東洋史・地理学」第二号・平成五年〔一九九三〕七七頁）

七　古文書関係

1　佐藤孝之監修『よくわかる古文書教室』（天野出版工房・平成二〇年〔二〇〇八〕）

2　林英夫『音訓引き古文書字典』（柏書房・平成二七年〔二〇一五〕）

3　苅米道郎『日本史を学ぶための古文書・古記録訓読法』（吉川弘文館・平成二七年〔二〇一五〕）

あとがき

三河の歴史的史料を挙げたものに近藤恒次「三河文献綜覧」（昭和二九年〔一九五四〕発行）があり、私の郷里・東栄町に関しては、「議定論日記」と「坂柿一統記」の二つが挙げられています。

このうち「議定論日記」については、二年前（二〇一八年）に、拙著「江戸の裁判」で翻刻・出版しました。そこでは、その著者の義父にあたる菅沼昌平が書いた本書「坂柿一統記」が参考になりました。

今回、その翻刻に取り組んだのですが、難解な部分が多く、背景の歴史や文化、医薬、漢文等にも幅広い知識が要求され、ことのほか時間を要してしまいました。

漢文やくずし字、判読困難な文字等の解読については、豊田市史資料調査会中島学氏にご指導をいただき、助けられました。ここに記して感謝申し上げます。浅学非才な者の取組である故、できあがった本書には、原文の翻刻、論語や漢文の理解不足、表記の誤り等が多々あると思いますが、すべては私に責任があります。

今右の二つの文献を翻刻してみて、これまで知らなかった遠い江戸時代の実相を知ることができたように思います。「徒然草」（第一三段）に言うように、「文（ふみ）をひろげて、見ぬ世の人を友とする」かのように、楽しませてもらえました。書かれた一語一語を読み解き、書かれていない行間に思いを馳せると、時代状況や環境は変わっても、人が生き、悩み苦しみ、己の道を求めて格闘する姿は、昔も今も基本的に変わっていないんだとの感を深くしました。基本は人間であり、人間いかに生きるべきかの命題が、いつの時代にも根底に横たわっているようです。人生学、人間学を改めて教えられたように思います。

前回の「江戸の裁判」では、争いごとに対する公事宿の存在と役割を、今回の「坂柿一統記」では疫病や死に対する医者の取組と役割を明らかにすることができたように思います。これらは、現代の弁護士と医者の前史ともいえると思います。ただ、明治維新の近代化、西洋文化の移入により、法律の世界では江戸時代とは分断があるとの見方もあります。しかし、仮に制度の歴史は不連続であったとしても、日本人の意識や文化の根底には連続して流れているものがあるようです。その不連続の連続の流れの中で、歴史を振り返り、人間の生き方、社会のあり方を考え直してみることも大切ではないかと思います。

今回、「坂柿一統記」所蔵者の菅沼貞正氏には貴重な『坂柿一統記』を翻刻・校正・出版することをお許しいただき、江戸時代の歴史と人生と中国古典を考える好古の史料を公刊することができました。深く感謝申し上げます。

なお、この本の原稿を最終点検していた今年一月以降は、感染力の非常に強い新型コロナウイルスが、急激に拡大していった時期でした。世界的な大流行ともなり、わが国でも、感染者が急増し医療対応が困難を極め、四月には緊急事態宣言が出され、外出自粛、休業、休学等が続き、経済、社会のあらゆる活動が停滞、混乱し、大変な状況に至りました。人が人として生きるうえで最も基本的な対話や触れ合い、共感、共学、協働等が制約され、人間の存立基盤が脅かされる最悪のウイルスです。目に見えない脅威に対し、確かな先行きは見通せない日々が続いています。

こうしたニュースに接する度に、江戸時代に、天然痘ウイルスに苦しんだ人々の不幸と、この救済に挑んだ菅沼昌平の勇気は、どんなだったろうかと想像されます。天然痘ウイルスは、既に一九八〇年にWHOにより撲滅宣言がされており、人類が初めてウイルス撲滅に成功した唯一の事例だといわれます。

新型コロナウイルスは、天然痘とは違って感染しても症状や痕跡が目に見えず、もはや簡単に封じ込めはできないと思いますが、これが「天命の逃れざるところ」となったのでは困ります。今は、昔とは比較にならないほど医学や生命工学、医療技術、感染予防策が進んでいます。第二の根絶例として早期に撲滅されることを祈らずにはいられません。

二〇二〇年五月一〇日

［校訂・解説者紹介］
山本正名（やまもと・まさな）
昭和23年（1948年）生まれ
愛知県北設楽郡東栄町中設楽出身
平成11年（1999年）簡易裁判所判事に任官、東京、大阪、名古屋等各裁判所勤務、平成30年（2018年）定年退官。
（著作）
1 「江戸の裁判 − 花祭の里の天保騒動記『議定論日記』」（風媒社・平成30年〔2018〕9月）
2 「コートマネージャとしての裁判所書記官」（新日本法規出版・令和元年〔2019〕9月）
（Webサイト）
「実務の友」（http://www5d.biglobe.ne.jp/Jusl/）中の
「振草近世古文書館」
（メール）
manamode@xug.biglobe.ne.jp

坂柿一統記（抄）——花祭の里・村医者が子に語る仁の道

2020年9月1日　第1刷発行　（定価はカバーに表示してあります）

著　　者　菅沼 昌平
校訂・解説　山本 正名

発行者　山口 章

発行所　名古屋市中区大須1丁目16番29号
電話 052-218-7808　FAX052-218-7709
http://www.fubaisha.com/
風媒社

乱丁・落丁本はお取り替えいたします。　＊印刷・製本／シナノパブリッシングプレス
ISBN978-4-8331-1560-5